KGR. SCHWEDEN
Wisby
LIVLAND
Riga
Aarhus
Kalmar
KGR. DÄNEMARK
Kopenhagen
Lund
Malmö
Ostsee
Schleswig
Königsberg
HZM. PREUSSEN
Danzig
Lübeck
Wolgast
Hamburg
Kammin
Bremen
Marienburg
Stettin
Lüneburg
Thorn
Braunschweig
Magdeburg
Wittenberg
Gnesen
KGR. POLEN
Posen
Warschau
Brest
GFSM. LITAUEN
Minsk
Mogilew
Tschernigow
Kiew
Mülberg
Glogau
Erfurt
Dresden
Schmalkalden
Breslau
Lublin
Würzburg
Prag
Krakau
Lemberg
Nürnberg
Olmütz
Ingolstadt
Regensburg
Brünn
Ulm
Augsburg
Kremnitz
Kamenez
München
ÖSTERREICHISCH-
Wien
Preßburg
Tokaj
Erlau
Salzburg
Raab
Gran
Ofen
Pest
Otschakow
Innsbruck
Debrecen
FSM. SIEBENBÜRGEN
Graz
UNGARN
Brixen
REP.
Klagenfurt
Udine
FSM. MOLDAU
Klausenburg
Trient
Laibach
VENEDIG
Triest
Agram
Szegedin
Mohács
Hermannstadt
Kronstadt
Braila
Verona
Venedig
Esseg
Bologna
Belgrad
Bukarest
Ravenna
FSM. WALACHEI
Schwarzes Meer
Florenz
Zara
Widin
Warna
TOSKANA
Ancona
Sarajewo
KIRCHEN-
STAAT
Adriatisches Meer
Pescara
Ragusa
Sofia
Pristina
OSMANISCHES
Rom
Vasto
Skutari
Üsküb
Adrianopel
Konstantinopel
Durazzo
Nikäa
Neapel
Saloniki
Brussa
KGR. NEAPEL
Tarent
REICH
Larissa
Lepanto
Smyrna
Palermo
Messina
Athen
Korinth
SIZILIEN
Navarin
Malvasia
Rhodos
Malta
Kandia

Rosine de Dijn

Des Kaisers Frauen

Rosine De Dijn

Des Kaisers Frauen

Eine Reise mit Karl V.
von Flandern durch Deutschland
bis in die Estremadura

Mit einem einleitenden Essay
von Ferdinand Seibt

Deutsche Verlags-Anstalt Stuttgart

Die deutsche Bibliothek – CIP-Einheitsaufnahme
De Dijn, Rosine:
Des Kaisers Frauen: eine Reise mit Karl V. von Flandern
durch Deutschland bis in die Estremadura / Rosine De Dijn.
Mit einem einleitenden Essay von Ferdinand Seibt .–
Stuttgart: Deutsche Verlags-Anstalt, 1999
ISBN 3-421-05159-3

Typografische Gestaltung und Satz: Martina Gronau
Reproduktionen: Typomedia, Ostfildern
Druck und Bindearbeit: Clausen & Bosse, Leck
Printed in Germany
ISBN 3-421-05159-3

Inhalt

Bildnachweis

Archiv für Kunst und Geschichte, Berlin: 53 (re.), 81, 99, 170, 213, 215 (2), 263, 281, 291
Ars Luminis (Foto Marnix Van Esbroeck), Mecheln: 98/99, 103, 106/107, 115, 119
Augsburg, Stadtbildstelle: 210, 218
Bavaria Bildagentur, Gauting: 194/195, 198/199, 338/339
Brügge, Stedelijke Musea: 65, 67, 71
De Dijn, R. und S. Himmer: »Der Marktplatz von Brüssel«: 249
De Wit, N. V., Mecheln: 110/111
Deutsches Historisches Museum, Berlin, »Kurzweil viel ohn' Maß und Ziel«: 226, 227
»Flämische Kunst«, Mercatorfonds Antwerpen: 75, 231, 232, 270
Foto Ferstl: 245
Fritz, Wolfgang: 26, 41
Garrido, Antonio: 315, 319, 322/323
Himmer, Siegfried: 58/59, 94/95, 101, 158/159, 238/239, 255, 258/259 (2)
Kraus, A. und W. Pfeiffer: »Regensburg, Geschichte in Bilddokumenten«: 260
Moulin, Leo: »Europa aan Tafel«, Mercatorfonds Antwerpen: 265, 267, 269
Museo de Prado, Madrid: 346; »Los Leoni«: 350 (2)
Museo de Santa Cruz, Toledo: 355
Ontañon, Francisco: 343, 347
Oudenaarde, Stadtarchiv: 181
Pascual, Juan Jose: 274/275
Preußischer Kulturbesitz, Bildarchiv, Berlin: 30, 53 (li.), 79, 122, 133, 199, 214, 244, 279 (u.), 297, 306/307, 310/311, 351 (u.)
Privatarchiv der Autorin: 34, 35, 40, 44/45 (3), 51, 62/63, 91, 130/131, 134, 142, 145, 147, 151 (u.), 162, 163, 167, 169, 176, 177, 181, 187, 205, 220, 221, 242, 283, 315 (u.), 318, 327, 351 (o.)
Puente Briales, A.: 358/359
Regensburg, Bildstelle: 251
Rijksmuseum Het Catharijneconvent Utrecht: »Maria van Hongarije«: 138, 139, 149
Schad, Martha: »Die Frauen des Hauses Fugger«: 207
Thyssen-Bornemisza Museum: »Old Masters«: 33, 150/151, 279 (o.)
Vacha, Brigitte: »Die Habsburger«: 55, 78, 141, 201

Kaiser Karl V. und Europa

Von Ferdinand Seibt

Unter den etwa drei Dutzend hochadeligen Herren, die je auf dem römisch-deutschen Thron gesessen haben, hat Karl V. eine besondere, eine herausragende Rolle gespielt. Mit seiner intellektuellen Begabung reichte er weit über das Niveau mittelalterlicher Herrscher hinaus. Mit Karl von Burgund haben wir aber auch einen der Mächtigen seiner Zeit vor Augen, dessen Herrschaftswillen immer wieder das rechte politische Augenmaß verlor; schließlich einen Mann, der den besonderen Familiensinn zum ersten Mal und in äußerstem Maß demonstrierte, der fortan seine Dynastie, die habsburgische, im Gegensatz zu manchen, ja zu den meisten anderen europäischen Fürstenhäusern begleitete bis zu ihrem politischen Ende; und der, schließlich und endlich, geprägt war von einer ritterlichen, durchaus unpolitischen Mentalität persönlicher Ehrbegriffe und konservativer Frömmigkeit, wie sie die burgundischen Herzöge kultivierten und wie sie mit dem anschaulichen Wort vom »Herbst des Mittelalters« in unsere Geschichtsvorstellungen einging.

Karls politische Karriere ist ein Musterbeispiel der alten Ständewelt, der dynastischen Weltordnung, die ihn nach oben trug wie kaum einen anderen Dynasten vor oder nach ihm. Er wurde am 25. Februar 1500 geboren als der künftige Herzog von Burgund. Im vorangegangenen Jahrhundert hatten seine männlichen Vorfahren zu den kraftvollsten Emporkömmlingen gehört, die das zeitgenössische, an dergleichen nicht ganz arme Europa kannte. Die Karriere dieser Herzöge, die sich schließlich sogar Könige nennen wollten, endete jäh mit dem Schlachtentod seines Urgroßvaters Karls »des Kühnen«, und mit der Rückkehr des halben, des südlichen Teiles jenes Herzogtums Burgund zur französischen Krone. Auch Burgund teilt das »westmitteleuropäische« Schicksal zwischen Frankreich und Deutschland.

Karl wurde geboren, wie er später formulierte, als ein Nachkomme der Könige von Frankreich, als ein Nachkomme der spanischen Könige, gemeint sind dabei die Linien Kastilien und Aragón, die sich erst durch die Heirat seiner Großeltern zum künftigen Spanien vereinten, als ein Nachkomme der römisch-deutschen Kaiser und Könige, womit er die Habsburger meinte, und schließlich als ein Nachkomme des Erz- und Urmonarchen allen kontinentalen Königtums, Karls des Großen, Charlemagne, auf den sein eigener Vorname verweist. Zweifellos vermittelt diese Ahnengalerie das Gefühl einer besonderen Auserwähltheit, das uns andere Sterbliche weder heute noch im 16. Jahrhundert je hätte umgeben können; nur hätten wir es im 16. Jahrhundert besser als heute verstanden.

An seiner physischen Erscheinung machte sich dies freilich kaum bemerkbar. Karl kam zur Welt als ein schwächlicher Knabe, asthmageplagt, ein stetes Sorgenkind der Ärzte, lebenslang anscheinend um genügend Atemluft bemüht, weshalb man auf jedem Portrait seinen halbgeöffneten Mund beobachten kann. Allein das ist eine Besonderheit in der Ikonographie der europäischen Könige, und kaum jemand hat sie bisher bemerkt und mit der Persönlichkeit Karls in Verbindung gebracht.

Karl war also durch Geburt zum Herzog des kleinen, in der Machtgeschichte Europas abgestürzten und daher auch mit politischem Ressentiment belasteten Fürstentums Burgund ausersehen. Aber schon in seinem sechsten Lebensjahr fiel ihm nach dynastischem Erbrecht der Thron von Spanien zu. Die letzte, die dritte Würde, die ihm schließlich aber die weiteste Disposition eröffnete am politischen Horizont, ließ sich lange nicht absehen. Denn das römisch-deutsche Kaisertum war nur über die Formen einer antiquierten Wahl durch die ebenso römisch-deutschen Kurfürsten zu gewinnen. Dafür konnte Karl zwar aufgrund seiner Herkunft, besonders aufgrund des Kaisertums seines habsburgischen Großvaters Maximilian, mit einer gewissen Berechtigung kandidieren. Aber dazwischen lag nicht nur die Hürde eben einer solchen Wahl, dazwischen lag auch die sprunghafte Neigung dieses habsburgischen Großvaters, womöglich seinen künftigen Schwiegersohn vorzuziehen. Diese Attitüde ist bis heute ungeklärt.

Bevor ich den Stand unseres Wissens von der Persönlichkeit Karls V. kurz skizziere, weise ich mit Respekt auf das klassische deutsche zweibändige Werk von Karl Brandi hin, das vor sechzig Jahren zweifellos die Grundlagen der politischen Biographie legte; auch auf die Studien Peter Rassows und von Heinrich Lutz. Ich sehe auch mit großer Anerkennung österreichische Arbeiten über das weitgespannte Verwaltungssystem, von

Ferdinand Walser begründet, und ich schätze die Wiener Arbeiten zur Edition der umfangreichen Familienkorrespondenz, vor allem heute betrieben durch Alfred Kohler. Für grundlegend namentlich zur Politik des »Schöpfers der Einheit Spaniens« halte ich auch die Biographie von Fernandez Alvarez. Zudem will ich diese Arbeiten nicht erwähnen ohne ein Kompliment für den knappen exzellenten Abriß über Karls Politik durch den großen französischen Kenner des westlichen Mittelmeerraums, Fernand Braudel.

Zuletzt hat nun Rosine De Dijn in dem vorliegenden schönen Buch neue Erkenntnisse zur Persönlichkeit Karls und seiner Lebensumstände geliefert: seine Beziehung zu Frauen. Das ist ein herkömmlich ignoriertes Thema für alle die großen und kleinen Figuren in der Männergeschichte, und man muß der Autorin allein deshalb für die Ergänzung danken. Sie stellt ihre Darstellung überdies auch noch vor die historische Kulisse einzelner Stationen der immer wieder zeitlich wie räumlich begrenzten Begegnungen des Einsamen mit dem anderen Geschlecht. Dabei wird verständlich, welch außergewöhnliche Bedeutung Frauen im Leben des Kaisers gewannen.

Die Persönlichkeit Karls

Karl V. wurde erzogen von einem der hervorragenden Vertreter des burgundischen Rittertums, Wilhelm de Croy. Das ist bekannt. Was mir nicht unwichtig erscheint, was aber bis heute so gut wie unbeachtet blieb: Er wurde lebenslang begleitet von einem kleinen Büchlein, in modernem Druck etwa achtzig Seiten, das ihm vielleicht sein Lehrmeister auf den Weg gegeben hatte, als einen wichtigen Ratschlag der Alten. Die Alten waren überhaupt Karls Ratgeber, seit er 1506 verwaist war, erzogen durch seine kluge Tante Margarete, denn seine Mutter verdämmerte nach dem frühen Tod des Vaters ihr Dasein in spanischen Schlössern und ging als »Johanna die Wahnsinnige« in die Geschichte ein.

Alte Menschen waren es also, die Karls Jugendjahre begleiteten, Wilhelm de Croy, der jahrelang mit ihm lebte, ihn ritterlich erzog und politisch beriet, starb 1521. Danach war der alterfahrene Diplomat aus burgundischer Schule Mercurio Gattinara sein Mentor, zugleich sein Großkanzler in spanischen und römisch-deutschen Affären bis zu dessen Tod 1530. Bis zum selben Jahr hatte Karls Tante Margarete, die Ersatzmutter seiner Kindheit, auch das erste Objekt seiner politischen Unnachgiebigkeit, seine Affären mit selbstloser Fürsorge begleitet, als Statthalterin der Niederlande in seinem und zuvor im Auftrag seines regierenden Großvaters Maximilian. Man kennt die Lücke in diesem elternlosen Erziehungsweg, und sie wurde nicht gefüllt auf andere Weise in der strengen Hoftradition, auch nicht ergänzt durch Gleichalterige. Allerdings wuchs Karl bis zum 16. Lebensjahr im Kreis seiner drei Schwestern auf, was ihn lebenslang mit dem weiblichen Element verband, neben Tante, Gattin und Tochter. Und doch umgab ihn die Aura des Einsamen, Schweigsamen, der er auch in seinem sogenannten »politischen Testament« für seinen Sohn Philipp 1543 Ausdruck gab. Wieder nur ein einziger Sohn, zumindest im Rahmen ehelicher Legitimität.

Zurück zu jenem Büchlein, das ihn seit seiner Jugend begleitet hatte und zu einem ganz anderen Menschen machte, als etwa nach Karl Brandis Vermutung einer der zeitgenössischen *Devotio Moderna* zugeneigte Persönlichkeit. Ein burgundischer Höfling hatte es verfaßt, Olivier de la Marche, der an der Seite Karls des Kühnen die Niederlage und den Tod seines Herrn in der Schlacht von Nancy überlebte. Olivier de la Marche erlebte auch noch den Ruhm seiner Schrift in einigen Frühdrucken. Es ging um die Lebensregeln und den Lebensweg eines »entschlossenen Ritters«, »Le Chevalier délibéré«. Der Entschlossene kämpft gegen alle allegorischen Anfechtungen in strenger Pflichterfüllung auf dem schmalen Pfad christlicher Tugend und in angespanntem Einsatz seiner ritterlichen Festigkeit, bis ihn schließlich die Zeit besiegt. Da resigniert er und widmet sein Lebensende ganz seiner persönlichen Frömmigkeit.

Karl hat dieses Büchlein augenscheinlich beherzigt. Er übersetzte es selbst ins Altkastilische und veranlaßte darüber hinaus noch eine bessere Übersetzung. Er nahm es auch mit in sein Refugium nach Yuste, als er von allen Würden resigniert hatte. Es fand sich dort in dem schmalen Bestand seiner Bücher, und offensichtlich liegt hier der Schlüssel zum umrätselten Schritt seiner totalen Resignation, für die es in der römisch-deutschen Kaisergeschichte kein Vorbild gab.

Kein Vorbild gab es freilich auch für die Panegyrik, mit der die Mitwelt seinerzeit den neunzehnjährigen, zum Kaiser erwählten burgundischen Herzog und spanischen König Karl bedacht hatte. Die Redensart, daß in seinem Reich die Sonne nie unterging, findet sich noch in den Schulbüchern. Sie beruht bekanntlich auf dem zeitgenössischen Irrtum des Kolumbus, die Ostküste Indiens entdeckt zu haben. Karls Hofkunst schmückte daraufhin die Säulen des Herkules mit dem Doppeladler. Da tauchte der antike Vergleich zwischen Kaiser und Sonne wieder auf, den die mittelalterliche politische Astronomie mit dem Beziehungspaar Sonne und Mond zugunsten des Papsttums verwendet hatte, und die politische

Prophetie der Zeit erwartete vom »edlen jungen deutschen Blut« gar das utopische Millennium.

Karl blieb diesen Versuchungen der Ruhmredigkeit fern, ganz im Sinn seines »entschlossenen Ritters«. Aber den Versuchungen der Ruhmbegierde unterlag er in vollem Ausmaß jener ritterlichen Scheinwelt, die sich und ihre Taten gerade am burgundischen Hof generationenlang im Kreis der auserlesenen »Ritter vom Goldenen Vlies« alljährlich selbst bestätigte. Der Orden war von Karls Urahn Johann dem Guten gegründet worden. Karl war von Kind auf durch Erbrecht der Souverän. Auf keinem Bild fehlt das Ordensemblem. Auch schätzt der Herrscher die freimütige jährliche Kritik im Kreis der Ordensbrüder, die ihre Gruppenethik auf eigenartige Weise mit ihren politischen Leistungen vermischten, eine alternative Gesellschaft eigentlich, die sich bis ins Utopische zu perfektionieren suchte. Karl sieht sich auserwählt, nicht um eigentlich Herzog, König oder Kaiser zu sein: Nicht eine wohlbedachte Herrschaftsführung gebieten ihm seine Ideale, sondern den geraden Weg zu Ruhm und Ansehen, bis ins Unerhörte. »Plus ultra« heißt sein Wappenspruch.

Fürstenruhm war der Zeit ein Begriff. Karl war ein Zeitgenosse Machiavellis, der mit einer oft mißverstandenen Kunst ein pragmatisches Ziel zu empfehlen suchte. Aber die Wege dazu sind gewiß nicht die Wege Karls, zumindest nicht in seiner idealisierten Selbstsicht, und insgesamt wird man sagen können, bei Machiavelli sei er nicht in die Schule gegangen. Karl hatte aber auch nicht gelernt bei Hadrian von Utrecht, der seine Erziehung eine Zeitlang betreute und ihn dann in Spanien als sein Statthalter vertrat, wenigstens nicht soviel, daß sich mit dem späteren Papst daraus hätte ein politisches Bündnis knüpfen lassen. Auch darf man Karl nicht in Verbindung bringen mit einem anderen temporären Einfluß durch Erasmus von Rotterdam, der dem Sechzehnjährigen bekanntlich eine Schrift über die Prinzenerziehung widmete: Von den nachgerade berühmten *Querela pacis* des bedeutendsten Intellektuellen seiner Zeit hat Karl wohl schon gar nichts gehalten. Denn später wünscht er sich in einem Brief ausdrücklich einen Krieg, einen guten Krieg, um damit berühmt zu werden.

Die politische Situation

Prüfen wir einen Moment die europäische Situation, mit unseren Augen, nicht mit denen Karls, der gerade, vierundzwanzigjährig, glücklich verheiratet, in der Alhambra von Granada nach einem alten Ritterwort »sich zu verliegen« fürchtet. Deshalb die Sehnsucht nach einem »guten Krieg«.

In der europäischen Politik war in jenen Jahrzehnten eine lang lastende Krise der gesellschaftlichen Ordnung allmählich ausgestanden. Es war in erster Linie eine Krise der Monarchie. Es war aber überhaupt eine Krise der politischen Ordnung, wie denn alle historischen Krisen in Wahrheit nicht mit der Sozialstatistik zu messen sind, sondern nach Ordnungsbildern. Seit Ende des 14. Jahrhunderts griffen Städte und Fürsten mit hohen Ansprüchen nach der politischen Macht. Das war jene Zeit, in der auch die kirchliche Ordnung durch ein jahrzehntelanges Schisma mit zwei, schließlich drei Päpsten gefährdet erschien, in der in französischen, englischen, spanischen, italienischen und schließlich auch in deutschen Städten der bürgerliche Mittelstand gegen das Stadtpatriziat rebellierte, auch mit bäuerlicher Beteiligung, weshalb die französischen Historiker Mollat und Wolff gar von einer »révolution populaire« sprachen. Es war eine Krise, in der die süddeutschen Städte mit ihren Machtansprüchen zum »Fürstenschreck« wurden, die Schweizer siegreich, die anderen in schweren Kämpfen besiegt, und in der die norddeutsche Hanse geradeso politische Machtansprüche erhob. Es war schließlich eine Krise, in der in einem mehr als Hundertjährigen Krieg die Engländer zum letzen Mal, aber nachhaltig, die Herrschaft über Frankreich an sich ziehen wollten.

Diese Krise also war, wie gesagt, zu Ende des 15. Jahrhunderts allmählich ausgestanden. Die Engländer verließen, fast für immer, den Kontinent, das burgundische Herzogtum wurde besiegt, die Königshäuser Aragón und Kastilien vereinigten sich, die fürstlichen Signorien in Oberitalien stabilisierten ihre Territorien, das ungarische Königreich fand seinen Meister, der auch den »Hussitenkönig« Georg von Podiebrad besiegte, und die polnische Dynastie der Jagiellonen errichtete im Bund mit Litauen die größte europäische Königsherrschaft westlich von Rußland. Alles hatte einen Zug ins Große. In dieser Zeit erbten die Habsburger zuerst Burgund und dann Spanien, und in diese Welt wurde Karl geboren.

Eine solche Skizze ist wohl unentbehrlich zum Verständnis seiner Politik, besonders auch zum Verständnis seiner Frankreichpolitik. Denn seit 1519 standen buchstäblich an allen Landesgrenzen des französischen Hexagons die Habsburger. Nur im Südosten, im Herzogtum Mailand, gab es ein Schlupfloch. Es wurde zum Ausfalltor für die französische Expansion. Damit war eine Auseinandersetzung zwischen den Habsburgern und den Valois, den beiden nun mächtigsten Dynastien, gleichsam von der politischen Geographie vorgezeichnet. Und damals prägte Kaiser Maximilian das Wort von der »Erbfeindschaft«. Man hat dieses Wort, nebenbei, von den Dynastien auf die Völker übertragen. Das ist absolut unberechtigt. Es war eine Sache der Dynasten, die es hier auszutragen galt. Alle anderen Menschen in jener Zeit, hoch oder niedrig, hatten auf diese Feindschaft sozusagen keinen Erbanspruch. Erst die habsburgischen Intentionen verstrickten die kaiserliche und damit die deutsche Politik in diese Auseinandersetzung.

Danach war nun also König Franz der geborene Widersacher Karls. Der König von Frankreich führte ganz konsequent nach dieser Konstellation lebenslang seine Politik gegen den König von Spanien und römisch-deutschen Kaiser, und ausgetragen wurde dieser Gegensatz in fünf Feldzügen innerhalb von dreißig Jahren.

Jetzt haben wir freilich auch verstanden, wo Karl seinen »guten Krieg« zu suchen hatte. Es war ein Krieg gegen Frankreich, in Zusammenhang mit dem französischen Ausbruchsversuch aus dem habsburgischen Ring im Südosten, im Kampf um Mailand.

Zum Grundmuster der europäischen Politik, in dessen Koordinatennetz sich Karl als einer der Mächtigsten zu bewegen hatte, gehört aber noch ein ganz anderer Faktor, ein äußerer Faktor, wie ihn das politische Gefüge der europäischen Machtgebilde für viele Jahrhunderte nicht hatte ins Kalkül ziehen müssen: die Türken.

Die osmanischen Sultane betrieben seit dem 14. Jahrhundert von der anatolischen Halbinsel aus gleichzeitig Expansionspolitik nach Westen und nach Osten, zum Teil auf den Spuren der Araber, die sie beerbt hatten. Seit 1396 klopften sie an die Tore Europas, hatten die Schwarzmeerküste erobert und 1453 gar Konstantinopel, die Hauptstadt der östlichen Christenheit. Das Schwarze Meer, das östliche und westliche Mittelmeer unterlagen ihrem Einfluß. 1526 fiel der König von Ungarn, Karls Schwager Ludwig, in einem vergeblichen Defensivzug. 1528 erreichten türkische Vortrupps Wien, und ein zwar spektakulärer, aber wenig folgenreicher »Türkenzug« Karls stabilisierte die Lage mitnichten. Der größte Teil Ungarns war verloren.

Dennoch war Karls Türkenabwehr nicht auf die Verteidigung Mitteleuropas gerichtet. Vielmehr suchte er die Abwehr am politischen Horizont seiner spanischen Herrschaft. Er war darin weit eher der Erbe der Könige von Aragón, die von der Küstenherrschaft her über Inseln und feste Stützpunkte bis nach Unteritalien und Sizilien ihren Machtbereich aufgebaut hatten. Karl führte eine siegreiche Expedition über See nach Tunis, das er eroberte und für Jahrzehnte wieder spanisch machte, einer der großen Türkensiege des Jahrhunderts. Im ganzen aber plante er eine antitürkische Verbindung aller christlichen Könige. Ein Kreuzzug unter seiner

Führung erschien ihm offenbar als der eigentlich »gute Krieg«. England spielte darin nur eine geringe Rolle, trotz Verwandtschaftsbeziehungen, Skandinavien fiel ebenfalls kaum ins Gewicht, obwohl auch hier eine Ehe Brücken schlug. Ganz außerhalb von Karls Aktivitäten blieb das riesige polnisch-litauische Königreich. Die übrige Welt war aufgeteilt: Frankreich war der Feind, und in Burgund, Spanien, Deutschland, Ober- und Unteritalien, auch an der afrikanischen Mittelmeerküste, herrschte Karl oder die spanischen Interessen. Dazu traten, je länger je mehr, die politischen Beziehungen ins ferne Amerika, wo Karls Vizekönige regierten. Von dort kamen seine Gold- und Silberflotten. Im übrigen stützte er sich bei seiner meist kopf- wenn nicht gar skrupellosen Finanzpolitik auf die süddeutschen Bankhäuser der Fugger und Welser. Noch nie hatte Europa eine solche Machtkonzentration in den Händen eines Mannes erlebt. Sie sollte sich auch nicht wiederholen.

Habsburger Frauenpolitik

Wie aber hielt Karl seine Herrschaft zusammen? Mit welchem persönlichen Einsatz wußte er seine mehr als siebzig Herrschaftstitel mit seinem Willen zu verbinden? Karl war bei allen seinen Reisen zu Lande und zur See doch ein Herrscher der Kanzlei und seiner Räte, der Akten, der Korrespondenz, der Kuriere. Die kaiserliche Post hat sich in Deutschland aus dieser Regierungsweise entwickelt, als Dienstlehen der Ministerialenfamilie Thurn und Taxis, noch heute in den kaiserlichen Farben schwarz und gelb. Aber ebenso wichtig und noch lange nicht in ihrer rechten Bedeutung erfaßt war Karls Familienherrschaft, die er von Anfang an organisierte, freilich anders als die ältere adelige »Gesamtherrschaft« mit ihren ständigen Erbteilungen: nämlich nach einem klaren Senioratsprinzip und unter bemerkenswerter Einbeziehung von Frauen, wie in diesem Buch nachzulesen ist. Einiges davon blieb im Familiensinn der habsburgischen Dynastie erhalten bis zu ihrem Untergang. Dieser politische Familiensinn ist vielleicht das hervorragendste Kennzeichen der Habsburger geblieben und hebt sie ab von den meisten ihrer europäischen Standesgenossen.

Karl jedenfalls herrschte bei dessen klarer Unterordnung zunächst einmal mit Hilfe seines Bruders. Ferdinand, drei Jahre jünger, blieb lebenslang loyal. Er wurde zum römisch-deutschen König, als Karl zum Kaiser gekrönt wurde. Diese Konstellation war nicht neu. Sie galt aber seit der Antike allenfalls für Vater und (Adoptiv-) Sohn. Eine brüderliche Herrschaftsteilung dieser Art hat es weder in der deutschen noch in der europäischen Geschichte gegeben. Im übrigen regierte Karl, selbst erzogen durch seine Tante als Statthalterin der burgundischen Herrschaft, auch als Herzog, König und Kaiser mit weiblicher Hilfe. Das burgundische Herzogtum oder, wie man häufiger sagt, die Niederlande, wurde nach dem Tod der tapferen Margarete von Savoyen von Karls Schwester Maria verwaltet, zuletzt von seiner Tochter Margarete von Parma. Seine Frau Isabella hielt zehn Jahre lang stellvertretend die spanische Herrschaft in Händen. Allerdings ist Karl zu guter Letzt der Abschluß seiner Herrschaftsidee mißglückt, der Wechsel der Kaiserwürde nämlich nach dem Senioratsprinzip zwischen seinem Sohn Philipp und seinem Neffen Maximilian. Diese unerhörte Veränderung, auch im Hinblick auf die Wahlrechte der Kurfürsten, blieb der deutschen Geschichte erspart.

Der Kaiser als Autor

Karl schrieb viel. Er schrieb auch viel mit eigener Hand und zeigte in seiner Schriftlichkeit wiederum Charakterzüge, die man bisher nach meinem Dafürhalten kaum ausreichend gedeutet hat. Er schrieb vor allem immer wieder in entscheidenden Augenblicken selbst, als wolle er die Feder für seine Worte nicht einmal einem Sekretär anvertrauen.

Der »entschlossene Ritter«, der nach Ruhm dürstete, 1519 zum römisch-deutschen Kaiser gewählt, betrat im Jahr danach von Spanien her, wo er sich bislang vier Jahre aufgehalten hatte, den Boden seines ihm noch unbekannten Reiches. Das »edle junge deutsche Blut« verstand kein Deutsch. In Aachen gekrönt, trat er im Februar 1521 jenem Mann gegenüber, der zu seinem eigentlichen Widersacher werden sollte und der ihn noch nach seinem Tode besiegte – durch die Kraft seiner Sprache. Die Begegnung zwischen Martin Luther und dem Kaiser, das *rencontre* zwischen dem Schutzherrn der Christenheit, seinem Titel nach, und einem religiösen Rebellen ganz ohne Macht und ohne Legitimität, nicht einmal in der kirchlichen Hierarchie, ist freilich kein Novum in der deutschen Geschichte, auch wenn man es mitunter so nennt. 1415, gut hundert Jahre zuvor, stand Jan Hus in ähnlicher Situation vor Kaiser Sigismund. Mit einem großen Unterschied: Jan Hus war vor ein Konzil geladen; Martin Luther erschien zum kaiserlichen Verhör. Und allein dieses Verhör war eigentlich schon ein Bruch des Kirchenrechtes, war Ausdruck der geistigen Selbständigkeit des jungen Kaisers, denn eigentlich hatte er gar nicht mehr die Entscheidungsfreiheit, Martin Luther zu verhören oder ihn zu verurteilen. Luther war bereits durch den Papst verurteilt und gebannt, und dem Kaiser hätte es nur mehr angestanden, Acht und Bann in Vollzug zu setzen.

Luther trat also im Kreis des versammelten Reichstages vor den Kaiser und brauchte danach noch einen Tag, um gerade das nicht zu tun, was alle Welt offenbar von ihm erwartete, augenscheinlich nach entsprechenden Fehlinformationen auch der Kaiser: zu widerrufen. Er widerrief nicht, wie auch hundert Jahre vor dem Kaiser Jan Hus nicht widerrufen hatte, und im Hergang der Dinge ist Karl wiederholt an diese Vorgeschichte erinnert worden. Luther bekräftigte am nächsten Tag seine Überzeugung. Anders als Hus erhielt er von Karl dennoch freien Abzug. Aber nicht das ist der große Unterschied zwischen den Begegnungen von Kaiser und Reformator am Anfang des 15. und am Anfang des 16. Jahrhunderts, wie man meist liest. Der Unterschied ist ganz anderer Art, und er wird im deutschen Geschichtsbild nur wenig beachtet. Erst 1971 hat ihn ein deutscher Jesuit gehörig ans Licht gehoben. Karl schrieb nämlich, sehr anders als sein Vorgänger Sigismund 1415, unter dem offenbar tiefen Eindruck der Begegnung mit Luther eine persönliche Erwiderung. Er bekannte sich zur Religion seiner Ahnen, schriftlich, französisch, nachts, so daß man dieses Bekenntnis am nächsten Tag im Reichstag verlesen konnte und zu den Akten nahm. Es zählt zu den aufschlußreichen Quellen für seine Persönlichkeit, und man hat, wie gesagt, dieser Quelle bisher kaum die rechte Ehre angetan.

Natürlich war Karl kein Theologe. Aber diese Einsicht wird nicht überraschen, sondern vielmehr, wie und in welcher Reihenfolge der Kaiser argumentierte. Erst einmal im Hinblick auf seine Ahnen, die alle gute katholische Könige gewesen seien und deren Bekenntnis er nicht verraten möchte; hier argumentiert er also mit der Ehrfurcht vor den Ahnen, dem Grundelement aller aristokratischen Mentalität. Dann erinnert Karl die Fürsten daran, daß sie ihm Gefolgschaft geschworen hätten, natürlich auch bei der Wahrung des rechten Glaubens; hier argumentiert der Lehnsherr, wenige Wochen nach seiner Krönung. Ein weiteres Argument ist eher für jedermann gedacht: ein einzelner Mönch könne unmöglich den rechten Weg für die Christenheit weisen, nachdem ihn viele Gelehrte in anderthalbtausend Jahren nicht gefunden haben sollten.

Sucht man von daher ein Urteil über Karls Religiosität, wird man jedenfalls keine Brücke finden zur religiösen Grundhaltung der *Devotio moderna*, wie das vor sechzig Jahren die große Biographie von Karl Brandi dem Leser nahelegte. Wenn auch Brandi eine politische Biographie schrieb: Bei allen anderen exakten Interpretationen der Akten ist es doch nicht gut erträglich, ein derartiges Fehlurteil über einen maßgeblichen Grundzug der Persönlichkeitsstruktur der Mutmaßung zu überlassen.

Zwar war Karl weit entfernt vom hierarchischen Prunk aller Kaiserherrschaft. Er hat wenig Kirchen gebaut, keine Klöster gestiftet, verzichtete ganz auf das religiöse Zeremoniell, wie es andere Kaiser übten. Aber seine Frömmigkeit, seine Devotion, kam weder aus der frommen Ergebenheit Gerhard Grootes, noch lag ihm die duldende Nachfolge Christi. Sein Ahnenstolz und ein »natürlicher« Konservatismus wiesen vielmehr einen anderen Weg.

Wir begegnen Karl als selbständigem Autor und mit ganz eigenen Gedanken in einer ähnlichen politischen Entscheidungsstunde am Ostermontag des Jahres 1536 ein weiteres Mal. Diesmal hält er eine Ansprache vor Papst und Kardinälen. Er spricht hier spanisch, mit einem kleinen Merkzettel, und man sagte, er wollte in diesem Augenblick nicht die Sprache seines Widersachers benützen. Denn er wendet sich mit dieser einstündigen, anscheinend improvisierten und jedenfalls ganz selbständig konzipierten Ansprache gegen Franz von Frankreich. Karl hat gerade Tunis erobert und damit einen großen Sieg über die Türken erfochten. Doch er verwahrt sich gegen den Vorwurf, ein *monarcho del mondo* zu sein, ein Herrscher der Welt. Er will nicht mehr erreichen als einen Türkenkreuzzug der geeinten Christenheit. Der Papst soll für seine Politik als Schiedsrichter wirken. Und ehe der König von Frankreich einen neuen Feldzug gegen ihn unternimmt, um dabei Christenblut zu vergießen, fordert Karl den langjährigen Widersacher nun persönlich zu einem Duell.

Die Einzelheit ist bekannt. Weniger weiß man von den Gedanken der zuhörenden Purpurträger. Aber daß der weit mehr mit unserem modernen Verständnis von Politik verbundene König von Frankreich das kaiserliche Angebot eher als eine Donquichotterie ansah, können die Umstände immerhin nahelegen. Nur sind uns wieder nicht die Umstände so sehr von Belang, als der Kaiser selbst. Er hat, muß man glauben, sein Angebot ernst gemeint. Er hat sich wiederum dargestellt als der »entschlossene Ritter«, mit einer geradlinigen Politik, die weit abweicht von dem, was man, ganz ohne Ränke, sondern in einfacher Erkenntnis der Sachlage, für angemessen und möglich betrachten muß. Aber gerade diese Ermessensfragen liegen dem Kaiser fern. So weiß er auch seine spektakulären militärischen Aktionen nie richtig zu nützen.

Triumph und Fall

Das betrifft eine neue Wendung seines Triumphs acht Jahre später. Mit militärischer Überlegenheit hatte Karl, ohne größere Gefechte, bei einem Feldzug nach Frankreich 1544 den politischen Rivalen seines Lebens in die Knie gezwungen. Matt gesetzt, räumte ihm die französische Politik auf dem Vertragsweg nun ein, was er zuvor nicht hatte militärisch erreichen können. Nicht etwa die Weltmonarchie, sondern die Anerkennung politischer Ansprüche um das Herzogtum Mailand, und dazu aber auch Waffenhilfe gegen die deutschen Protestanten, die sich inzwischen bei aller kurialen Prolongierung einer konziliaren Entscheidung im religiösen Bereich zu einer echten politischen Gefahr für Karls Herrschaft ausgewachsen hatten. Als für einen solchen Feldzug sogar päpstliche Finanzhilfe in Aussicht stand, freilich wurde sie wieder zurückgezogen, als der Kaiser damit dem Papst zu mächtig schien, kam es endlich 1546 zum entscheidenden Krieg zwischen Karl und seinen, wie formuliert wurde, reichsrechtlich schuldig gewordenen Widersachern. Es wurde also kein Konfessionskrieg geführt, sondern eine Reichsexekution gegen Rechtsbrüchige.

Nach geschicktem monatelangen Taktieren bezwang Karl seinen Widersacher im April 1547 binnen einer Stunde. Sein persönlicher Feind, der sächsische Kurfürst, wurde dabei gefangen, ähnlich wie 1525 der König von Frankreich und 1527 der Papst. Karl stand auf dem Gipfel seiner deutschen Macht, ohne die politische Überlegenheit maßvoll zu nutzen. Aber er fühlte sich vielleicht nach diesem Sieg in einer ähnlichen Lage, die Cäsar einst zur Niederschrift seiner Aktionen gedrängt hatte. Fünf Tage lang diktierte er später während einer Rheinfahrt seinem Sekretär Willem van Male die Geschichte dieses Feldzugs – immerhin einhundertzwanzig Druckseiten in moderner Edition, und zeigte sich dabei so gewandt im Aufbau und geschickt in der Demonstration der militärischen Bewegungen, daß man sich wirklich an den strategischen Klassiker erinnern könnte.

Ein paar Jahre später, im Oktober 1555, tritt Karl wiederum als eigenständiger Autor vor die Welt. Jetzt hält er seine Abschiedsrede. Er hat sie wieder allein konzipiert, er spricht frei, mit Hilfe eines Merkzettels, er betritt den Raum gestützt auf den Grafen Egmont, den Schiller später weltberühmt machte. Diese Rede, nur aus der Erinnerung von einem Zuhörer aufgezeichnet, ist eine besondere Leistung des gichtkranken und über seinen politischen Mißerfolgen gebrochenen Mannes. Die deutschen Fürsten hatten inzwischen rebelliert, die Franzosen waren, unter dem jungen König Heinrich, nach Metz vorgestoßen und Karls Versuch, die Reichsstadt wieder zu gewinnen, war gescheitert. Noch einmal war eine große, die englische Hoffnung aufgeflammt, als Karl seinen Sohn Philipp, den spanischen König, tatsächlich mit der englischen Thronfolgerin verheiraten konnte. Das war Mary, die als »die Blutige« in die Geschichte einging. Aber die katholische Reaktion unter spanischer Ägide dauerte in England nur zwei Jahre. Mittlerweile hatte Bruder Ferdinand mit den Protestanten einen endgültigen Kompromiß ausgehandelt, den »Augsburger Religionsfrieden«, und Karl lehnte es ab, dieses Reichsgesetz zu unterzeichnen. Das war der letzte Grund für seinen Rücktritt im Oktober 1555.

Die Beziehungen zwischen den Brüdern blieben seither getrübt, wohl zum ersten Mal in ihrem Leben, und jedenfalls zum letzten Mal, denn Ferdinand weigerte sich schließlich, den Bruder in Brüssel noch einmal zu besuchen. Und Karl seinerseits war weit davon entfernt, die Klugheit dieses Kompromisses zu begreifen, der als »Augsburger Religionsfrieden« in die Geschichte einging und die Verfassung des Heiligen Römischen Reiches bis 1806 bestimmte, friedlich für die nächsten fünfundsechzig Jahre. Bis zum heutigen Tag hat Deutschland eine so lange Friedenszeit nicht mehr erlebt. Aber Karl hatte in lebenslangen Kompromissen die deutschen Protestanten immer nur hinhalten wollen. Die Entscheidung und auch die Versöhnung sollte ein Konzil bringen. Als es 1545 endlich nach seinem Willen auf Reichsboden zusammengetreten war, in Trient, aber zuallererst die konfessionellen Unterschiede hervorhob, nicht die christliche Gemeinsamkeit, wie Karl gehofft hatte, solcherart also von vornherein die Protestanten ausschloß, waren seine Hoffnungen zunichte.

Resignation

Man hat sich bislang in der Forschung damit begnügt, Karls Resignation, die einzige in der römisch-deutschen Kaisergeschichte bis 1806, aus diesen Rückschlägen herzuleiten. Sie wären natürlich zumindest auch herzuleiten aus der Erschöpfung der politischen Willenskraft Karls von Burgund, aus dem nicht eingelösten »Plus ultra«, das jetzt zerbrochen am Boden lag. Sie müssen aber auch hergeleitet werden aus der Lebensskizze für den »entschlossenen Ritter« nach dem Entwurf des Olivier de la Marche, und den Einfluß dieser kleinen Schrift auf Karls Werdegang und seine Persönlichkeit hat bislang noch niemand beachtet: Von der Allegorie der »Zeit« besiegt, zieht sich der entschlossene Ritter nach vielen Kämpfen am Ende zurück. Ein Eremit empfiehlt ihm, sich allein auf den guten Tod vorzubereiten. Gerade das unternimmt Karl nach seinen Abschiedsreden von den burgundischen, spanischen und schließlich auch den deutschen Reichsständen. Natürlich verabschiedetet er sich auch in ähnlich feierlicher Form von den Rittern vom Goldenen Vlies, deren

Haupt nun sein Bruder Ferdinand werden sollte. Alles das ist wohlgeplant und wohlgeordnet, wie nur kaum je in einer Zeit, in der die Menschen ihre Lebensplanungen ungleich umsichtiger abschlossen als heute; in der sie allerdings auch unter den begrenzten Möglichkeiten medizinischer Hilfe rascher und sozusagen gesünder starben.

Nicht einmal diese Umsicht hat bisher in der Karlsbiographie die gehörige Beachtung gefunden. Noch weniger dachte man aber an jene Quelle zum Bild der Persönlichkeit des einsamen, schweigsamen, nach dem Tod seiner Frau für die folgenden zwanzig Jahre seines Lebens nur mehr schwarz gekleideten Kaisers, der das Höchste auf Erden erreicht und, in euphemistischer Geringschätzung seiner politischen Niederlagen, am Ende das Äußerste eines menschlichen Lebensweges im Triumph über sich selbst suchte. Diese Devise trägt jedenfalls der letzte in einer Reihe von acht Gobelins, vielleicht 1558 entstanden, die sich in Besançon in dem prächtigen Haus von Nicholas und Antoine Granvelle finden. Die beiden, Vater und Sohn, waren nacheinander Karls Kanzler.

Karl hat seine Persönlichkeit freilich anderen Darstellungen anvertraut. Die Fachhistorie, philologisch geschult, sieht solche Grundlagen immer mit unausgesprochener Selbstverständlichkeit in den Akten. Es ist durchaus nicht selbstverständlich, daß Karl geradeso dachte, und vermutlich deshalb suchte er auch nicht nach der Feder, sondern nach dem Pinsel eines Chronisten. Das war Tizian, seit 1532 nach kaiserlichem Gebot allein berechtigt, ihn zu portraitieren, und dabei als Hofmaler mit einträglichen Ehren bedacht. Vier Bilder von ihm sind erhalten. Jedes konzentriert die Darstellung auf die willensstarken Augen, auf das gelehrte und auch schließlich von Leiden gezeichnete Gesicht, auf die feinsinnigen Hände. Drei Darstellungen aus dieser Reihe gelten dem lebenden Karl. Jedes zeigt ihn allein, ohne Begleitung, ja ohne Attribute von Herrschaft und Beziehungen zu anderen Menschen überhaupt, wenn man nicht eine Lanze in dieser Richtung deuten will, die der einsame Ritter auf dem im übrigen völlig unbelebten Schlachtfeld von Mühlberg in der Hand trägt. Die letzte Darstellung Karls freilich ist anderer Natur. Sie ist der letzten seiner Lebensstationen gewidmet, dem Jenseits nämlich.

Wieder, gegen moderne Mißverständnisse: Karl ist nicht der einzige Kaiser, der in Beziehung zum Jenseits dargestellt wird. Die Brücke wird schon mit Darstellungen der Ottonenzeit geschlagen. Karl ist auch nicht der erste Kaiser, der sich kniend vor der Gottheit zeigt. Entsprechende Konstellationen finden sich vom 10. bis ins 20. Jahrhundert, Maximilians Grabmal in der Hofkirche zu Innsbruck eingeschlossen. Aber Karl V. ist

1521 das Aztekenreich in Mexiko eroberte und dem spanischen Hof die Schätze Montezumas bescherte.

Karl V. schenkte einen Teil dieser exotischen Beute seinem Bruder Ferdinand. Mit einem anderen Teil überraschte er seine Tante Margarete in den Niederlanden, wo Dürer sie als »subtile Ingenia der Menschen in fremden Landen« bewunderte. Der Großteil dieses einmaligen Goldschatzes wurde jedoch für die ehrgeizigen Ziele und den religiösen Eifer Karls V. eingeschmolzen. Denn: »Der Auftrag Gottes war ohne Geld nicht zu erfüllen«, wie Ferdinand Seibt schreibt. »Aber es verschwand genauso im unersättlichen Schlund des Krieges wie die Steuerleistungen aus Spanien, Italien, den Niederlanden oder dem Deutschen Reich ...«

Wie gewonnen, so zerronnen.

Eine letzte Bilanz?

Erreicht man das *Valle de la Vera*, wird das Land erstaunlich grün. Wälder gruppieren sich an den Hängen, Kastanien, Zypressen und Eukalyptusbäume wechseln sich ab, und glasklares Wasser plätschert über Stock und Stein die Hügel hinunter. Tellergroße Tabakblätter an kurzen, stämmigen Stielen recken sich dem Licht entgegen. Irgendwann werden sie die zahlreichen steinroten Trockenhalden füllen, um schließlich, fachkundig zu Ballen gepreßt, eine lange Reise anzutreten, bis sie sich ihrer Bestimmung gemäß in blauen Dunst auflösen.

Nebel schmiegt sich in die Täler. Oder sind es tiefhängende Wolken, die nach der Erde greifen? Das war schon immer so. Die besorgte Infantin Johanna schrieb bereits im Jahre 1557 ihrem kaiserlichen Vater, Karl V., kurz vor seiner Umsiedlung in diese gottverlassene Gegend noch einen verzweifelten Brief mit der Bitte, er möge doch von seinen Umzugsplänen Abstand nehmen. Die Landschaft, arme Heimat der *Conquistadores*, sei trist und Yuste ein Nebelloch. Auch die liebende Schwester, Maria von Ungarn, war wegen der negativen Berichte über das Klima im *Valle de la Vera* arg besorgt und versuchte den Kaiser umzustimmen. Aber Karl beantwortete ihr Schreiben lakonisch mit den schlichten Worten des spanischen Volkshelden El Cid: »Der Löwe ist nicht so wild, wie man ihn darstellt.« Und blieb bei seiner Entscheidung.

Der Kaiser, der sich bereits zwölf Jahre vor diesem definitiven Schritt mit dem abgelegenen Kloster der Hieronymiten und den Mönchen beschäftigt und seinem Sohn Philipp längst Pläne für ein auf seine Bedürfnisse zugeschnittenes Haus zur Begutachtung und Ausführung geschickt hatte, ließ sich nicht beirren. Auch wenn er um die satten flandrischen

Weiden wußte, das wohltuend milde Klima der deutschen Mittelgebirge, die lieblichen Auen der Donau, des Rheins, von Maas und Schelde, die Kühle Granadas, das herbe Kastilien, das mediterrane Barcelona, das bunte, lebendige Sevilla, den Reichtum von Genua und Mantuna, den Stolz Roms und die Stille der Wälder um Brüssel … Während seiner 37 Regierungsjahre war er fast zehn Jahre auf Reisen gewesen, als junger Mann stürmisch zu Pferd, später in der Sänfte und noch später, von Gicht und Rheuma geplagt, geduldig getragen in einem Sessel. Er kannte die schönsten Winkel seines Reiches. Aber letztlich suchte der müde Monarch, der noch in der mittelalterlich-ritterlichen Tradition aufgewachsen war, Geborgenheit und Ruhe in der Abgeschiedenheit seiner ihm neu zugewachsenen Heimat Spanien, wo seine über alles geliebte Frau begraben war und seine Kinder, zu denen er eine innige Beziehung hatte, schalteten und walteten. »… kein Vater konnte ängstlicher und besorgter um das geistige und leibliche Wohl seiner Kinder gewesen sein als dieser durch eine vierzigjährige Regierung unruhvoll vom häuslichen Herde ferngehaltene, von Land zu Land, von Krieg zu Kriegen, von Verhandlungen zu Verhandlungen gejagte Kaiser«, schreibt sein Biograph Karl Brandi.

Und so entschied er sich, in einer Bleibe, an den Mauern des *Monasterio San Yuste de Cuacos* angelehnt, das nicht nach dem heiligen Justus, sondern dem dort fließenden Bach benannt ist, seine letzten Tage zu verbringen. War es wegen der Hieronymiten, denen er sich sein Leben lang besonders verbunden fühlte? Der Orden war gegen Ende des 14. Jahrhunderts als ein Ableger der Franziskaner in Spanien entstanden und lebte nach den kontemplativen Regeln des Augustinus. Die Klostergemeinschaft genoß einen guten Ruf, stand als meistbegüterter Orden Spaniens in der königlichen Gunst und war Wächter über deren Grabstätten.

Die Mönche, den Grafen von Oropesa in Plasencia und Jarandilla zugetan, hatten in *Yuste* zwischen den Laubbäumen Ölbaumhaine, Obstplantagen und einen Kräutergarten angelegt und ein ansehnliches Kloster gebaut. Davon wußte der fromme Kaiser. Oder war Karl V. bei der Wahl seines Alterssitzes einfach schlecht beraten gewesen, wie so mancher Historiker behauptet?

Glaubte er, für seine Gicht und rheumatischen Beschwerden, für sein Asthma und die Kurzatmigkeit das richtige Klima gefunden zu haben? Weiß man es genau? Tatsache ist, daß zahlreiche Historiker sich immer wieder über diese letzte Entscheidung des alternden Kaisers den Kopf

Nur eine Handvoll Diener wurde in den Nebenräumen des Klosters untergebracht. Das restliche Gefolge nahm Quartier in den umliegenden Dörfern Cuacos und Gargant de la Olla. Dort versuchten vor allem die flämischen Männer, der tristen Langeweile zu entkommen. Was auch immer dies für die Dorfbewohner bedeutet haben mag ...

Königlicher Alltag in Yuste

Dem Kaiser, der jährlich 20000 Dukaten zur Verfügung hatte, blieb immerhin noch ein beachtlicher Hofstaat. Neben dem treuen Kastilier Luis Mendez de Quijada überwachte der flämische Arzt Hendrik Mathys stets die Gesundheit des alten Mannes. Der hochgebildete Chronist Willem van Male leistete dem schwermütigen einsamen Monarchen Tag und Nacht Gesellschaft. Er stand dem Kaiser wohl auch körperlich am nächsten, und es ist verbrieft, daß das kleinere Zusatzbett im Schlafzimmer des kranken Mannes am häufigsten von van Male benutzt wurde. Der sensible Kammerherr war ein geduldiger Zuhörer, ein unermüdlicher Vorleser und ein frommer Christ.

Des Kaisers Sekretär, der Baske Martin Gaztelu, führte genauestens Buch über den Alltag in Yuste. Doch der wirkliche Trost des demissionierten Staatsmannes, der sich stundenlang nur allzugern mit dem mathematischen Rhythmus von Uhrwerken beschäftigte, war ohne Zweifel der berühmte italienische Ingenieur und Uhrmacher Giovanni Torriano.

Über fünfzig Leute hegten und pflegten den hohen Herrn: Ärzte, Apotheker, Barbiere, Garderobemeister, Bäcker, Köche, Kammerdiener, Knechte und Gehilfen. Letztere, Kammerherren zweiter Klasse, waren fast ausnahmslos Flamen – »die Barberos, die Bediensteten, die nicht nur Haar und Bart zu pflegen hatten, sondern auch mit Schwamm und Nachtschüssel ihren Herrn zu umsorgen hatten«, schreibt Peter Lahnstein. Der Kaiser sorgte sich um die fern der Heimat lebenden Burschen und hatte aus den Niederlanden einen Kapuzinerpater bestellt, damit sie in ihrer Muttersprache beichten konnten. Trotz aller Privilegien, die sie genossen – um das Leben in dieser Einöde, jenseits allen gesellschaftlichen Treibens, brauchte man Karls Hofstaat nicht zu beneiden. Sogar der stoische, disziplinierte und Karl treu ergebene Quijada beklagte sich Ende Februar 1557 in einem Schreiben bitter über die Verbannung in diesen trostlosesten Ort der Welt. Das Leben dort sei trist, einsam und geprägt von einer unendlich gähnenden Langeweile ...

Nur der introvertierte Monarch genoß die Stille und Beschaulichkeit.

Fast unscheinbar liegt sie da, diese kaiserliche Villa inmitten der Bäume an der Nordseite der Klostermauer. Wenn das Wetter launisch ist und der Nebel melancholisch zwischen den Zweigen des alten Nußbaums hängt oder dicke Regentropfen auf den silbernen Blättern der hohen Eukalyptusbäume glänzen, erscheint sie ein wenig grau und trist. Löst sich aber der Dunstschleier auf, schaut man von den Terrassen des *Palazuela* in die Weite der *Vega* und der Tajoebene. Dann geht einem das Herz auf.

Stille. Nur die Vögel zwitschern vor sich hin, und der helle Klang einer Klosterglocke schwebt über dem Tal.

Sollten es damals, vor über vierhundert Jahren, auch die geschulten Stimmen der frommen Mönche gewesen sein, deren Echo in der unberührten Landschaft nachhallte? Karl V., der in Yuste zwar nicht wie ein Mönch lebte, dem *Monasterio* und den damals dort lebenden 38 Mönchen aber sehr verbunden war, hatte sich für den Klosterchor besonders schöne, sonore Stimmen gewünscht. Nur die besten Sänger sollten den frommen Monarchen mit ihren Motetten, Madrigalen und Gregorianischen Gesängen erfreuen.

Die erste Etage, das Winterquartier Karls V., erreicht man nicht über eine Treppe, sondern über eine breite Rampe, damals eine Vorgabe des Kaisers, weil er angeblich mit dem Pferd bis vor die Tür reiten wollte, vielleicht auch, weil er in der Sänfte leichter hochzutragen war.

In beschaulichen Stunden soll der königliche Eremit von seiner Terrasse aus die Angel in den fischreichen Teich geworfen haben, geduldig der Dinge harrend. Sinnierte er über Vergangenheit und Zukunft seines unermeßlichen Reiches?

Die eher italienisch als spanisch anmutende Villa ist alles andere als protzig. Vier gleich große, geräumige Gemächer wiederholen sich, symmetrisch gestaltet, im Unter- wie im Obergeschoß. Die luftige obere Etage war für den Winter gedacht, die untere für heiße Sommermonate. Aber der Kaiser hat, entgegen manchen Behauptungen, letztlich nur die oberen Räume bewohnt. Im Parterre war es einfach zu kalt und zu feucht, auch wenn die Bauherren, gegen des Landes Sitte, für alle Räume Kamine vorgesehen hatten. Wegen des wechselhaften Wetters im *Valle de la Vera* und des häufiger auftretenden feuchten Nebels wurde nachträglich auch im Schlafzimmer des fröstelnden Kaisers ein Kamin eingebaut. Das Südzimmer mit dem großen Balkon im oberen Stockwerk war den Gästen vorbehalten und diente dem Fürsten als Arbeitskabinett.

Der schottische Edelmann William Stirling-Maxwell wanderte Mitte des vorigen Jahrhunderts in der Estremadura auf den Spuren Karls V. und besuchte 1849 die kaiserliche Villa in Yuste. Entsetzt berichtete er: »Die unteren Räume seines Palastes wurden als Verwahrort für Brennholz benutzt, und in den oberen Gemächern, wo er lebte und starb, waren Mais und Oliven aufgespeichert.« Der einst zauberhafte Garten soll völlig überwuchert gewesen sein.

Inzwischen hat man die gut erhaltenen Räume wieder sparsam mit Möbeln der Zeit ausgestattet, und die eher italienisch als spanisch anmutende Villa strahlt Zurückhaltung und Noblesse aus.

Nach dem Tod des Kaisers, in dessen Reich die Sonne nicht unterging, wurden sämtliche Wertgegenstände zum Hof nach Valladolid gebracht. Nur ein Hauch Wehmut blieb. Zwischen den schwarzverhangenen Wänden vermutet man einen in sich gekehrten

Kaiser, der von seinem Lederstuhl in der Wärme der letzten Sonnenstrahlen des Tages über die einsame Landschaft schaut. Und der verschlissene Tragsessel? Sollte es wirklich derjenige gewesen sein, in dem der von Gicht geplagte Monarch geduldig von kräftigen Männern aus dem Örtchen Tornavacas sechs Stunden lang durch die Berge bis nach Jarandilla getragen wurde? Auf seiner letzten Reise, zu seiner letzten Bleibe? Zur stillen Einkehr?

Zahlreiche Chronisten berichteten, Karl V. hätte seine letzten Tage zwischen schwarzverhangenen Wänden in klösterlicher Kargheit verbracht. Das ist nur bedingt richtig. Auch wenn der verwöhnte und umhegte Monarch im Laufe seines umtriebigen Lebens in sämtlichen Ländern seines Riesenreiches zahlreiche wahrhaft imposante Paläste bezogen hatte, so war der *Palazuela* in der abgelegenen Estremadura doch keine kümmerliche Bleibe. Das Haus war im Vergleich zu dem später von seinem Sohn Philipp II. gebauten, 40 Kilometer vor Madrid gelegenen Escorial gewiß eher bescheiden, entsprach aber dennoch der Residenz eines Privilegierten. 24 flandrische Gobelins, vorwiegend Verdüren, schmückten die Wände, und Karls Hofmaler Tizian war mit den Karl innigst vertrauten Familienportraits allgegenwärtig. Nach 1550 gab der Kaiser seinem künstlerischen Interpreten noch ein merkwürdiges Bild in Auftrag. Der Monarch nannte es das Jüngste Gericht und nahm es von Brüssel mit nach Yuste, wo es über dem Hochaltar der Klosterkirche aufgehängt wurde. Dieses berühmte »Gloria« von Tizian, heute im Prado von Madrid zu bewundern, konnte der kranke Kaiser Tag für Tag von seinem Bett aus betrachten. Auf dieses letzte Bild, das Totenbild, muß Karl im Totenhemd im Kreis der Himmlischen antreten zum persönlichen Gericht. »Hier ist er dann auch mit zwei Frauen in Verbindung gebracht, denen er sich am nächsten glaubte, seiner Gattin und einer anderen, nicht identifizierten, wohl seiner klugen Tante.«

Die kostbaren Nußbaumschränke waren prall gefüllt mit Silber- und Goldbechern, venezianischem Damast und edlem Leinen aus Flandern.

Der Kaiser, der zeitlebens aufmerksam die Geschicke seines enormen Reiches und die Entdeckungsreisen seiner *Conquistadores* verfolgt hatte, brachte nach Yuste zahlreiche wertvolle Bücher und geographische Karten mit. Auch seine Uhrensammlung bekam in seinem letzten Refugium einen Ehrenplatz. In der Werkstatt des berühmten italienischen Uhrmachers und Ingenieurs Giovanni Torriano aus Cremona, eingerichtet im Erdgeschoß des kleinen Palastes, soll Karl sich mit Vorliebe stundenlang aufgehalten haben, um sich vom großen Meister alle Mechanismen erklären zu lassen. Das wunderbare technische Gerät, die Uhr, hatte es dem Kaiser angetan. Nicht von ungefähr. Im Mittelalter waren die Uhren zunächst Spielzeuge, bis man feststellte, daß sie das soziale Zusammenleben perfekt regeln konnten. Bis dahin organisierten Kirchenglocken das menschliche Leben, aber nun brauchte man keinen Turmwächter mehr, die Uhr schlug von alleine …

Torriano, der für die Stadt Toledo das raffinierte Pumpwerk baute, das

das Tajowasser bis in die obere Stadt befördern konnte, arbeitete in Yuste an einer astronomischen Uhr, die die Monate und Tage sowie den Gang der Planeten anzeigen sollte. Der Kaiser, fasziniert von dieser Aufgabe, hat die Fertigstellung aber nicht mehr erlebt.

Etikette, die qualvolle Krankheit und Tristesse

Karl V. trug Trauer. Er trauerte um seine verstorbene Frau, seine Mutter, seine Schwester und viele andere. Er ließ die Wände seiner Wohnräume mit schwarzem Samt auskleiden und die Bilder hinter Vorhängen verstecken. Der unter Schlaflosigkeit und starken Schmerzen leidende Kaiser wollte in den zahlreichen unruhigen Nächten nicht allein sein, hatte in seinem Schlafzimmer ein Zusatzbett aufstellen lassen und ließ sich während der endlos langen dunklen Stunden von einer vertrauten Person vorlesen.

Über eine große Öffnung mit einem hölzernen Laden konnte Karl von seinem Winterschlafgemach aus direkt auf den Hochaltar der Klosterkirche blicken und auf diese Weise an der Messe teilhaben, auch wenn er bettlägerig war. Und das war er wohl oft.

Seine rührige Tochter Johanna hatte ihm bereits auf der Reise nach Yuste leichte und weiche Bettwäsche zukommen lassen. Der Leidende konnte keine Laken vertragen und legte immer wieder ungeduldig die Beine aus dem Bett. Karl war begeistert vom feinen flämischen Leinen und ließ sich aus diesem Material auch Hemden schneidern. Völlig den Sitten der Zeit entsprechend, bevorzugte der Monarch schwarze Kleidung, aus edlem Taft oder Satin, zum Teil innen mit Daunen gefüttert, oder auch aus Leder von weißen Lämmern, und seine Schuhe waren mit weißem Lammfell gefüttert. Auch der obligatorische Umhang aus Taft und seine Hüte waren von dezenter schwarzer Farbe.

Der kranke Kaiser lebte fast wie ein Eremit. Nur auf gutes Essen wollte und konnte er nicht verzichten. Durch einen päpstlichen Dispens von der Pflicht, vor der Kommunion zu fasten, enthoben, nahm er bereits im Bett ein üppiges Frühstück ein, trank zunächst auf nüchternen Magen, aller Vernunft und ärztlichen Warnungen zum Trotz, eine Kanne kaltes Bier und ergötzte sich an den unterschiedlichsten Früchten. Schweinefett, Lamm, Wild, auf vielerlei Art zubereitet, Kaninchen, Rebhuhn, Forellen, frischer Fisch, gepökelte, eingelegte Sardinen, Erdbeeren und Rahm, gewürzte Kuchen und Berge von Süßigkeiten – der Kaiser verschmähte nichts.

Zu allem Unglück litt er auch unter einer geschwollenen Zunge und Entzündungen im Mund. Um die Geschmacksnerven zu aktivieren, verschrieb man ihm pflanzliche Linderungsmittel, kochte ihm mitten in der Nacht eine Hühnerbrühe gegen Magen- und Verdauungsprobleme, verordnete Sälbchen und Pülverchen gegen Hämorrhoiden und Zuckerkrankheit, aber der Patient ließ sich von einer vernünftigen Diät und gezielten Behandlung nur bedingt überzeugen. Ihm war einfach nicht zu helfen.

Ob der leidende Fürst hier in Yuste das rigide burgundische Hofzeremoniell, das am spanischen Hof Schule gemacht hatte, noch beachtet hat? Vielleicht weniger bunt, weniger fröhlich, weniger üppig und barock? Es ist fraglich.

Der Geschichtsschreiber Gregorio Leti schrieb über die Regierungszeit des Habsburgers Karl V.: »In ganz Europa gibt es keine Residenz, in der soviel Geld für Hofstaat und Zeremonienwesen verpulvert wird wie in Spanien.« Karl V. war das jedoch nicht recht, und er versuchte angeblich, durch Sparsamkeit in seiner Alltagskleidung mit gutem Beispiel voranzugehen. Aber umsonst. Die höheren Stände und Klassen demonstrierten mit ihrer luxuriösen Kleiderordnung Macht und Profil. »Kaiserpomp« war Karl V. fremd. Der venezianische Gesandte Mocenigo wußte zu berichten, Karl habe, festliche Anlässe ausgenommen, »immer nur die einfachsten und billigsten Sachen getragen, habe sich um jedes Hemd und jedes Taschentuch selbst gekümmert und seine Pagen so spärlich mit neuen Gewändern versorgt, daß sie häufig in geflickten oder gar in zerrissenen Wämsern herumliefen«.

Dieses Vorbild nützte anscheinend überhaupt nichts: »Aber der Hof lebte doch in dieser unwirklichen Welt phantastischer Bilder, tönerner Phrasen und prahlerischen Großtuns; dazu in einem ungeheuerlichen Übermaß von Zeremoniell und Etikette. Eine Ordnung der spätburgundischen Zeit aus der Feder des Olivier de la Marche kehrt noch 1545 in spanischer Sprache wieder, beherrschte also das Hofleben bis tief in das 16. Jahrhundert. Die Hofämter mit der großen und kleinen Kapelle, mit dem Großalmosenier, zahlreichen Kaplänen, einem geschulten Knabenchor und Orgelmeistern, das Kämmereramt und der persönliche Dienst am Monarchen vom Aufstehen bis zum Zubettgehen mit all den erlauchten Vorrechten, das Hemd zu reichen oder die Kette des Goldenen Vlieses, die Küche und der Keller mit den peinlichsten Vorschriften über das Tragen der Serviette, das Vorschneiden und Servieren des Brotes, das

Marschallamt mit dem Troß, und dazu die Bestimmungen über Geschirr und Beheizung und Beleuchtung und Verpflegung dieses ganzen Apparates von vielen Hunderten von Personen, das alles stellt die wunderbare, glänzende und zugleich nichtige Hülle dar, in der das Leben des Herzogs und seiner Umgebung sich abspielen mußte«, schreibt Karl Brandi.

So wird es auch in Yuste noch bis zu einem gewissen Grad gewesen sein, denn damals vollzogen die Hofetikette und das Zeremoniell erbarmungslos die Trennung zwischen dem König oder dem Kaiser und dem gemeinen Volk. Das Leben war Anspannung und gleichzeitig ein schreckliches Korsett. Die spanischen Könige, die, menschlich gesehen, völlig isoliert vom normalen Alltagsgeschehen lebten, waren gleichwohl der sehr indiskreten Hofhaltung restlos ausgeliefert. Die Mahlzeiten der Majestäten waren ein Staatsakt, und »wenn der König die Königin zu besuchen wünschte, um jene Pflichten zu erfüllen, die beide der Dynastie und dem Staat schuldeten: nichts Spontanes, keine Spur von Diskretion. Im Gegenteil, der König wird feierlich geleitet, ihm voraus der Palastquartiermeister, der jede Tür vor dem König öffnet und sie hinter ihm wieder schließt. Selbstredend flüstert der ganze Hof am nächsten Morgen über die ereignisreiche Nacht und spekuliert ungeniert über ihre Folgen«, schreibt Otto Krabs in seinem Essay »Vom glanzvollen Elend bei Hof«. Das Leben im Palast war kein Märchen aus Tausendundeiner Nacht, sondern eine ständige Bürde, die nur durch Gewohnheit und Erziehung von Kindheit an, wie bei Karl V., oder durch eisernes Pflichtgefühl im Dienste eines hohen Amtes, wie bei Philipp II., zu tragen war. Man kannte es halt nicht anders. Viel später sollte Ludwig Pfandl, Biograph Philipps II., es so formulieren: »Der Palast Seiner Katholischen Majestät ist die hohe Schule des Schweigens, der Pünktlichkeit und der Ergebenheit, und das allein kraft der Verehrung und Würde, mit denen die Spanier ihren König umgeben.«

Und das Volk brachte diesen entrückten Herrschern in der Tat eine tiefe Verehrung entgegen.

Die letzten Besuche

Gut drei bis vier Tage, unentwegt im Sattel, brauchte ein Bote von Valladolid bis nach Yuste. Und wenn der demissionierte Karl V. mit den Staatsgeschäften auch direkt nichts mehr zu tun haben wollte, so freute er sich doch über Nachrichten und Briefe, die ihn regelmäßig über das politische und gesellschaftliche Geschehen auf dem laufenden hielten. Seine Kinder Philipp und Johanna hatten grenzenloses Vertrauen zu ihm, schätzten den weisen Rat des Vaters und zeigten ein starkes Kontaktbedürfnis. Die anhängliche Tochter Johanna, die in Valladolid als Statthalterin ihres Bruders regierte, klopfte des öfteren und gern beim Vater in Yuste an und ließ ihm regelmäßig offizielle und private Post zustellen.

Nur Besuche schätzte der Einsiedler nicht besonders. Er genoß zunächst die Abgeschiedenheit in der doch recht mühsam zu erreichenden Gegend und widmete sich seinen Mußestunden. Mitglieder des Kaiserhofes, Gesandte und Angehörige des spanischen Adels ließen es sich aber nicht nehmen, ihre Aufwartung zu machen, auch wenn der Kaiser in der Villa keine Gäste aufnehmen konnte und sie deshalb mit Quartieren in den umliegenden Dörfern vorlieb nehmen mußten.

Und Frauen fanden ohnehin nur schwer Zugang zu ihm. Sogar seine Schwestern, die Königinnen Eleonora und Maria, die ihn im Herbst 1557 besuchten, konnten und durften nicht bei ihm wohnen. Sie wurden von Quijada für mehrere Wochen im *Castillo* von Jarandilla untergebracht. Die ältere, kränkelnde Eleonora machte sich nur selten nach Yuste auf. Ihr waren die unwirtlichen Wege dorhin wohl zu mühsam. Die rüstigere Maria dagegen, eine begeisterte und routinierte Reiterin, durchstreifte nur allzugern die Umgebung und kreuzte, völlig ungezwungen und ohne sich offiziell anzumelden, hin und wieder bei ihrem Bruder in Yuste auf. Die beiden Damen, die zusammen mit Karl V. nach Spanien gereist waren, waren nach ihrer Ankunft zunächst bei ihrer Nichte Johanna in Valladolid untergekommen, wünschten sich aber auf die Dauer eine eigene Bleibe. Sie hatten das nahe gelegene Plasencia im Auge, auch mit der Absicht, den geliebten Bruder öfters besuchen zu können. Der eigenwillige Kaiser lehnte dieses Vorhaben jedoch entschieden und recht schroff ab. Der Hofstaat der Königinnen soll beträchtlich gewesen sein, und dessen Umtriebigheit war Karl V. wohl schlicht und einfach zuwider. Also blieb vorläufig alles beim alten, und die beiden Schwestern warteten geduldig auf eine Entscheidung PhilippsII.

Dazu kam es aber nicht mehr. Eleonore starb, nach einem heftigen Asthmaanfall, Ende Februar 1558 auf einer Wallfahrt nach *Nuestra Señora de Guadalupe* in der Estremadura. Der Kaiser, der seinen Majordomus Quijada zu seiner völlig am Boden zerstörten Schwester Maria geschickt hatte, um sie nach Yuste zu begleiten, realisierte erst bei deren Eintreffen am 3. März 1558 den Tod der Ältesten und gab sich wohl hemmungslos der Trauer hin.

»Ich werde ihr bald folgen«, weinte der lebensmüde Monarch, und

Nur wenig soll sich im Laufe der Jahrhunderte im grünen *Valle del Rio Jerte* verändert haben, dieser bezaubernden Landschaft in der nördlichen Estremadura. Am Rande des fünfhundert Meter hoch gelegenen kleinen Ortes *Jarandilla de la Vera* mit der Kirche *de Nuestra Senora de la Torre* aus dem 13. Jahrhundert steht eine gotische Burg, der Sommersitz der Grafen von Oropesa. Das sagenumwobene *Castillo* mit seinen niedrigen Ecktürmen und einem prächtigen Innenhof wurde im 15. Jahrhundert erbaut. Da die Familie Oropesa traditionell den Winter in ihrem Stadtpalais im nahegelegenen Plasencia verbrachte, stellte sie dem weitgereisten Karl V., weil sein *Palazuela* in Yuste noch nicht fertiggestellt war, das mittelalterliche Schloß vorübergehend zur Verfügung. Dort verbrachte der von Gicht geplagte Kaiser den Winter 1556/57 und mag sich des Abends auf der gotischen Galerie des imposanten *Castillos* mit den mächtigen Bögen – heute ein geräumiger Balkon für verwöhnte Gäste der Nobelherberge *Parador* – von dem hochgebildeten Niederländer Willem van Male aus *Olivier de la Marche* vorlesen lassen haben.

zum allerersten Mal erlaubte Karl V. seiner Schwester Maria, in der Villa in Yuste zu übernachten.

Was mag in dem stillen Eremiten, dem sich von allem distanzierenden Grandseigneur, dem Kaiser des Reiches, in dem die Sonne nicht unterging, vorgegangen sein in dieser Einöde der verlassenen Estremadura? Zu einer Zeit, als die Schatten seines Lebens immer länger wurden? Was hat ihn umgetrieben? Was hat ihn bewegt?

Die Erinnerungen an seine niederländische Heimat? Das ferne Gent, Mecheln, Brüssel? Die zahlreichen Eroberungen und Siegeszüge? Tournai und Tunis? Begegnungen mit Luther, Melanchthon, Erasmus, Pizarro, Cortes? Seine Kämpfe gegen Windmühlen, die Niederlagen gegen die Protestanten? Zwiegespräche mit seinen Vertrauten Chièvres, Gattinara, Adrianus, von Nassau? Seine Gefühle für die Kinder, Geschwister, für die verstorbene Ehefrau, zu Ratgebern, dem Beichtvater? Seine Fehlentscheidungen und seine Einsamkeit?

Und immer wieder die Geißel der Krankheit.

In der Abgeschiedenheit seines letzten Refugiums ließ der Kaiser im Kloster San Yuste unzählige Totenmessen lesen. Für die geliebte, unvergessene Kaiserin, seinen längst verschiedenen Vater Philipp den Schönen, für seine Mutter Johanna die Wahnsinnige, für die Schwester Eleonore …

Und er führte ausgiebige Gespräche mit Francisco Borja, dem Freund aus früheren Tagen. Der Jesuit, gebürtiger kastilischer Grande, von klein auf mit dem spanischen Hof vertraut, war von 1523 bis 1525 Page bei Karls jüngster Schwester Katharina gewesen, die mit der unglücklichen Mutter in Tordesillas gelebt hatte, und seit 1528 dem Hofe Karls verbunden. Der äußerst begabte, gebildete und blendend aussehende Grande, berühmt für seinen meisterlichen Umgang mit Pferden und Falken, gewandt in der lateinischen Sprache, ein erstklassiger Mathematiker und auch ein sehr nachdenklicher Mann, war der engste Vertraute der Kaiserin gewesen, was zu der entscheidenden Wende in seinem Leben geführt hatte. Nachdem er den Leichnam der bildhübschen Kaiserin nach Granada überführt hatte und bei der Ankunft identifizieren mußte, wurde ihm die Vergänglichkeit des menschlichen Wesens bewußt.

Borja beschloß, die Aufgaben seines Lebens zu überdenken. Er entsagte dem Weltlichen und trat im Jahre 1548 in den Jesuitenorden ein, ging nach Rom, verließ die Stadt aber wieder, um der Kardinalswürde zu entgehen. In Spanien wurde er Provinzial von Aragón und Andalusien

Besuche schätzte Karl V. in seinem einsamen Refugium in Yuste nicht. Selbst seine Schwestern Maria von Ungarn und Eleonore von Portugal (rechts) durften nicht bei ihm wohnen.

und gründete Jesuitenkollegien in Alcalá, Sevilla und Plasencia. Der Kaiserfamilie blieb er jedoch die ganze Zeit aufs engste verbunden. Als Johanna die Wahnsinnige nicht mehr dazu zu bewegen war, die Bräuche ihrer Kirche zu praktizieren, zog der umsichtige Jesuit, auf dringende Bitte der Königin Katharina von Portugal, der in Tordesillas aufgewachsenen kleinen Schwester Karls V., im Jahre 1554 für ein paar Monate zu der verwirrten Frau in die Stadt am Duero. Allerdings umsonst. Die Greisin blieb stur.

Karl V. wußte damals um die vergeblichen Bemühungen des Jesuitenpaters. Borja hatte ihm den erschütternden Bericht über die Krankheit und den geistigen Verfall seiner Mutter nach Brüssel geschickt. Im Frühjahr 1555 sollte Karls Tochter Johanna, die der Societas Jesu sehr nahestand, Borja erneut bitten, nach Tordesillas zu reisen. Er traf am 29. März dort ein, aber die Königin ohne Krone starb schon bald darauf, am 12. April 1555.

Borja, der in Plasencia ein Jesuitenkolleg gegründet hatte, begegnete dem Kaiser nach seiner Abdankung wiederholt. Und auch wenn Karl V. der Gesellschaft Jesu eher reserviert und mißtrauisch gegenüberstand, der intelligente Pater Francisco wurde ihm in seiner Einöde ein hochwillkommener Gast. Mit ihm hat er wahrscheinlich die letzten intimen Gespräche geführt.

Der Kaiser schrieb alles auf. Über alle Jahre. Die Zahl der Briefe, die seine Unterschrift tragen, beläuft sich auf viele Zehntausende, zahlreiche sind sogar eigenhändig geschrieben. Mit Hilfe von Notizen, Akten und Briefen versuchte er, in seinem Riesenreich Ordnung zu halten und Einfluß zu nehmen. Für die damalige Zeit ein Novum, einmalig in der europäischen Geschichte.

Karl V. verfaßte über 23 Testamente, die er immer wieder überarbeitete. Vor allen großen Reisen machte er es sich zur Gewohnheit, seinen Letzten Willen, auch in privatrechtlicher Form, anzuordnen und ebenfalls Abschied von seiner kranken Mutter in Tordesillas zu nehmen.

Vor allem dem einzigen Sohn und Stammhalter, Philipp II., öffnete der Kaiser in letzten Verfügungen die Tore seiner Seele und gab ihm die vertraulichsten Anweisungen. Laut seinem Biographen Karl Brandi waren diese testamentarischen Betrachtungen Spiegel seines Wesens und Erklärung seiner letzten Absichten. »Denn mehr noch als in den Briefen an die Gemahlin legte er hier die innersten Gedanken, an denen sein Herz hing, mit derjenigen Nachdrücklichkeit und Ausführlichkeit dar, die ihre Durchführung auch in seiner Abwesenheit, ja nach seinem Tode, gewährleisten sollten.«

Der Tod

Im Sommer 1558 ließ Quijada auf dringenden Wunsch des Kaisers seine Frau, Doña Magdalena de Ulloa, nach Cuacos übersiedeln. Mit ihr kam Jéronimo, ein elfjähriger blonder Bengel. Die Familie bezog ein Haus in einem Nachbarort, unweit vom *Monasterio*. Der muntere Knabe mit den blauen Augen war Barbara Blombergs Sohn. Er war in Yuste der einzige echte Blutsverwandte des sterbenden Kaisers. Ob der Kaiser jemals selbst mit dem hübschen Jungen, Halbbruder Philipps II. und späterer berühmt-berüchtigter Admiral Juan d' Austria, gesprochen hat, ist nicht bekannt.

Karl starb nicht an seinen vielen quälenden Krankheiten, sondern an der Malaria, die in dieser Gegend hier und da auftrat.

Nachdem er am 30. August 1558 auf der Terrasse der Villa eine Mahlzeit eingenommen hatte, fühlte er sich unwohl, klagte über Kopfschmer-

Manche Zeitgenossen beschreiben Karl als scheu und verschlossen. Aber ganz so kann es nicht gewesen sein, denn sein Beichtvater Loaysa schrieb ihm eines Tages: »Mit Müßiggang, Wohlleben, Lastern und Ausschweifungen sind niemals Kronen oder Triumph gewonnen worden. Immer stritten in Eurer königlichen Person Trägheit und Ruhm miteinander …« Diese Mahnungen mögen vielleicht auch auf die unmäßigen Eßgewohnheiten des Kaisers gezielt haben. Karl war sein Leben lang nicht bereit, eine vernünftige Diät einzuhalten, obwohl seine Gesundheit immer angegriffen war. Er aß nur allzugern. Das brachte die Ärzte bis in seine letzten Lebenstage schier zur Verzweiflung.

Das Bild aus dem 19. Jahrhundert zeigt den abgedankten Kaiser in seinem Lehnstuhl in San Yuste, beschäftigt mit seinen Uhren, vergeblich bemüht, sie im gleichen Takt schlagen zu lassen. Seine resignierte Erkenntnis: »Uhren sind wie Menschen.«

zen, bekam abwechselnd hohes Fieber und Schüttelfrost. Der herbeigerufene Arzt war machtlos.

Am 19. September wurde dem Kaiser die Letzte Ölung gereicht.

Er starb am 21. September, nicht ohne die letzten Dinge noch geregelt zu haben, in den sterbenden Händen das Kruzifix, das bereits Kaiserin Isabella in Toledo gehalten hatte und viele Jahre später auch Philipp II. in seiner Sterbestunde im Escorial umfassen wird.

An allen Orten im ehemaligen Reich des toten Kaisers fanden Trauerfeiern statt. In Augsburg, in den Kathedralen von Toledo und Sevilla, im Stephansdom zu Wien, jenseits der Ozeane in den Kathedralen von Mexico, Cuzco und Lima und in Potosi auf viertausend Metern Höhe in den lateinamerikanischen Anden.

Am 29. und 30. Dezember 1558 fand in der St. Goedelekathedrale zu Brüssel eine Feier statt, die an Prunk und Aufwand wohl alle anderen übertraf.

Plus Ultra war sein Leitspruch. *Noch weiter* über das gewöhnliche Maß hinaus. Was für eine Aufgabe, was für eine Bürde!

Karl V. hielt sein riesiges Reich mit habsburgischem Familiensinn zusammen. Sein jüngerer Bruder Ferdinand war sein Stellvertreter im Reich und sein Nachfolger. Eher unbemerkt geblieben ist dabei die Rolle, die Frauen für den Kaiser, für seine Herrschaft wie für sein Leben, gespielt haben: die flandrische und die spanische Großmutter, die Mutter, die Gemahlin, Schwester, Tochter, Geliebte. Diese Spur gilt es zu verfolgen.

Brügge

Maria von Burgund
Die flandrische Großmutter

»Beweint, beklagt, bejammert von ihren Untertanen und allen anderen, die sie kannten, wie nur je eine Fürstin«, heißt es auf dem eindrucksvollen Grabmal, das bereits kurz nach ihrem tragischen Tod, Ende des 15. Jahrhunderts, in dem hohen Chor der Liebfrauenkirche in Brügge eingeweiht wurde, als sei »die ganze Herrlichkeit des gotischen Domes nur ein Riesenschrein für dies Juwel«, schreibt Karl Brandi über das Grab Marias von Burgund, Großmutter des Kaisers Karl V. Der Historiker und Biograph des Habsburgers hat recht. Die beiden Burgundergräber, jenes der jungen Fürstin wie auch das ihres Vaters Karls des Kühnen, sind heute eine der bedeutendsten und ergreifendsten Sehenswürdigkeiten der romantischen Stadt Brügge im Westen Flanderns.

Zunächst stand das eindrucksvolle Grabmal Marias von Burgund zentral vor dem Hochaltar. Um 1650 rückte man es etwas aus der Mitte, um das Prunkgrab ihres Vaters neben die mythenumwobene Fürstin plazieren zu können.

Anfang des 19. Jahrhunderts wurde die Ruhestätte von pietätlosen Arbeitern einer Baufirma geplündert – nicht von fanatischen französischen Jakobinern, wie durchweg behauptet wurde. Von 1806 bis 1982 war das eindrucksvolle Grabmonument, auch weil es wegen seiner Monumentalität den Ablauf des feierlichen Sonntagsgottesdienstes auf dem Hochaltar störte, in der Lanchalskapelle zu bewundern. Trotz aller Frömmigkeit schien diese Lösung auf Dauer den Bürgern Brügges allerdings ganz und gar nicht angemessen.

Nach den liturgischen Erneuerungen des 2. Vatikanischen Konzils (1962–1965) wurde der Hochaltar, auf den der Blick damals bis Anfang des 19. Jahrhunderts durch die Gräber erheblich beeinträchtigt wurde, nicht mehr für Gottesdienste genutzt. Die historisch bedeutsame Stätte bekam Museumscharakter.

Und so betteten die heutigen Bürger der mittelalterlichen Stadt Brügge ihre verehrte Burgunderin wieder vor den Hochaltar der erhabenen Liebfrauenkirche und stellten an ihre Seite eine Kopie des Bleikistchens, in dem damals das Herz ihres einzigen Sohnes, Philipps des Schönen, aufbewahrt wurde. Den Sitten der Zeit entsprechend.

Die Inschrift auf dem Originalkistchen, das sich heute im Archäologischen Museum in Brügge befindet, lautet: »Das Herz des großmütigsten und unschlagbaren Prinzen Philipp, König von Kastilien, León und Granada, Prinz von Aragón und den beiden Zizilien und Jerusalem, Erzherzog von Österreich, Herzog von Burgund und Brabant, Graf von Flandern u.s.w., der starb im Jahre des Herrn 1506 am fünfundzwanzigsten September. Bete für ihn.«

Es war das Herz des im spanischen Burgos früh verstorbenen Vaters Karls V. Die Herz-Urne wurde bei der Freilegung der fürstlichen Grabstätten 1979 in der Gruft Marias von Burgund gefunden.

»*Brugge, die Scone*«, die Schöne, nennen die Flamen zärtlich die Stadt der geliebten Tochter Karls des Kühnen. Der mittelalterliche Ort, nur wenige Kilometer von der Küste entfernt, hütet liebevoll das Andenken an seine reiche burgundische Vergangenheit. Scheinbar mühelos, fast auf wundersame Weise, hat sich die Intensität dieser Epoche in dem flandrischen Kleinod über die Jahrhunderte hinweg erhalten.

»Überhaupt läßt sich schwer etwas Traurig-Schöneres ersinnen als die Kanäle von Brügge. Ergreifend ist ihr Anblick, und sie rühren in ihrer Stummheit, ganz ohne die geschwätzige Romantik der Kanäle Venedigs wirken sie, die vom nächtlichen Gleiten schwarzer Gondeln raunen«, schrieb Stefan Zweig. Zu einer Zeit, als es unter den gewölbten Brücken und zwischen den mittelalterlichen Palästen noch beschaulich zuging.

Heute kann man sich des erbarmungslosen Touristenansturms kaum erwehren. Busladungen von Pauschalreisenden, mit und ohne kulturellem Interesse, die Kamera um den Hals, begegnen einem auf Schritt und Tritt. Sie haben die Kulturstädte Flanderns entdeckt. Man muß die Massentouristen souverän übersehen.

Die Mystik dieses musealen Städtchens läßt sich ohnehin nur in stillen Stunden erahnen. Wenn vereinzelte Boote über die Grachten fahren, die Schlangen ungeduldiger Menschen auf den Stegen an den *Reien* langsam verschwunden sind und die Megaphone der Fremdenführer verstummen; wenn der Tag in den Abend gleitet und das Licht wehmütig über dem Wasser verblaßt – dann erzählen die alten Giebelhäuser ihre eigene Geschichte. Bei lauer Abendluft schieben die Alteingesessenen ihren Stuhl vor die Tür, um über die großen und kleinen Ereignisse des

Das kostbare Johannes-Triptychon wurde angeblich 1475 von den Ordensschwestern Agnes Casembrood und Clara van Hülsen sowie den reichen Bürgern Anton Seghers und Jacob de Ceuninc bei dem berühmten Brügger Maler Hans Memling für den Hochaltar der Kirche des Johannesspitals in Auftrag gegeben.

Im Jahre 1465 hatte sich ein gewisser Jan van Mimnelinghe, Sohn des Hamman und geboren in Seligenstadt am Main nördlich von Aschaffenburg, ins Register der Stadt Brügge eintragen lassen. Er avancierte zum Maler am Hofe Karls des Kühnen, arbeitete außer für das burgundische Palais fast ausschließlich für einflußreiche und wohlhabende bürgerliche Kreise der flämischen Hansestadt und gewann Ruhm und Reichtum. 1480 gehörte er zu den 247 reichsten Brügger Bürgern, die der Stadt Geld geben mußten, damit

der Krieg Maximilians, Gemahl Marias von Burgund, gegen Frankreich finanziert werden konnte.

Schaut man auf das Johannes-Triptychon, entdeckt man hinter der Heiligen Mutter Gottes und den beiden Johannes die Silhouette der Stadt Brügge mit dem berühmten Kran. Links vorne steckt das Jesuskind der heiligen Katharina den Ring an. Die zauberhafte junge Frau im Brokatgewand mit der zarten Krone auf dem rotblonden Haar soll Maria von Burgund darstellen und die lesende heilige Barbara, rechts von der Liebfrauengestalt, ihre Stiefmutter Margarete von York. »Jeder, der es bezahlen konnte, wünschte seine Gesichtszüge in der raffinierten Form festgehalten zu sehen, die Memling ohne Abstriche an der Naturtreue verwirklichen konnte«, schreibt der belgische Kunsthistoriker Dirk De Vos.

Plus est en vous steht über der Eingangstür des prächtigen Patrizierhauses des ehemaligen Ratsherrn der Maria von Burgund, Ludwig von Gruuthuse. *Ihnen ist mehr gegeben* ... Die Herren von Gruuthuse erwarben von den Grafen von Flandern das Recht der Herstellung von *gruute*, der Grütze, und das Malzsteuerrecht. Besagter Kaufmann Ludwig, Ritter vom Goldenen Vlies, brachte es in Brügge zu Wohlstand und hohem Ansehen.

Man sollte zuerst seinen Palast am Ufer der *Reien*, der Grachten in Brügge, besuchen, dieses prachtvolle Stadthaus aus dem 15. Jahrhundert, das sich an die Liebfrauenkirche lehnt. Von seiner Privatkapelle aus kann man durch die Butzenscheiben auf den Hochaltar und die einzigartigen Grabmale Marias von Burgund und ihres Vaters, Karls des Kühnen, schauen. Dort hält die Zeit den Atem an. Mehr als fünfhundert Jahre lösen sich auf, verflüchtigen sich in der Stille dieses kleinen Raumes unter der hochgotischen Holzdecke. Als hätte die hochwohlgeborene Familie Gruuthuse hier gestern noch ihr Gebet gesprochen, der Herr des Hauses, dem Volke entrückt, auf dem roten Samt der schmalen Bank kniend. Dort unten, im grau-steinernen Chor der mittelalterlichen Kirche, wo das Licht der Kerzen verschwommen im alten Glas der kleinen Fenster tanzt, tagte 1468 das Kapitel des Ritterordens vom Goldenen Vlies. Die Wappen der teilnehmenden Hohen Herren blieben als Erinnerung.

Zwischen 1495 und 1502 wurde hier der Prunksarg für die anmutige Maria von Burgund aufgestellt. Die liegende Kupferplastik der jungen Fürstin (rechts) soll der Goldschmied Pieter de Beckere aus Brüssel entworfen und ausgeführt haben. Manche behaupten allerdings, Renier van Thienen II. habe das Monument nach einem Modell von Jan Borman geschaffen. Der Sarkophag zeigt die Wappen, die Titel der Fürstin und ihre Grabschrift.

Neben Maria von Burgund liegt Karl der Kühne. Dieser Prunksarg wurde Mitte des 16. Jahrhunderts im Auftrag Philipps II. von Spanien entworfen und von dem Erzgießer Jacob Jonghelinck sowie den Steinmetzen Joseph Aerts und Jan de Smet ausgeführt. Als die Französische Revolution wütete, reagierten der Küster Pieter de Zitter und der Maurer Stephan van Sierzac geistesgegenwärtig, bauten die Tumben ab und trugen sie in ein Haus nahe der Kirche. Die Fürstengrüfte wurden zerstört, aber nicht von den Jakobinern, sondern von pietätlosen Bauarbeitern. Auf der Suche nach Beute öffneten die Barbaren die Deckel der Bleisärge mit Gewalt, schleppten alle Wertstücke fort und warfen die Gebeine auf den Steinboden. Erst 1806

baute man die Grabmale in der Lanchalskapelle, an der Seite der Kirche, wieder auf. 1982 wurden sie dann im Chor der Liebfrauenkirche vor dem Hochaltar, direkt über der Gruft mit den Gebeinen, erneut aufgestellt.

Bei der feierlichen Umbettung der Gebeine der geliebten Herzogin von Burgund – Gemahlin Maximilians I. von Habsburg, Mutter Margaretes von Österreich und Philipps des Schönen, Großmutter Karls V. – trugen die Bürger Brügges im Jahre 1982 zu ihrer Ehre brennende Fackeln durch die verdunkelte Stadt.

Im Chorumgang hängt das Triptychon von Bernart van Orley, Hofmaler ihrer Tochter Margarete.

vergangenen Tages zu reden. Radfahrer kurven durch die engen, mehr oder weniger restaurierten Gassen und über die zahlreichen Fleetbrücklein. Wie eh und je.

Bei Regen riecht man in Brügge das Meer. Ganz nah scheint es zu sein. Dicke Tropfen rinnen über die schweren Zweige der Trauerweiden in das verschwiegene Wasser der romantischen Grachten. Verschwommen spiegeln sich auf der Oberfläche die Fassaden der Häuser. Dann taucht das Mittelalter auf. Dann ist Brügge am schönsten. Und der Platz, der *Burg* genannt, vor dem filigranen gotischen Rathaus aus dem Jahre 1376 und der *Heilig Bloed Kapel*, der Heilig Blutkapelle, ist fast leer. Fast ... Was für eine stille Pracht. Nur das zarte Geläut der zahlreichen Glocken tanzt über den Dächern der Stadt. Und Pferdehufe hallen auf dem Kopfsteinpflaster, immerfort. Es sind die Kutschen mit den Touristen. Auch wenn der Regen peitscht. Unermüdlich. Trotz allem schiebt sich in den Nebengassen der Duft der Alltäglichkeit bis unter die Türen der geheizten Kneipen, die erfüllt sind vom westflämischen Dialekt. Brügger unter sich. Hier und da geht ein Licht an. Menschen lesen, essen und trinken, schauen fern, streiten und lieben sich.

Währenddessen aber bleibt entlang der vielen, in ihrem Verlauf kaum überschaubaren Grachten die ganze Pracht der vergangenen Jahrhunderte spürbar. Hier war Jan van Eyck zu Hause. Er wirkte in der Abgeschlossenheit der zahlreichen Innenhöfe, beugte sich dort über seine mönchische Arbeit. Der Maler des berühmten Genter Altars pflegte einen regen Austausch mit den Großen seiner Zeit. Auf Bitten des Herzogs Philipp des Guten von Burgund segelte er am 19. Oktober 1429 nach Lissabon, wo die junge Braut des Fürsten, Isabella von Portugal, wartete. Philipp der Gute war ungeduldig und wünschte sich noch vor der Ankunft seiner jungen Verlobten im flandrischen Hafen ein Portrait der Unbekannten. Es sollte auf dem schnellsten Wege nach Brügge geschickt werden. Und van Eyck malte. Das Original ging leider verloren, aber die Kopie eines unbekannten flämischen Malers im Pariser Louvre vermittelt noch heute die Anmut der fernen portugiesischen Prinzessin, so wie der flandrische Hofmaler sie gesehen haben mag und an dessen Darstellung der Herzog großen Gefallen fand. Philipp der Gute verehrte und achtete van Eyck. Er wurde Pate seines Sohnes, dem er zur Geburt sechs Silberbecher schenkte.

1432 verlegte der burgundische Herzog seine Residenz nach Brügge, der damals reichsten Stadt der Niederlande. Er stiftete bei seiner Hochzeit mit Isabella den Orden vom Goldenen Vlies, dessen Name auf die an-

Auf dem Renaissance-Eichenschrank vor dem flämischen Gobelin im zauberhaften Gruuthuse-Palast steht die polychromierte Terrakottabüste des jungen Karl, die dem Künstler Conrad Meyt zugeschrieben wird. Dürer sagte über diesen Bildhauer aus Worms, der am Hofe Margaretes von Österreich Furore machte und für sie die Grabmale von Brou schuf, er sei ein »bildtschnitzer desgleichen ich kein gesehen hab«.

Die Büste wurde 1882 von der Familie van de Walle dem Gruuthusemuseum geschenkt und aufwendig restauriert.

Der junge Karl, fast noch ein Knabe mit introvertiertem Blick, die schwere Kette mit dem Goldenen Vlies um den Hals, den Pagenschnitt sorgfältig um das schmale Gesicht gelegt, den sinnlichen Mund ein wenig geöffnet, als ob ihm das Atmen schwerfalle, war wohl beim Modellstehen kaum 16 Jahre alt – und schon fest in Amt und Würden.

tike Legende des griechischen Helden Jason zurückgehen soll, der mit den Argonauten das Goldene Vlies nach Griechenland holte. Die seltene Ehre, diesem Orden beitreten zu dürfen, wurde nur dem Hochadel und Großgrundbesitzern zuteil. Sie wurden durch ihren persönlichen Eid an das Haus Burgund gebunden.

Auch Karl V. wurde im Geiste der Ideale des burgundischen Adels erzogen. Bereits im Alter von sieben Jahren, nach dem Tod seines Vaters, war er als Erbprinz von Burgund das Oberhaupt der Gemeinschaft. Der Orden vom Goldenen Vlies fehlt bis zu seinem Tode auf keinem seiner Portraits. »...nicht Krone und Szepter, nicht Fürstenhut, Jagd, Krieg oder Hofleben sind angezeigt, sondern der Orden vom Goldenen Vlies. Selten an der prunkvollen Kette, meist nur an einem Bändchen aus Gold oder Seide, hängt das Ordenszeichen, ein goldenes, in der Mitte von einer Spange gehaltenes Widderfell etwa in Daumenlänge«, schreibt Ferdinand Seibt. Sollte Karl diese symbolische Kette als das einzige Zeichen seiner gesellschaftlichen Stellung akzeptiert haben? Oder fühlte er sich zunächst als Herrscher von Burgund geboren? Sohn der »siebzehn Provinzen der Niederlande«? Er war weder Deutscher noch Spanier. Man könnte sagen, er war ein Sohn Flanderns, im Geist des burgundischen Ordens vom Goldenen Vlies erzogen. »Die erste europäische Form höfischer Dekoration«, wie Karl Brandi meint.

»Dem Orden haftete etwas an von der legendären Artusrunde, wie sie die Ritterepik seit Jahrhunderten verbreitete. Er gab sich männlich, kriegerisch, schloß Frauen aus, war nicht dem Minnedienst geweiht, sondern dem großen Abenteuer«, fügt Ferdinand Seibt hinzu.

Der junge Enkel und Erbe Marias von Burgund sollte bei seinen ersten Schritten als Prinz vom Großkämmerer Wilhelm de Croy, Herr auf Chièvres, Ritter vom Goldenen Vlies, begleitet werden. Dieser aus einer altehrwürdigen burgundischen Familie stammende Grandseigneur wies Karl zunächst in das Leben und Denken eines Ritters ein und erklärte ihm die Ideale des auserwählten Männerbundes. Er hat einen maßgeblichen und nachhaltigen Einfluß auf den noblen Knaben ausgeübt.

Reiches Flandern

Alt ist das Pflaster Brügges allemal. Plündernde Seefahrer sollen die Stadt *Bryggja*, Landungsbrücke, genannt haben. Das war im 9. Jahrhundert. Der karolingische Abenteurer Balduin Eisenarm spielte damals mit dem Gedanken, sich den normannischen Piraten anzuschließen, die zu jener Zeit nicht nur England, sondern auch die nordwestlichen Küsten Europas unsicher machten. Der Papst konnte den Eigenbrötler aber noch in letzter Minute dazu bewegen, *gegen* die Wikinger zu kämpfen, anstatt sich mit ihnen zu verbrüdern. Schließlich war der ungestüme Balduin auf das Wohlwollen des Heiligen Vaters in Rom angewiesen, denn er wollte den päpstlichen Segen haben für seine heimliche Heirat mit Judith, der aus ihrem königlichen Elternhaus entflohenen Tochter des französischen Herrschers Karls des Kahlen.

Auch der umgangene Schwiegervater ließ Gras über die Angelegenheit wachsen, versöhnte sich schließlich mit dem frischgebackenen stürmischen Ehemann seiner Tochter und schenkte ihm 875 die umstrittene Mitgift *pagus flandrensis*, das Gebiet zwischen Schelde und Somme. Das flache Land, zum Teil unter dem Meeresspiegel hinter unsicheren Deichen gelegen und immer wieder dem Meer abgerungen, war unwirtlich und sumpfig, aber das kümmerte den ersten Grafen des neugeborenen Flandern wohl wenig.

883 verließen die Wikinger endgültig diese Region. »Balduin II. war Herr über ein verwüstetes, beinahe entvölkertes, unfruchtbares Land, voll von Sümpfen, Wäldern und Heideflächen, dessen hölzerne Kirchen dem Erdboden gleichgemacht worden waren, dessen Getreide entweder nicht gepflanzt oder dessen Ernte nicht eingebracht, dessen Vieh gestohlen oder abgeschlachtet worden war. Dieses flache, feuchte Land hat früh damit angefangen, seine Rolle als ›Schlachtfeld Europas‹ zu spielen«, schreibt die englische Historikerin Patricia Carson in ihrem Buch »Flandern, Zauber und Schicksal«.

Das hinderte jedoch das fleißige Volk zwischen Schelde und Leie nicht daran, seinen Geschäften nachzugehen. Keine andere Region auf dem Festland hatte bereits im 12. Jahrhundert solch eine solide wirtschaftliche Basis wie Flandern. Der Rhein vereinte sich hier mit den Flüssen aus Nordfrankreich und Holland, und in die flämischen Häfen liefen die Schiffe aus England ein. In Brügge, das dem Grafen von Flandern seit der zweiten Hälfte des 11. Jahrhunderts als Residenz diente, tummelten sich gewiefte Kaufleute. Die elegante Stadt mit ihrer filigranen gotischen Architektur entwickelte sich zur Metropole des Nordens. An den Kais der Binnenstadt roch es nach den Gewürzen aus Alexandria, nach Bienenwachs, Parfums und Früchten aus Damaskus. Rauchwerk vom Schwarzen Meer stapelte sich neben Tuchballen. Man trieb Handel mit dem Baltikum, mit Italien und Norddeutschland. Kaufleute aus der Lombardei und der Champagne, aus Friesland und Ostengland, aus den Hansestädten

Der *Burg*, der tausend Jahre alte Platz, liegt im Herzen der Stadt Brügge. Vor dem filigranen gotischen Rathaus aus dem Jahre 1376 mit dem Ratssaal aus dem Jahre 1402, in dem heute noch getagt wird, stand einst die Sankt Donatianskathedrale mit der alten karolingischen Kapelle, die im 9. Jahrhundert nach dem Vorbild des Kaiserdoms zu Aachen errichtet worden war. Was für eine stille Pracht.

An das Rathaus lehnt sich die *Brugse Vrije*, die Brügger Burggrafschaft, wo seit dem 13. Jahrhundert die Verwaltung ihren Sitz hatte. Über Jahrhunderte blieb hier im Schöffensaal der *Keizer Karel Schouw*, der Prunkkamin Kaiser Karls, erhalten, eine der größten Sehenswürdigkeiten Brügges. Er war ursprünglich als einfacher gotischer Kamin geplant. Mit seiner Errichtung wurde 1523 begonnen. Nach Abschluß des Damenfriedens von Cambrai erweiterte man ihn zu einem umfassenden Denkmal, in dessen Mittelpunkt die Huldigung für Karl V. und die Verherrlichung der Dynastie steht.

Dieses prunkvolle Monument aus Eichenholz, schwarzem Marmor und Alabaster (rechts) übertraf bei weitem die Pracht aller Kamine der damaligen Zeit. Lancelot Blondeel schuf die Entwürfe und Guyot de Beaugrant die monumentalen Fürstenfiguren und Alabasterreliefs. Kaiser Karl steht zentral. Alles überragend. Ein weltlicher Fürst. Und seine ganze Familie ist vertreten. In den Medaillons hinter dem Kaiser sind die Eltern Philipp und Johanna, seine Tante Margarete und Charles de Lannoy, der Franz I. vor Pavia gefangennahm, abgebildet. Auch die Jahreszahl des Damenfriedens, dieses entscheidenden politischen Schachzugs Margaretes von Österreich und Luises von Savoyen, ist festgehalten: 1529. Lebensgroß und imponierend schauen die Großeltern des Kaisers, Maximilian und Maria zu seiner Rechten, Isabella und Ferdinand zu seiner Linken, auf die Besucher herab.

Lübeck und Bremen, aus Aachen und Genua gaben sich die Klinke in die Hand.

Wegen der ständigen Querelen mit England kreuzten kaum noch flämische Schiffe auf den Meeren, aber Handelsmissionen aus über 34 Königreichen wetteiferten um die Gunst der flämischen Kaufleute, so daß die Bürger der Stadt auf ihre Kosten kamen. In Brügge war die Welt zu Hause. Im *Zwin*, dem Hafen, wurden alle möglichen Delikatessen entladen und verladen. Wenn man heute das kleine, verträumte und völlig versandete Landschaftsschutzgebiet am äußersten Rand des mondänen Seebades Knokke besucht, tief Luft holt und die Augen halb schließt, könnte man meinen, in die sandigen spröden Dünen seien die Kelten zurückgekehrt. Kein Hauch mehr von emsiger Hafenhektik. Kein Duft exotischer Gewürze, die über sieben Meere kamen …

Wie war es damals? Venezianer brachten Rohrzucker aus Ägypten und Kreta, »ferner Parmesankäse, Öl, Rhabarber, Zypernwein, sizilianische Apfelsinen, Sennesblätter, Parfums, Lavendel, Seiden, Brokate, Medikamente und Gewürze wie Kardamom, Aloe, Myrrhe, Nelken, Muskatnüsse, Ingwer, Pfeffer, Kümmel und zahllose andere Dinge mehr«, schreibt Helmut Domke. Spanische Schiffe fuhren ein. Es gab alles im Überfluß: Mandeln, Zitronen, Granatäpfel, Oliven und Trauben. Aus Nordafrika wurde Leder geliefert und aus Südspanien die berühmte Cordova-Tapete. Man sieht sie heute noch an den Wänden in alten flämischen Häusern. »Dazu Leinen für die Segel, Bienenwachs, Eisen, Kork aus Kastilien und León. Obendrein Wein, Salz, Anis, Süßholz, Safran aus Asien.« Die Deutschen, damals die *Oosterlinge* genannt, die aus dem Osten kamen, brachten Getreide, Rheinwein, Holz, Metall, Pottasche, Wolle und aus den nördlichen Ländern Ambra, Wildhäute und kostbare Pelze. Fett kam aus Dänemark, Salpeter, Zinn, Silber und Gold aus Polen und Böhmen, Kupfer aus Ungarn. Es herrschte hektische Betriebsamkeit in einer sich im Umbruch befindenden Welt.

Und über den Hafen wurde auch Bordeaux-Wein angeliefert. Noch heute goutiert der Genießer in Flandern beim Tafeln mit Vorliebe diesen köstlichen Tropfen.

Selbstverständlich schickte auch das reiche Flandern seine Ware auf die Reise. Begehrt waren vor allem kostbares Tuch, das Leinen und ab dem 15. Jahrhundert die weltberühmten Tapisserien sowie die kostbaren Bücher mit den farbigen Miniaturen, die heute in zahlreichen Museen auf der ganzen Welt ausgestellt sind.

Könige, Herzöge, Grafen und Ritter, Knechte und Mägde, Kokotten,

Musikanten und Gaukler, Bauern und Handelsleute zog es in das lebendige Herz des Abendlandes: nach Brügge. Bereits im 14. Jahrhundert soll eine französische Königin festgestellt haben, wie elegant und erlesen diee Damen von Brügge sich schmückten und wie anmutig sie sich bewegten. Ihre Schönheit soll die aller Frauen der damaligen Zeit übertroffen haben.

Aber auch anderes gab es zu berichten. Leo von Rozmital, ein böhmischer Ritter, schrieb über den Hof Philipps von Burgund (1464–1524), einem außerehelichen Sohn Philipps des Guten in Brügge, es gebe verschwiegene Bäder, die ganz offen der Augenweide der Männer dienten. Wie sollte es auch anders sein? In Brügge traf sich schließlich das gesamte reisende, fahrende und handeltreibende Volk Europas.

Und es war immer etwas los. 1429 feierte diese reiche Stadt die Hochzeit Philipps von Burgund mit Isabella von Portugal. Achtunddreißig Jahre später, am 3. Juli 1468, reichte sein Sohn, der temperamentvolle Karl der Kühne, in Damme bei Brügge der sehr jungen und sehr schönen Schwester des englischen Königs Edward IV., Margarete von York, seine Hand. Die Ehe wurde durch den Bischof von Salisbury eingesegnet. Die Festlichkeiten, die aus diesem Anlaß in Brügge stattfanden, blieben unübertroffen und dienten als Vorbild für die farbenfrohen Prozessionen, die noch heute in Flandern regelmäßig abgehalten werden. Der Hang zum Sinnlich-Überschwenglichen, verbunden mit Bodenständigkeit und Bedachtsamkeit, muß den Flamen schon damals in Fleisch und Blut übergegangen sein.

Prunk und Pracht burgundischer Lebensart …

Als der Mäzen Philipp der Gute seinen Hofstaat im prachtvollen *Prinzenhof*, seinem Palais an der *Noordzandstraat* zu Brügge, eingerichtet hatte und dort einen Ballspielplatz und Gärten mit seltenen Obstbäumen und exotischen Tieren anlegen ließ, zog der umtriebige Ort unter dem tiefhängenden flandrischen Himmel viele an. Und sie wohnten alle nah beieinander, die berühmten Maler der Blütezeit dieser mittelalterlichen Residenzstadt. Jan van Eycks Haus lag in der *Gouden Handrei*, Hans Memling und Gerard David lebten am *Vlamingdam*, heute *Sint Jorisstraat*. Dort, wo jetzt das Gebäude der Regionalzeitung Brügges, *De Streekkrant*, steht, ein Stadthaus jüngeren Datums, soll Memling angeblich gewohnt und in der *Katelijnestraat* im berühmten *Sint Janshospitaal*, einem spätromanischen Krankenhospiz, vorübergehend ein Atelier besessen haben. Aber das sind Vermutungen. Fest steht, daß der deutschstämmige Memling 1480 zu den 247 reichsten Bürgern Brügges gehörte, auch wenn die Legende hart-

Der burgundische Herzog Philipp der Gute verlegte 1432 seine Residenz nach Brügge und machte die blühende flämische Stadt zur Anlaufstelle für talentierte Künstler. Mit seiner dritten Gemahlin, Isabella von Portugal, teilte er die Liebe zur Musik. Er, der selber Harfe spielte, stiftete die »Burgundische Hofkapelle«. Sein Sohn Karl der Kühne und seine Enkelin Maria von Burgund setzten die Tradition mit Begeisterung fort. Sänger und für die damalige Zeit typische Instrumentalisten mit Harfe, Laute, Blockflöte und Fidel wurden immer wieder auf Miniaturen und Gemälden liebevoll abgebildet. Die Abbildung stammt aus dem *Brevarium* von Francesco de Rojas (um 1495). Für die wohlhabenden Bürger der mittelalterlichen Städte waren solche kostbar illustrierten Bücher ein Statussymbol, und besonders in Brügge arbeiteten nicht nur Mönche, sondern auch andere Künstler an den Miniaturen dieser Handschriften. Schon während der Regierung Philipps des Guten, einer Blütezeit dieser Handwerkskunst, gab es zahlreiche Ateliers, die in alle Welt exportierten. Heute gibt es etwa noch tausend Handschriften aus der Genter-Brügger-Schule. Maximilian von Österreich, Marias Mann, soll von den Künsten der Musiker am Hofe in Brügge so angetan gewesen sein, daß er die Kapelle auch mit auf Reisen nahm. Man behauptet, daß die später in Wien begründete Hofkapelle und die Institution der Wiener Sängerknaben auf Anregungen zurückgingen, die Maximilian durch die Musiker und Sänger der burgundischen Hofkapelle erhalten hatte.

Canticum graduum. cxix.

Ad domi
num cum
tribula
rer clam
aui et exau
diuit me.
Domi
ne libera animam meam a
labijs iniquis et a lingua dolosa.

Quid detur tibi aut quid
apponatur tibi ad linguam
dolosam. Sagitte potentis acu
te cum carbonibus desolato
rijs. Heu michi quia inco
latus meus prolongatus
est habitaui cum habitan
tibus cedar multum incola

näckig behauptet, daß der Meister als armer Söldner im Zuge der vernichtenden Schlacht von Nancy 1477 erschöpft, zerlumpt und schwerverletzt im Brügger *Sint Janshospitaal* aufgenommen wurde. Das aber kann schon allein deshalb nicht stimmen, weil sich im Jahre 1465 ein gewisser Jan van Mimnelinghe, Sohn des Hamman und geboren in Seligenstadt am Main nördlich von Aschaffenburg, als Bürger der Stadt Brügge registrieren ließ, was nicht gerade billig war. Also kann er nicht ganz unvermögend gewesen sein, und man weiß inzwischen, daß tonangebende bürgerliche Kreise, wahrscheinlich italienische Bankiers, den bereits im Ausland bekannten Künstler nach Brügge geholt haben.

Nahm der viel umworbene Memling, Hofmaler Karls des Kühnen, manchmal seine Söhne Jan, Cornelius und Niklaas mit zu seinen einflußreichen Freunden in die prachtvollen Häuser der eleganten Stadt? Zum Beispiel zu Bürgermeister Willem Moreel? Spielgefährten gab es dort genug.

Die fünf Söhne und elf Töchter des Stadtoberhaupts sind vom berühmten Maler auf dem *Moreel-Triptychon* lebensecht abgebildet worden. Das wunderbare Bild hängt im *Groeningemuseum* und gehört zu jenen typischen Darstellungen der damaligen Zeit, die das durch eine blühende Wirtschaft reich gewordene Bürgertum zeigen. So malte Jan van Eyck das berühmte Portrait des italienischen Bankiers Giovanni Arnolfini aus Lucca. Tommaso Portinari, der Medici-Vertreter in Brügge, bestellte bei Hugo van der Goes die *Anbetung der Hirten*. Auch dieser erfolgreiche Maler seiner Zeit konnte sich vor Aufträgen kaum retten. Jeder, der es sich leisten konnte, wollte irgendwie verewigt werden. Sollte es damals anders gewesen sein als heute? Das *Groeningemuseum* und das Johannesspital gehören nach wie vor zum Pflichtprogramm für Liebhaber der flämischen alten Maler, *de Vlaamse primitieven*. In der ehemaligen Kirche und in der *Corneliuskapel* des *Sint Janshospitaal* aus dem 12. Jahrhundert mit den intakten mittelalterlichen Krankensälen, der alten Apotheke und dem ehemaligen Kloster ist heute das berühmte Memlingmuseum untergebracht. Neben den weltberühmten Werken des großen Malers befindet sich hier bereits seit 1480 der kostbare »Ursulaschrein«. Streift man durch die erhabenen Räume mit den von religiöser Demut geprägten Bildern an den Wänden, erkennt man die Fülle einer in sich geschlossenen, vergangenen Welt. Der damalige kosmopolitische Geist der ebenso anspruchsvollen wie betuchten Auftraggeber in der flämischen Handelsstadt war die ideale Voraussetzung für die Kreativität und die Höchstleistungen der begabten Künstler, für die Brügge nicht nur die ideale Plattform darstellte, sondern auch das Sprungbrett für eine internationale Karriere bedeuten konnte.

Die Herren im Prinzenhof, die burgundischen Herzöge und ihre illustre Gesellschaft, trugen in reichem Maße das Ihrige dazu bei. So hinterließ der leidenschaftliche Bücherliebhaber Philipp der Gute die größte zeitgenössische Sammlung von illustrierten Manuskripten, insgesamt fast neunhundert, die heute größtenteils in der Königlichen Bibliothek von Brüssel aufbewahrt werden. Stundenlang kann man sich beim Anschauen der kostbaren Miniaturen, die von geduldigen Mönchen sorgfältigst gezeichnet wurden, in der höfischen Welt des 15. Jahrhunderts verlieren.

Im noblen Prinzenhof, in dem so viele Künstler, Ritter, Musikanten, schöne Frauen und hochgeborenes internationales Volk ein- und ausgingen, starb Maria von Burgund. Nach ihrem Ableben wurde der alte Palast der Grafen von Flandern immer seltener als Residenz genutzt. Im Laufe des 16. und 17. Jahrhunderts wurden Teile des Baus verkauft. Englische Franziskanermönche widmeten sich hier ab Ende des 17. Jahrhunderts der standesgemäßen Erziehung englischer Mädchen aus besserem Hause, bis die Franzosen das Kloster 1794 verstaatlichten.

Noch einmal zogen Ende des 19. Jahrhunderts fromme Frauen, *Les Dames de la Retraite du Sacre-Coeur*, Schwestern vom Herzen Jesu, in die historischen Räume. 1989 gelangte die in ihrer langen und bewegten Geschichte immer wieder umgebaute Residenz in Privatbesitz.

Ob Geist und Erinnerungen an die sterbende Märchenprinzessin noch wehmütig durch die Räume wehen?

Eine völlig überforderte Prinzessin

Prunk und Pracht burgundischer Lebensart. Das war die Welt der jungen Herzogin Maria, Großmutter des späteren Kaisers Karl V., in dessen Reich die Sonne nie unterging. Der privilegierte Status der Hochwohlgeborenen.

Sie war die reichste Erbin im damaligen Europa. Ihr Vater, der ungestüme Karl der Kühne, verfügte zwar nur über begrenzte Macht – sein Fürstentum glich einem Flickenteppich, es fehlte an Geschlossenheit –, aber die blühenden Landschaften und der unendliche Reichtum an Barmitteln, Edelsteinen, Gold- und Silbergeschirr, Prunkstücken und Kunstwerken aller Art am Hofe von Burgund war legendär. Sein Besitz erstreckte sich vom Herzogtum Burgund mit der schönen Stadt Dijon über Flandern, Artois und die Picardie mit Arras, Lille, der Tuchstadt Ypern,

Siebenmal hatte Karl der Kühne die Hand seiner hübschen Tochter Maria von Burgund, beste Partie des Abendlandes, verschiedenen Prinzen versprochen, aber der Auserwählte wurde schließlich Maximilian, Sohn Kaiser Friedrichs III., Erbprinz der Habsburger. Recht anmutig soll sie gewesen sein, die junge Braut.

Gent und Brügge. Dazu kamen die Franche Comté mit Dole und Besançon, das reiche Brabant mit Brüssel, Löwen, Mecheln und Antwerpen und dem im Norden gelegenen d' Hertogenbosch.

Zu Karls Reich gehörten auch der Hennegau mit Mons, Valenciennes und Namur an der Maas sowie die alten Grafschaften Luxemburg und Limburg, Holland und Seeland mit Amsterdam, 's Gravenhage, Leiden und Delft, Veere und Middelburg. Das gesamte Gebiet war seit 1369 nach

Maximilian war erst achtzehn, als er Maria von Burgund zum Altar führte. In den Niederlanden nannte man den jungen Habsburger respektlos »*l'Empereur sans sous*«, Kaiser ohne Geld. Die Habsburger kamen durch die burgundische Verbindung in den Besitz eines ungeheuren Reichtums (Gemälde von Albrecht Dürer, 1519).

und nach durch Heirat oder Kauf erworben worden. Nur Lothringen fehlte. In dem blühenden Reich von der Saone bis an die Nordsee, dem ganzen westlichen Mitteleuropa, berührten sich Ost und West, und man sprach Französisch und Deutsch, Provenzalisch, Italienisch und Niederländisch. Unter Philipp dem Guten wurden 1430 fast alle Gebiete der Niederlande vereint, wobei jedes eine begrenzte Autonomie bewahren konnte. Man nannte es das Burgundische Reich. Burgundisch gilt heute als Synonym für die üppige, barocke Lebensart der Flamen, die den Nord-Niederländern völlig fremd ist und die von dem niederländischen Schriftsteller Cees Nooteboom – mit Blick auf seine Landsleute – beschrieben wird als »der überbordende, opulente Lebensstil, den sie sich selbst nicht gestatten«.

Das war der Brautschatz, das Hochzeitsgut der jungen Herzogin Maria, Tochter Karls des Kühnen und dessen zweiter Frau Isabella von Bourbon, die ursprünglich im Chor der Abteikirche *Sint Michiels*, Sankt Michael, in Antwerpen begraben lag und in deren Gruft das Herz der jungen Maria ebenfalls beigesetzt wurde. Heute kann man das anmutige Denkmal im Seitenschiff der Antwerpener Kathedrale bewundern.

Als Maria im Jahre 1457 geboren wurde, waren weder ihr ehrgeiziger Vater Karl der Kühne noch ihr Großvater Philipp der Gute bei ihrer Taufe anwesend. Waren sie womöglich arg enttäuscht, weil sie einen Sohn erwartet hatten? Einen Stammhalter?

Mit zehn Jahren verlor Maria ihre Mutter, die von Karl dem Kühnen leidenschaftlich geliebte Isabella von Bourbon. Die Erbprinzessin wurde im Prinzenhof zu Gent untergebracht, wo sie zur flämischen Dame erzogen wurde. Als ihr Vater 1468 die wesentlich jüngere englische Prinzessin Margarete von York als dritte Ehefrau heimführte, begann für Maria am Hofe eine neue Zeit. Ihre junge Stiefmutter brachte Verständnis, Wärme und Bildung ins Haus.

Gute Stimmung und ein wenig Heiterkeit konnte das junge Mädchen nur allzugut gebrauchen, denn es standen stürmische Zeiten bevor, die die ahnungslose Erbprinzessin restlos überforderten.

Hübsch soll es gewesen sein, dieses umworbene Einzelkind, bildhübsch. Siebenmal hatte Karl der Kühne die Hand seiner geliebten Tochter verschiedenen Prinzen versprochen. So mancher Kandidat ist ihr Gott sei Dank erspart geblieben, wie zum Beispiel der Herzog von Clarence, Bruder der Margarete von York, dieser Trunkenbold, oder der Luftikus Charles de France, Herzog von Guyenne, der 1472 an einer Geschlechtskrankheit elendig zugrunde ging. Auch der französische Erbprinz, Sohn Ludwigs XI., stand bereits als Säugling ganz oben auf der Liste der Bewerber, aber der Auserwählte wurde schließlich Maximilian, Sohn Kaiser Friedrichs III., Erbprinz der Habsburger und einziger Nachkomme. Böse französische Zungen nannten ihn respektlos »*l'Empereur sans sous*«, ein Kaiser ohne Geld, und waren der Meinung, ohne Marias Reichtümer wäre ihm eine eher bescheidene Zukunft beschert gewesen. Karl der Kühne,

Die aquarellierte Federzeichnung aus der zweiten Hälfte des 16. Jahrhunderts zeigt Maria von Burgund und ihren Bräutigam Maximilian I. bei der ersten Begegnung im Jahre 1477.

Marias Vater, sah die Sache anders. Er strebte nach europäischer Anerkennung und entschied sich für den jungen Österreicher.

Der ungestüme Burgunder strebte die Vereinnahmung des alten Lothringen als Bindeglied an, hatte aber in seinem blinden Ehrgeiz nicht mit dem heftigen Widerstand der elsässischen und schweizerischen Bauern gerechnet. »Er sah niemals die Grenzen des Möglichen. Unter seinen Ansprüchen zerbrachen die Verwaltungsstrukturen, die in vielen burgundischen Gebieten vereinheitlicht waren und die seine Vorgänger so sorgfältig geschaffen hatten«, schreibt Patricia Carson. Karl der Kühne verlor die Schlacht und wurde im Jahre 1477 als erfrorener Leichnam nahe Nancy auf den Hügeln der Lorraine, teilweise von Wölfen aufgefressen und entsetzlich entstellt, von seinem Leibarzt aufgrund einer alten Wunde und seiner langen Fingernägel identifiziert.

Die Karten Europas wurden neu gemischt. Der französische König Ludwig XI. sah nun die einmalige Chance, die burgundischen Niederlande durch eine Ehe zwischen einem französischen Prinzen und Maria von Burgund seinem Territorium einzuverleiben. Ludwig XI. stieß in Flandern auf nur wenig Sympathie. Die junge, noch um ihren Vater trauernde Prinzessin Maria brauchte, falls sie von den Franzosen nicht geschluckt werden wollte, die Hilfe der Niederlande und eine schnelle Heirat mit Maximilian. Maria berief die Generalstände ein und bat um Unterstützung. Das hatte seinen Preis. Ende Januar 1477 trafen sich diese Repräsentanten der Provinzstände in Gent. Alle – Brabant, Flandern, Hennegau, Namur, Holland, Artois und Seeland – erklärten zwar ihre Loyalität gegenüber dem Hause Burgund, forderten aber die Auflösung der zentralen Institutionen und die Wiederkehr der guten alten Tage der Privilegien, Monopole und des Regionalismus.

Die stolze Stadt Brügge hatte sich – wie auch das gräfliche Gent – niemals mit den zentralistischen Absichten und Tendenzen der Burgunder abgefunden. Sie blieben Partikularisten, während die burgundischen Herzöge der Kleinstaaterei und dem Monopolismus der Städte ein Ende bereiten wollten. Nun sollte die Uhr zurückgedreht werden. Und die junge Maria war völlig überfordert. Sie ging in die Knie. Die Stände zwangen der Erbprinzessin das umstrittene »Große Privileg« ab. Sie wollten sich auch ohne ihre Zustimmung versammeln können, es sollte kein Krieg ohne ihr Einverständnis geführt werden, und das Parlament von Mecheln, das oberste Gericht, von ihrem Vater dorthin verlegt, sollte wieder aufgelöst werden. Der Regionalismus triumphierte. Flandern wollte wieder unabhängig werden.

1477, ein halbes Jahr nach dem bitteren Tod ihres Vaters vor den Toren von Nancy, heiratete die blutjunge Herzogin – das zu seinen Lebzeiten stärkste diplomatische Faustpfand Karls des Kühnen – auf dringende Empfehlung ihrer Räte Erzherzog Maximilian von Österreich, den späteren Herrscher des Heiligen Römischen Reiches Deutscher Nation. Die jungen Verlobten trafen sich zum erstenmal im Genter *Sint Jorishof*, dem Sankt Georgshof, gegenüber dem Rathaus, heute immer noch ein berühmter Gasthof. Hier tagte die St.-Joris-Schützengilde, und auch der Enkel, Karl V., soll hier später zu Gast gewesen sein. Die Legende erzählt, Maria und Maximilian hätten sich vom ersten Moment an ineinander verloren. Liebe auf den ersten Blick? Eher eine Seltenheit bei zwei Königskindern, die der Staatsräson folgen müssen. Der junge Maximilian, gerade erst achtzehn geworden und knapp zwei Jahre jünger als seine anmutige, recht stattliche Braut, war eine sportliche Erscheinung und hat wohl die leidenschaftliche Reiterin aus Brügge sofort tief beeindruckt.

Die Habsburger kamen durch diese Verbindung in den Besitz eines ungeheuren Reichtums. Für die Niederlande aber hatte die Entscheidung Marias von Burgund, ihre Hand dem Sohn Kaiser Friedrichs III. zu reichen, verheerende Folgen. Der Traum von Unabhängigkeit war damit endgültig begraben. »Breughels Jahrhundert sollte das turbulenteste und grausamste für die Niederlande werden …«

Maria konnte zwar durch diese Heirat nicht mehr dazu gezwungen werden, den französischen Dauphin zu ehelichen, aber Maximilian würde eines Tages das gesamte Habsburgerreich erben, denn die Niederlande wurden einverleibt.

Bis 1794 sollten die südlichen »Niederen Lande« unter der Herrschaft der Habsburger leben. Dreihundert Jahre lang ohne eigene Regenten und ohne großen Zuspruch ihrer Fremdherrscher.

Das Familienglück der Maria von Burgund mit dem stolzen Habsburger währte nicht lange. 1478 wurde der Stammhalter geboren, Philipp, später »der Schöne« genannt, 1480 ein kleines Mädchen, Margarete. Aber die junge Mutter starb, kaum 24 Jahre alt, am 27. März 1482, nach einem tragischen Reitunfall während einer Jagd in den Wäldern von Schloß Wijnendaele, vor den Toren Brügges. Tagelang lag sie im Prinzenhof auf dem Sterbebett. Mit dem jungen Witwer, dem ehrgeizigen, recht unbeliebten Regenten, konnten die Flamen nur wenig anfangen.

Sie hatten sich geirrt. Nachdem Maria dem »Großen Privileg« wohl oder übel zugestimmt hatte, sahen sie auch in Maximilian die wünschenswerte Alternative zu einer Vorherrschaft Frankreichs. Der hielt sich aber nicht an die Versprechungen seiner Frau, unternahm Alleingänge, überging seine Untertanen, ernannte ausländische Ratgeber und war ein Gegner des Regionalismus.

Und er legte sich erneut mit Frankreich an. Dafür brauchte er Geld und Soldaten, und die reichen Bürger der Stadt Brügge sollten zur Kasse gebeten werden. Das konnte nicht gutgehen. Der verwitwete Gatte der Maria von Burgund hatte einen schweren Stand bei den stolzen Bürgern der Stadt. Sie forderten, die Wachtposten an den Stadttoren ausschließlich aus ihren Reihen zu rekrutieren, widersetzten sich Maximilian und nahmen ihn fest. Der wiederum versprach, alle Forderungen der Aufständischen zu erfüllen, wenn sie ihn nur gehen ließen. Noch heute kann man das schöne gotische Haus *Cranenburg* am Marktplatz bewundern, wo Maximilian in der ersten Etage recht bange Momente verbrachte. Um den in ihren Augen maßlosen Fürsten einzuschüchtern, ließen die Aufsässigen vor seinen Augen seinem Vertrauten, Pieter Lanchals, auf dem Marktplatz köpfen.

Der Habsburger merkte, daß es den Flamen ernst war, und bat um Nachsicht. Man war ihm gnädig. Nach dem feierlichen Schwur und einem Te Deum öffneten die gutgläubigen Brügger Bürger Maximilian wieder die Stadttore. Der aber widerrief umgehend den Eid, da er unter Zwang abgelegt worden sei. Die Legende erzählt, weil das Wappenschild der Lanchals Schwäne trug, verurteilte Maximilian die Brügger, eine Kolonie »langer Hälse« auf den *Reien* anzusiedeln als ewige Erinnerung an den ermordeten Pieter Lanchals. Noch heute gleiten diese »Langhälse« in alter Treue leise über Brügges Grachten und vollführen ihr elegantes *minnespel* auf dem legendären *Minnewater* ...

Helmut Domke meint in seinem Buch »Flandern«: »Der jähe Unfall Marias von Burgund, ihre Beisetzung in Liebfrauen 1482, hat eigentlich erst die burgundische Epoche Flanderns abgeschlossen. Dieses Ende, so kurz nach dem Tod ihres Vaters, besaß eine eigene Tragik. Die junge Fürstin, keineswegs ihr Gatte Maximilian von Österreich, galt für Flandern als legitimer Souverän. Das war Marias ungewöhnlicher Beliebtheit zu verdanken. Sie pflegte sich bei Bittprozessionen barfuß wie alle anderen Frauen einzureihen, eine Kerze in Händen, und sie war dabei, wenn das *Minnewater* im Winter zufror und Brügge sich mit Schlittschuhlaufen vergnügte. Die Stadt liebte ihre mädchenhafte Fürstin wie ihre eigene Tochter.«

Maria von Burgund – ein Mythos?

Schon im 15. und 16. Jahrhundert verklärten die Brügger die Erinnerungen an ihre früh verstorbene burgundische Fürstin bis zur religiösen Verehrung. Noch bis weit ins 18. Jahrhundert hinein glaubten vor allem die Handwerker, ihre kurze Regierungsphase sei die schönste und vaterländischste der flämischen Geschichte gewesen. Die volksverbundene Fürstin hätte sie gegen die Aristokratie in Schutz genommen und sämtliche Vorrechte verliehen. Als im Dezember 1792 fanatische französische Jakobiner Bilder des Brügger Rathaus verwüsteten und sich auf dem Weg machten, die Gräber Marias und Karls des Kühnen ebenfalls zu zertrümmern, fürchteten sie letztendlich doch die Volkswut und die Gewalt der Handwerker. Sie sahen von ihrem Vorhaben ab.

Die Nachkommen der traditionsreichen Handwerkerverbände, die *Gilden*, verklärten wohl die Tatsache, daß sie mit dem »Großen Privileg« vom 11. Februar 1477 zwar die Verfügungsgewalt über ihre Region wiedergewannen und die niederländische Sprache als führend neben dem Französischen in den Amtsstuben einführen konnten, sie selbst aber mit ihren blutig-brutalen Aufständen Maria zum Nachgeben gezwungen hat-

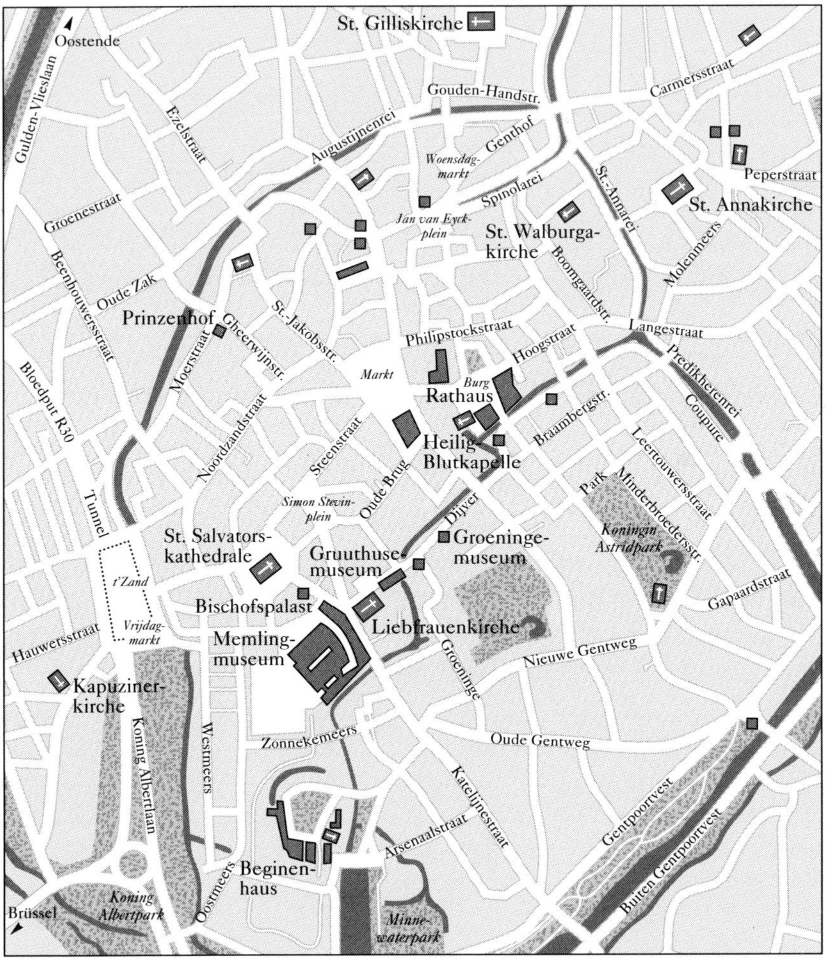

ten. Die Liste der maßlosen Forderungen war lang: das Weben in den Dörfern sollte verboten, die Stapelhäuser für ausländische Importe wieder eingeführt und jedem, der außerhalb Flanderns geboren war, das Bürgerrecht verweigert werden. Schließlich forderten sie für sich wichtige Positionen, die zuvor Patriziern und Adeligen vorbehalten waren, und versuchten mit Gewalt ihre Kontrolle über die städtische Verwaltung wieder einzuführen und wirtschaftliche Veränderungen zu verhindern.

Maria hatte keine Vorrechte eingeräumt, in Wirklichkeit wurden sie ihr abgezwungen.

War die Burgunderin nun wirklich die volksverbundene, gutherzige Fürstin? Eine Märchenprinzessin, so völlig anders als ihr angeblich aufbrausender und hochmütiger Vater? Diese Volksverbundenheit wird sich in Grenzen gehalten haben, denn das kleine Mädchen, beste Partie des Abendlandes, wuchs am burgundischen Hofe auf, völlig den Traditionen entsprechend, inmitten selbstbewußter Adeliger und Ritter des Goldenen Vlieses, die sich alle der französischen Sprache bedienten. Trotz allem rankten sich im Laufe der Zeit zahlreiche Mythen um das Leben der einzigen Tochter Karls des Kühnen. Sollte man eine so zerbrechliche historische Gestalt entmystifizieren?

Im November des Jahres 1978 stellte die Kirchengemeinde der Liebfrauenkirche in Brügge bei dem erst 1977 eingerichteten Amt für Stadtarchäologie den Antrag, die Gruft unter dem ursprünglichen Ort der beiden Grabmäler Marias von Burgund und Karls des Kühnen vor dem Hochaltar der Kirche zu öffnen und zu prüfen. Historiker, Archäologen, Politiker, Journalisten und zahlreiche Bürger der Stadt warteten mit äußerster Spannung auf Berichte der ausgewählten Fachleute, die am 3. Januar 1979 mit den Arbeiten begannen. Zunächst wurde die Gruft der burgundischen Fürstin geöffnet, wozu man mehr als 6 Tonnen Schutt wegräumen mußte. In der bereits früher geschändeten Grabstelle fand man über den Boden verstreut das nicht mehr vollständige Skelett der Toten, den in Stücke gebrochenen Sarg (weil man wohl seinerzeit das Blei gesondert hatte versilbern wollen) und ein Bleikistchen, die Herz-Urne Philipps des Schönen. Die Fachleute fügten die wertvollen Skelettreste zusammen und stellten sie dem Anthropologen und Paläopathologen Paul Janssens für eine gründliche Studie zur Verfügung.

Spezialisten datierten die Entstehungszeit ihres Grabes zwischen 1490 und 1502 und stellten anhand des gefundenen Skeletts fest, daß die liegende Figur auf dem Denkmal aller Wahrscheinlichkeit der Wirklichkeit nachempfunden und das anmutige Gesicht einer Totenmaske nachgebildet wurde. Die Herzogin war mit ihren 1,60 Metern für die damalige Zeit hochgewachsen. Ihre Untertanen waren fast ausnahmslos erheblich kleiner.

Maria von Burgund war gesund – auch wenn ihr Gebiß mit neun Zähnen im Ober- und zwölf Zähnen im Unterkiefer zahlreiche Lücken aufwies – und brachte ihre drei Kinder ohne großen Probleme zur Welt, wie der Mediziner Paul Janssens an ihrem Becken und an jeglichem Fehlen von Verletzungen, die auf eine schwere Geburt hinweisen könnten, feststellen konnte. Sie war ganz sicher eine sportliche Frau und eine hervorragende Reiterin. Man vermutet, die Herzogin sei bei ihrem tödlichen Reitunfall nicht nur einfach vom Pferd gestürzt, sondern im Galopp vom Amazonensitz aus, beim Stolpern des Tieres auf die linke Körperseite gefallen, die Arme nach vorne gestreckt. Das Pferd muß dann auf sie gefallen sein, denn ihre Lungen wurden von den Rippen durchbohrt.

Trotz aller präzisen wissenschaftlichen Untersuchungen und Aussagen haftet dem Leben und Sterben der burgundischen Großmutter Karls V. nach wie vor ein Hauch von Rätselhaftigkeit an. Ist sie womöglich gestorben, weil ihre Prüderie und Scham sie daran hinderten, dem behandelnden Arzt ihre Wunden zu zeigen? Und hat sie wirklich die Schwierigkeiten, die Maximilian nach ihrem Tod hatte, vorausgeahnt? Tatsache ist, daß sie ihre Ratsherren und wichtigen Ritter des Goldenen Vlieses an ihr Sterbebett berief, damit sie ihrem Mann und ihren Kindern Treue schworen. Doch das war vergebens. Kaum ein paar Jahre nach ihrem tragischen Tod wurde das Land vom Bürgerkrieg zerrissen, der Streit zwischen der Zentralmacht und lokalen Machtansprüchen entbrannte und sollte so schnell kein Ende finden.

Auch wenn die Flamen eine Verbundenheit mit den Herrschern und eine gewisse Treue gegenüber den Herzögen spürten, blieben sie in ihrem tiefsten Wesen freiheitsliebende Individualisten, die sich für ihre individuellen Rechte einsetzten.

1982 wurden die Grabmale Marias von Burgund und Karls des Kühnen wieder vor den Hochaltar der Liebfrauenkirche zu Brügge verlegt. Anläßlich dieser Feierlichkeit schritten am 21. August desselben Jahres die Bürger der Stadt mit brennenden Fackeln durch ihre verdunkelten Straßen. Wie vor fünfhundert Jahren, zu Zeiten ihrer geliebten Fürstin.

Völlig der Tradition entsprechend.

Aus dem ersten Testament Karls V. vom 22. Mai 1522 spricht noch deutlich die enge Verbundenheit des jungen Mannes mit seinem burgundischen Erbe. Die Niederlande waren ihm damals sehr vertraut, und er wünschte, falls er dort sterben sollte, in der Liebfrauenkirche zu Brügge neben seiner Großmutter, Maria, Herzogin von Burgund, beigesetzt zu werden. Auch das Herzogtum Burgund erschien ihm würdig, falls er es jemals zurückerobern würde, und dann wünschte er in der Kartause vor den Toren Dijons an der Seite seines Vorfahren, Herzog Philipps des Kühnen, die letzte Ruhe zu finden. In Anbetracht eines Todes in Spanien wollte er in Granada neben den Großeltern Ferdinand und Isabella, den Katholischen Königen, und seinem Vater, Philipp dem Schönen, ruhen. Durchaus erstaunliche testamentarische Wünsche eines jungen Mannes.

Die Zeit für Brügge war abgelaufen.

Die ewigen Machtkämpfe hatten die reiche flandrische Stadt geschwächt. Auch wenn portugiesische und süddeutsche Händler weiterhin den stolzen Bürgern in der flachen flämischen Weite treu blieben, wurde ab 1485 Antwerpen, wo es weniger kommerzielle und gewerbliche Beschränkungen gab und das Klima liberaler war, zur wichtigen Drehscheibe.

Man sollte dabei aber auch politische Faktoren nicht außer Betracht lassen. Der langjährige Krieg, den Flandern von 1484 bis 1492 gegen Maximilian von Österreich führte, veranlaßte den österreichischen Großvater Karls V., die ausländischen Händler dazu zu drängen, Brügge zu verlassen und Antwerpen anzusteuern, wo sie unter dem Schutz der Habsburger standen.

Doch auch dieser Schutz war nicht von Dauer.

Karl V. verweilte noch des öfteren und für längere Zeit in den Niederlanden. Sein Sohn Philipp kam nur zweimal. Nach ihm, bis zur Zeit Josephs II. im Jahre 1781, betrat weder ein spanischer noch ein österreichischer Herrscher der Niederlande das gebeutelte Land.

Keuschheit, Gehorsam und nur ein bißchen Bildung

Neben Anstand und Häuslichkeit predigte der anonyme Verfasser des mittelalterlichen Hausbuchs »Le Ménagier de Paris« seiner blutjungen Frau auch, wie sie ihre ehelichen Pflichten zu erfüllen habe. »Denn viele Frauen haben durch ihren Gehorsam gewonnen und sind zu großen Ehren gekommen; andere Frauen aber sind durch ihren Ungehorsam gestrauchelt und in Nachteil geraten.« Im 15. Jahrhundert schrieb Fra Cherubino da Sienna, der Mann schulde der Frau Belehrung, Besserung und Unterhalt, die Frau dem Mann Furcht, Dienst und Ermahnung. Die Liebe wurde zwar hochgelobt, aber der Mann hatte das Sagen. Im Bund der Ehe verblaßte die Identität der Frau zur Anonymität.

»Daß die Ehe in der Renaissance die Kontrolle des Mannes über die Frau wieder zur Geltung brachte, ist eine unumstößliche Tatsache, so schwer sie auch mit anderen Eindrücken einer Epoche zu vereinbaren sein mag, die die Bedeutung der Freiheit wiederentdeckte«, schreibt die amerikanische Historikerin Margaret L. King in ihrem Buch »Frauen in der Renaissance«. »Dasselbe Zeitalter, das den Bund der Ehe in den Stand der Heiligheit erhob – im Katholizismus durch die Edikte von Trient, im Protestantismus durch die Kultivierung des Familiensinns –, stärkte paradoxerweise zugleich die Herrschaft des Mannes über die Frau und verlangte deren Unterwerfung. Besonders der Protestantismus kultivierte die Rolle des Patriarchen: Er schloß eine dritte Seite – den Priester oder Beichtvater – aus dem ehelichen Verband aus, um damit Intimität und Gegenseitigkeit zu fördern. Man kann wohl mit Fug und Recht behaupten, daß gerade in diesem geschlossenen Verband der protestantischen Ehe die Macht des Patriarchen zur Anmaßung wurde: Er, und er allein, war Gebieter über seine Frau, Erzeuger seiner Kinder, Priester, Beichtvater und Papst, Abgesandter der Gottheit in einer Person.«

Am privilegiertesten war noch die berufstätige Frau. Fleißige Weberinnen, Schneiderinnen, Seidenstickerinnen, Spinnerinnen, Goldschmiedinnen, Getreidehändlerinnen, und vor allem im Handwerk tätige Frauen führten ein selbständiges und auch selbstbewußtes Leben. Sie waren entweder Witwen, die das Gewerbe ihres verstorbenen Mannes fortsetzten, oder gewiefte Töchter, die sich im Betrieb ihres Vaters engagierten. Sie waren sogar in Zünften vertreten, und auch wenn sie oft ans Haus gebunden waren, genossen sie das Privileg, eine anspruchsvolle, oft hochangesehene Tätigkeit auszuüben, die ihnen eine gehörige Portion Selbstachtung einbrachte. In der sogenannten Familienmanufaktur hatten sie nicht selten das Sagen über Lehrlinge und Gesellen und demonstrierten eine eigene Autorität.

Den reichen Patrizierfrauen oder Adligen erging es anders. Sie lebten im goldenen Käfig, fern der alltäglichen Realität. »Lehrt eure Töchter spinnen und nähen«, empfahl im 15. Jahrhundert der heilige Bernardus aus Sienna den Vätern und Müttern der Oberschicht, denn die Langeweile der höheren Töchter in ihrer Isolation muß schon recht gewaltig gewesen sein. Für eine Ausbildung waren sie nicht vorgesehen. Das Lesen war eine nützliche Kunst, sollte sich aber für Mädchen auf Andachtsbücher und die »vernünftigeren« Werke Dantes, Petrarcas und Boccaccios beschränken. Handarbeit und Spinnen, Schweigen und Gehorchen blieben die Devise.

Im Jahre 1523 erschien das »Institutio foeminae christianae«, ein Lehrplan des spanischen Humanisten Juan Luis Vives (1492–1540), Freund von Erasmus und häufiger Gast der Margarete von Österreich in Mecheln. Dieser Denker, dessen recht populäre Bücher damals bereits in mehrere Sprachen übersetzt wurden, war der Meinung, junge Mädchen sollten das Evangelium lesen, Augustinus, Platon, Cicero, Seneca und das Alte Testament studieren können. Er unterstützte die Idee einer ernstzunehmenden Erziehung der Frauen. Aber gleichzeitig meinte er: »Sie müssen viele Dinge lernen, aber nur solche, die zu wissen ihnen frommt« – also keine weltliche Lyrik und Romanzen. Die Frau sollte nur ein *bißchen* Bildung bekommen, »denn die Männer bewegen sich bald zu Hause, bald in der Öffentlichkeit, bald in der Familie, bald im Gemeinwesen; weshalb das, was der Sinn einer solchen Fülle von Aufgaben sei, nur in langen Büchern erklärt werden kann; die einzige Aufgabe der Frau ist die Sorge um ihre Schamhaftigkeit; sobald diese dargelegt ist, scheint sie überreich belehrt entlassen zu werden ...«

Damit war alles gesagt. Keuschheit stand an erster Stelle, dann folgten Schweigen und Gehorsam. Immer noch ganz im Sinne des anonymen Verfassers des »Ménagier de Paris«, der seine ahnungslose junge Frau wissen ließ, die Königinnen Frankreichs könnten zwar Briefe lesen, allerdings nur solche, »die ihr Gatte eigenhändig geschrieben hat«. Daran sollte sich

Das Lesen war eine nützliche Kunst, sollte sich aber für die höheren Töchter des 15. Jahrhunderts auf Andachtsbücher und die »vernünftigeren« Werke Dantes, Petrarcas und Boccaccios beschränken.

Miniatur »Die Madonna in der Kirche« aus dem Stundenbuch der Maria von Burgund (ca. 1470/80).

seine Angetraute auch tunlichst halten: »...und diese lesen sie ganz allein, und bei anderen rufen sie jemanden herbei und lassen sie sich von anderen vorlesen; und sagen oft, daß sie keinen anderen Brief und keine andere Schrift lesen könnten als von ihrem Gatten. Und sie tun das aufgrund kluger Lehren und sehr zu Recht, um Klatsch und Argwohn von sich fernzuhalten; denn vor der Tat selbst gibt es keine Furcht.« Sogar das Lesen eines Briefes konnte demnach eine Bedrohung sein und als Akt der Unkeuschheit aufgefaßt werden.

Desiderius, genannt Erasmus von Rotterdam (1469–1536), führender niederländischer Humanist, der mit allen Großen seiner Zeit korrespondierte, dachte ganz anders. Er empfahl den Frauen, Kunkel und Spindel beiseite zu legen und sich mit Wichtigerem zu beschäftigen. Er war der Meinung, für die vornehmen Kreise wäre es besser, wenn sie ihnen beibrächten zu lernen; »denn das Lernen macht die ganze Seele rege ... es ist nicht nur eine Waffe gegen den Müßigang, sondern auch ein Mittel, um dem Geist des Mädchens die besten Grundsätze einzuprägen und es zur Tugend zu führen«. Diesen Rat findet man in der »Christiani matrimoni institutio«, die Erasmus 1528 Katharina von Aragón widmete, der jüngsten Schwester Karls V. Und in einem Brief an den Reformator Guillaume Budé fügte der niederländische Gelehrte noch hinzu: »Ich sehe auch nicht, warum die Ehegatten fürchten müßten, ihre Frauen weniger zu besitzen, wenn diese gebildet sind ... Kurzum, nach meinem Urteil ist nichts so unlenksam wie die Unwissenheit.«

Aber der große Humanist, der Margarete von Österreich und Maria von Ungarn zutiefst verehrte und die Bildung dieser beiden Frauen in höchsten Tönen lobte, kämpfte wohl gegen Windmühlenflügel. Die meisten Väter wünschten sich keine gelehrten Töchter, die meisten Männer keine gebildete und wortgewandte Frau. Lesen konnte zwar von Nutzen sein, doch gefährdete es die Ordnung des Haushalts. Und Selbständigkeit war von Übel.

Die Zeit nahm ihren Lauf. Im 17. Jahrhundert war für eine Frau aus besseren Kreisen das Arbeiten denn auch endgültig verpönt. »Mit endlosen Mußestunden konfrontiert, unterzog sie sich jenen repetitiven und überflüssigen Aufgaben, Nadelarbeit und Sticken, Gesellschaften und Besuche, Kartenspiel und Klatsch, die diese Leere ohne den Makel oder Anschein der Anstrengung ausfüllen konnten«, schreibt die Historikerin Margaret King. Eine zurückhaltende Gattin, dem umtriebigen Mann zugetan .

Und dabei blieb es eine lange, lange Zeit.

Mecheln

Margarete von Österreich
Die Tante und Ziehmutter

Entrückt steht sie da. Mitten auf dem Marktplatz. Den Mantel mit dem weiten Kragenansatz über die stolzen Schultern drapiert. Ein wenig füllig. Die strenge Haube um die runde hohe Stirn gelegt. So sah sie der Mechelner Bildhauer Joseph Tuerlinckx Mitte des 19. Jahrhunderts.

Das Marmorstandbild Margaretes von Österreich ist der stattlichen Kathedrale St. Rombouts zugewandt. Die Kirche inmitten des brabantischen Mecheln, mit deren Bau man Ende des 13. Jahrhunderts begann, ist seit 1559 Erzbischofssitz. Karl der Kühne, Großvater der beherzten Margarete, erhob die flämische Stadt Mitte des 15. Jahrhunderts zum Sitz des Parlaments, welches keine Kammer von Abgeordneten, sondern ein Oberstes Gericht war, und er machte die *Heerlijkheid van Mechelen* zum Machtzentrum der burgundischen Niederlande. Die Kathedrale sollte diese Macht demonstrieren und mit einem gewaltigen, 167 Meter hohen Turm einmal der größte Tempel der Christenheit werden.

Aber es kam anders.

Die blutigen Kriege des 16. Jahrhunderts zehrten an dem Wohlstand der südlichen Niederlande. Die Arbeiten mußten eingestellt, die ehrgeizigen Träume begraben werden. Nicht ein filigranes, zum Himmel emporstrebendes Gebäude, sondern ein schwerfälliger Turm ist jetzt das Wahrzeichen, behäbig thronend im Herzen der Stadt.

Hier in *Sint Rombouts*, wie die Einheimischen ihre Kirche liebevoll nennen, erklang 1495 zum erstenmal die anrührende Melodie »Innsbruck, ich muß dich lassen« aus der *Missa carminum* anläßlich der Hochzeit *per procuram* von Margarete und Johann von Kastilien und Aragón. Heinrich Isaac, 1450 in Flandern geboren, dem Hofe der Medici in Florenz zugetan, aber auch in Innsbruck und Augsburg tätig, soll der Komponist gewesen sein. Margarete von Österreich scharte bedeutende Komponisten ihrer Zeit um sich. Ihr Lieblingskomponist, Pierre de la Rue, spielte bereits in der burgundischen Hofkapelle ihres Vaters Maximilian und ihres Bruders Philipp des Schönen. 1511 schenkte Maximilian ihr das große Buch von

Pierre de la Rue, das *Antiphonarium* mit sieben fünfstimmigen Messen, das sich heute in der Obhut des Stadtarchivs zu Mecheln befindet. Margarete holte de la Rue 1514 an die Dijle. Ihr späterer Hoforganist, Florequin Nepotis, gebürtiger Mechelner, war gleichzeitig ihr Kammerdiener. Nach ihrem Tod trat er in die Dienste Karls V. Er starb 1537 in Spanien.

Im Innern des prächtigen Sakralbaus, kostbares Beispiel Brabanter Gotik, fand übrigens im Jahre 1507 die Totenmesse für Philipp den Schönen, den Vater Karls V., statt. Für den damals siebenjährigen Karl, der bei seiner Tante Margarete aufwuchs, war es eine erste Begegnung mit seinen zukünftigen Pflichten. »Le roi est mort – vive Monseigneur!« schallte es durch die hohen Hallen des kalten Doms. Der Knabe, gekleidet in ein altburgundisches Trauergewand, wurde feierlich aufgerufen: »*Charles d' Autriche!*« Er antwortete so fest und laut er konnte: »*Ici*« – Hier.

Entscheidende Momente. Auch für Margarete.

So schließen sich die Familienkreise.

Man könnte glauben, die aristokratische Marmorfigur sinnierte, in ihrer kühlen Distanz hoch auf dem steinernen Sockel, über all diese Familiengeschichten und blickte gleichzeitig, ein wenig erhaben, auf das Schicksal ihres geliebten Mecheln und in die verletzte Seele der gebeutelten Niederlande, deren Statthalterin sie war. In der linken Hand hält sie eine Dokumentenrolle. Die Besiegelung des Damenfriedens. Symbol ihres diplomatischen Geschicks. Unter den Habsburger Frauen war sie die eigenwilligste und wohl auch die klügste.

Über den Dächern der flämischen Kleinstadt erklingen hell und klar die verspielten Glocken des *Beiaards* nach der Melodie »*Zeg, Kwezelke, wilde gij dansen*«, ein altes, neckisches Volkslied über das bigotte Beginchen ohne Mann... Wie ein vertrautes Echo aus dem Mittelalter.

Und sie steht da. Die stolze *Grande Dame.* Als ob sie zuhörte. Zeitlos. Für Mecheln war sie prägend und wurde zur Legende.

Vom Leben, Lieben und Leiden

Am 10. Januar 1480 brachte die in Flandern über alles verehrte Maria von Burgund im Schloß auf dem Coudenberg zu Brüssel das kleine Mädchen Margarete zur Welt. Kein Wunder, daß sie nach der dritten Frau ihres Großvaters, Margarete von York, genannt wurde, war ihre junge Mutter

Die leicht vorgeschobene Unterlippe und das goldblonde Haar hatte Margarete von Österreich (rechts unten das Gemälde eines niederländischen Meisters, nach 1506) von den Habsburgern geerbt, die dunklen Augen jedoch von ihrer Mutter, der schönen Maria von Burgund. Sie war offenherzig und ehrgeizig wie ihr Großvater Karl der Kühne, neigte aber auch, wie er, zu Schwermut. Wache Intelligenz und Disziplin sowie Sinn für Nüchternheit und das Machbare haben sie ein Leben lang begleitet. Ihr Einfluß auf Karl V. war erheblich.

Das große Foto zeigt das Marmorstandbild von Joseph Tuerlinckx auf dem Marktplatz im flandrischen Mecheln.

dieser liebenswürdigen Herzoginwitwe doch sehr zugetan. Das Glück aber währte nicht lange.

Margarete war zwei Jahre alt, als ihre Mutter vom Pferd stürzte und starb. Zeit zu weinen gab es nicht. Macht- und Heiratspolitik waren angesagt. Und so folgte das dreijährige Mädchen dem bereits am 23. Dezember 1482 geschlossenen »Schandvertrag von Arras«. 1483 wurde sie im Loireschloß Amboise mit Karl, dem mißgestalteten Dauphin von Frankreich, Sohn des französischen Königs Ludwig XI. aus dem Hause Valois, getraut. Im Hochzeitsgepäck brachte sie das reiche, blühende Burgund mit.

Die kleine Prinzessin, *Madame la dauphine* mit den *beaux cheveux aureins*, den goldenen Locken, wurde noch vor der Hochzeit vorsichtshalber von ihrer Schwägerin Madame de Beaujeu *ohne* Staatsgewänder in Augenschein genommen, *quasi totam nudam*... Das war Sitte. Sollte nicht später der große Humanist Erasmus von Rotterdam sich in seinem »Erziehung der christlichen Fürsten« bitterlich beklagen über die angeblich friedenstiftende Rolle der internationalen Heiratspolitik. Er schrieb: »Wie unmenschlich man mit den Mädchen selbst verfährt, die manchmal in weit entfernte Länder wie in die Verbannung zu Menschen geschickt werden, die an Sprache, Aussehen, Charakter und Anlagen gänzlich verschieden leben.«

Ab jetzt galt für die kleine Prinzessin aus Flandern ausschließlich eine französische Erziehung. Diese war standesgemäß, liebevoll, höfisch, kultiviert und pflichtbetont. Schließlich sollte die kleine *Margot* eines Tages neben *le petit Charlet*, dem 13jährigen Bräutigam, der klein und hohlbrüstig war, krumme Beine, schmale Schultern und einen übergroßen Kopf hatte, eine würdige Königin von Frankreich werden.

Aber es sollte anders kommen.

Karl VIII., inzwischen offiziell König von Frankreich, warf zehn Jahre später aus machtpolitischen Gründen ein Auge auf Anne de Bretagne, Tochter und Erbin des verstorbenen bretonischen Herzogs. Der junge König der noch mit Margarete von Österreich-Burgund verheiratet war, berief sich auf das *Matrimonium ratum non consumatum* – die Ehe sei nicht vollzogen. Das knapp zwölf Jahre alte Mädchen wurde kühl abserviert. Verzweifelt schrieb sie ihrem Vater: »Ich will nach Hause, und wäre es in bloßem Hemd.«

Die Kränkung saß tief.

Später tadelte sie auch die frankophile Politik ihrer Niederländer und schrieb in einem bitteren Vers:

Margarete von Österreich konnte dem düsteren alten Bischofshof in Mecheln, Wohnsitz der Margarete von York, der dritten Ehefrau Karls des Kühnen, nichts abgewinnen. Die kunstliebende junge Statthalterin legte Wert auf Repräsentation und beauftragte die damals berühmten Architekten Antoon und Rombout II. Keldermans mit dem Bau ihrer neuen Residenz. Ihre elegante Bleibe, der *Hof van Savoyen*, eines der ersten im Renaissancestil erbauten Palais Nordwesteuropas, wurde zum Treffpunkt von Intellektuellen und Künstlern der damaligen Zeit.

Aber die Statthalterin pflegte sich auch gerne, wenn ihr danach war, in die Einsamkeit zurückzuziehen. Sie schrieb Gedichte, unterhielt eine rege Korrespondenz mit ihrem Vater Maximilian und kümmerte sich rührend um die Erziehung der Kinder ihres Bruders Philipp mit Johanna von Kastilien und Aragón.

Nur wenige sollen Zutritt zu ihren Privaträumen gehabt haben. Mit Ausnahme ihrer Haustiere. Und davon hatte sie viele: exotische Vögel in großen Käfigen, Hunde verschiedenster Rasse, Meerschweinchen und Äffchen.

Das geschichtsträchtige Gebäude mit dem wunderschönen, beschaulichen Innenhof an der Mechelner *Keizerstraat* ist für Touristen nur bedingt zugänglich. Seit 1616 tagt hier das Hohe Gericht.

O mes Flamens, estes vous endormiz
Vous estes ceulx qui me y aves miz!

O meine Flamen, seid ihr in Schlaf gebannt,
Ihr seid doch die, die mich dahin entsandt!

Zurück in Mecheln, unter den liebevollen Fittichen der Großmutter Margarete von York, blieb dem jungen Mädchen wenig Zeit. Unbarmherzig drehte sich das Heiratskarussell. Johann, der lang ersehnte und einzige männliche Thronfolger der Katholischen Könige Isabella und Ferdinand von Kastilien und Aragón, sollte im Sinne der politischen Überlegungen seiner Eltern die Tochter Maximilians von Österreich heiraten. Zweck dieser Verbindung war wohl die Einkreisung Frankreichs. Der alte Traum, Aragón und Kastilien, die Niederlande, die Bretagne und England zu verbinden, könnte auf diese Weise wahr werden und würde die Zerschlagung des französischen Territoriums bedeuten.

1497 stach Margarete von Vlissingen aus in See. Auf nach Spanien. Ihr stand eine furchtbare Überfahrt bevor. Tagelang kämpften die spanischen Seeleute gegen einen nicht endenwollenden Orkan um ihr eigenes Leben und das der Prinzessin. Die gerade erst Siebzehnjährige schrieb an Bord des tobenden Schiffes ihre berühmt gewordene, in zahlreiche Sprachen übersetzte Grabinschrift. Geistesgegenwärtig stopfte sie diese – für ein eventuelles königliches Begräbnis – in eine Börse, zusammen mit einem Zettel und ein paar Golddukaten. Falls ihr Leichnam gefunden werden sollte …

Cy-gist Margot, la gentil'demoiselle
Qu'ha deux marys et encore est pucelle.

Hier liegt Margot, die zweimal gar
vermählt und dennoch Jungfrau war.

Am 6. März 1497 landete die Flotte schließlich in Santander. Der Spuk war vorüber. Das vom Sturm zerstreute fürstliche Hab und Gut wurde aufgesammelt, das Gefolge beruhigt.

An Bord befand sich auch Juan de Flandes, einer der größten Botschafter flämischer Kunst auf der Iberischen Halbinsel. Dieser flämische Maler, dessen eigentlicher Name und seine genaue Herkunft nicht bekannt sind, wurde von Margaretes Schwiegermutter, Isabella der Katholischen, die sich der flämischen Kunst sehr verbunden fühlte, mit offenen Armen aufgenommen. Er arbeitete zusammen mit dem in Brügge von

In dem alten Bischofshof von Mecheln, später *Keizershof* genannt, wohnte die Witwe Karls des Kühnen, *Madame la Grande*. Hier hatten auch die Kinder von Philipp dem Schönen und Johanna von Kastilien und Aragón, Eleonore (geboren 1498), Karl (1500), Isabella (1501) und Maria (1505), ihr erstes Zuhause. Ferdinand (1503) wurde in Spanien bei seinem Großvater Ferdinand von Aragón erzogen, und die Jüngste, Katharina (1507), wuchs bei ihrer Mutter in Tordesillas auf.

Hans Memling stark beeinflußten Maler, Michel Sittow, am spanischen Hof und erstellte mit ihm gemeinsam unter anderem das berühmte »Oratorium von Isabella der Katholischen«!. Noch heute kann man einen Teil der erlesenen Sammlung der großen spanischen Fürstin in der Schatzkammer der *Capilla Real* in Granada bewundern.

Nun konnten die Königskinder zueinander kommen. Aus Medina del Campo schrieb Petrus Martyr an den Kardinal de Santa Cruz: »In den vorhergehenden Tagen habe ich Euch über die Ereignisse in Burgos und das Eintreffen der königlichen Schwiegertochter Margarita geschrieben. Ich habe aber unterlassen, die Qualitäten ihrer Person zu beschreiben, über die ich noch nicht so gut Bescheid wußte. Sieht man sie, so könnte man meinen, Venus selbst zu erblicken. Was Mars an Schönheit, Anstand und Alter von der kyprischen Göttin verlangt, das schickt uns nun Flandern: Die Tochter des Kaisers, die den eisigen Armen des nordischen Boreas entkam, ist voll Anmut und benötigt weder Koketterie noch Schminke oder Putz. Man muß jedoch befürchten, daß diese Qualitäten unser Unglück heraufbeschwören und den Ruin Spaniens; denn unser junger Prinz schwindet dahin, verzehrt von Leidenschaft.«

So kam es dann auch.

Hättte man die amourösen Anstrengungen reduzieren können? Wohl kaum. Nur sechs Monate währte die Liebe. Anfang Oktober starb Johann. Angeblich verzehrt von Liebe. Er war zwanzig Jahre alt und hinterließ eine 18jährige schwangere Witwe.

Der frühe Tod des Kronprinzen blieb für die Familie ein Trauma. Viele Jahrzehnte später schrieb Karl V. seinem 16jährigen Sohn Philipp: »Mein Sohn, Ihr werdet Euch, so Gott will, bald verheiraten. Möge es Gott gefallen, Euch die Gnade zu geben, daß Ihr diesem Stande gemäß lebt und daß er Euch Söhne schenkt. Ich bin überzeugt, daß Ihr mir die Wahrheit gesagt habt über Euer bisheriges Leben und daß Ihr ebenso lebt bis zu Eurer Verheiratung. Für die Zeit nachher aber muß ich Euch ermahnen, da Ihr noch von jungem und zartem Alter seid, und ich keinen anderen Sohn habe, noch auch haben will, und deshalb sehr viel darauf ankommt, daß Ihr Euch in acht nehmet und Euch nicht gleich ohne Maß hingebet. Denn nicht genug mit der Schädigung Eurer Gesundheit, hinterläßt das oft eine solche Schwäche, daß es die Nachkommenschaft gefährdet und ans Leben geht wie bei Eurem Onkel, dem Prinzen Don Juan, durch dessen Tod ich in den Besitz dieser Reiche kam. Bedenket, wie übel es wäre, wenn Euch Eure Schwestern und deren Männer beerben müßten. So bitte und beschwöre ich Euch, daß Ihr bald nach Vollzug der Ehe Euch von Eurer Frau unter irgendeinem Vorwand wieder entfernt und nicht sobald zurückkehrt und dann immer nur für kurze Zeit ...«

Margarete brachte ein totes Kind zur Welt.

Erst im September 1499 durfte die junge Witwe, nachdem ihre finanziellen Ansprüche endlich geregelt waren, Spanien verlassen. Zwischen den aufgelisteten Schmuckstücken fand sich ein glatter goldener Armreif mit der Inschrift in gotischen Lettern: *Fortune, infortune fort une.*

Margaretes Devise.

Am 4. März 1500 traf sie in Gent ein. Ihr Bruder Philipp und ihre Schwägerin Johanna feierten gerade die Taufe des heißersehnten Thronfolgers. Karl war einige Tage zuvor, am 24. Februar in der flandrischen Tuchstadt geboren worden. Und das Volk jubelte.

Karls Tante Margarete war gerade zwanzig Jahre alt. Noch ahnte sie nicht, wie sehr dieser Knabe ihr Leben bestimmen würde.

Doch vorerst hegte Philipp der Schöne ganz andere Pläne mit seiner Schwester. In dem strategisch bedeutenden Alpenfürstentum zwischen Frankreich, der Eidgenossenschaft und dem Herzogtum Mailand herrschte Herzog Philibert von Savoyen, genannt *Le Beau*. Die Macht der Savoyer erstreckte sich von den Ufern des Genfer Sees über die Alpen bis nach Nizza am Mittelmeer und vom Macon an der Grenze Burgunds bis nach Turin im Piemont. Das war der passende Heiratskandidat für die energische Margarete. Philipp der Schöne schrieb: »Man schätzt ihn für den schönsten Fürsten Europas. Sollte er mein Schwager werden, so dünkt es mich nicht ungereimt. Auch meine Schwester ist körperlich zum mindesten wohlversehen.«

Philipp versprach seiner Schwester eine Mitgift von 200000 flämischen Goldtalern, zu bezahlen in zehn Jahresraten, und am 26. September 1501 wurde in Brüssel das Geschäft besiegelt. Margarete von Österreich, durch das Schicksal gereift, übernahm in Savoyen nicht nur liebevoll ihre Ehepflichten, sondern widmete sich auch leidenschaftlich der Politik. Der asketische und gescheite Piemontese Mercurino de Gattinara stand ihr mit Rat und Tat beiseite. Später wird er als engster Vertrauter Karls V. in die Geschichte eingehen.

So waren alle miteinander verbunden, eng miteinander verknüpft. Immer wieder.

Aber auch jetzt war das Glück nicht auf Margaretes Seite. Ihr Mann, in den moorigen Ebenen der Bresse und in den Wäldern um die Residenz in Pont d'Ain zu Hause, wo es nur so wimmelt von Schwarz- und Rotwild, wurde zum Opfer seiner Leidenschaft, der Jagd. Das hastige Trinken des

Der Rechtsgelehrte Hieronymus van Busleyden, 1470 als Sproß reicher Adliger in Luxemburg geboren, wurde von Philipp dem Schönen, Bruder Margaretes von Österreich, nach Mecheln in den Hohen Rat berufen. Der Würdenträger des Mechelner Hofes hatte in Löwen und Bologna Theologie studiert und gründete, auf Empfehlung des Erasmus, in Löwen das »Kollegium der drei Sprachen« (Latein, Griechisch, Hebräisch). In seinem prächtigen Stadthaus mit der gotischen Fassade und der herrlichen, weitläufigen Anlage empfing der wohlhabende und hochkultivierte Rat Künstler und Gelehrte. In seinem Speisezimmer

kann man heute noch die schmukken Fresken nach italienischem Vorbild bewundern. Busleyden trug eine kostbare Kunstsammlung zusammen, die 1520 von Thomas Morus während eines Aufenthaltes in Mecheln bewundert wurde. Erasmus nannte Busleyden »eine unvergleichliche Zierde dieses Reiches«.

viel zu kalten Quellwassers an einem schwül-heißen Sommertag nach einer gnadenlosen Treibjagd wurde dem jungen Herzog zum Verhängnis. Philibert und Margarete waren knapp zwei Jahre glücklich verheiratet gewesen.

Und wieder war die junge Frau auf sich selbst gestellt.

Eine Wiederverheiratung kam für sie nun endgültig nicht mehr in Frage. Und Kinder sollte, wollte und konnte sie wohl nicht mehr bekommen. Margarete übernahm ein Gelübde ihrer Schwiegermutter: Sie kümmerte sich um den Neubau des schon ziemlich verfallenen Benediktinerklosters in Brou bei Bourg-en-Bresse.

1506 begann sie mit dem Bau einer Grabkirche und des daran angeschlossenen Klosters mit den nötigen Räumlichkeiten zur Unterbringung von zwölf Patres, ihren Schreibern und Novizen aus dem Orden des Heiligen Augustinus. Dieses Projekt machte sie sich zur Lebensaufgabe. Bis zum Schluß.

Tant que je vive, mon coeur ne changera
Pour nul vivant, tant soit il bon ou saige
Fort et puissant, riche, de hault lignaige
Mon chois est fait, aultre ne se fera.

Mein Leben lang wird sich mein Herz nicht wandeln
Für keinen Mann, sei er so gut und weise,
So stark und mächtig reich, und von hoher Abkunft,
Getroffen ist die Wahl, anders wird's nicht sein.

Bewegte Jahre in Mecheln

Am 23. Oktober 1506 starb Margaretes Bruder Philipp. Maximilian I., ihr Vater, konnte und wollte die Regentschaft für seinen unmündigen Enkel Karl, auch wenn die niederländischen Stände es gerne gesehen hätten, wegen seiner zahlreichen anderweitigen Verpflichtungen nicht annehmen. Nach dem Tod ihrer Urgroßmutter Margarete von York im November 1503 waren die Kinder Eleonore, Karl, Maria und Isabella in Mecheln verwaist und der Obhut fremder Erzieher und des Hofpersonals anvertraut. Maximilian war der Meinung, Margarete könne die Eltern wesentlich besser ersetzen und gleichzeitig die Statthalterschaft der Niederlande übernehmen.

Sie war 27 Jahre alt, verfügte bereits über politische Erfahrungen, war nicht nur die Tochter der unvergessenen Maria von Burgund und Enkelin

Karls des Kühnen, sondern auch auf Schloß Amboise von der konsequenten Anne de Beaujeu erzogen und später von der Persönlichkeit Isabellas der Katholischen in Spanien stark beeinflußt worden. Schließlich hatte sie bereits in Savoyen manch politisches Geschick gezeigt.

So zog sie in die *Heerlijkheid* Mecheln. Dorthin, wo bereits *Madame la Grande*, Margarete von York, so beliebt gewesen war. Und Margarete wußte, was sie wollte.

Die Niederländer jubelten. Die junge, rotblonde Erscheinung in ihrer würdigen Witwentracht, die sie bis zu ihrem Tod nicht mehr ablegen sollte, mit ihrem ganz eigenen melancholischen Charme, kannte ihre Aufgaben.

Da sie nur allzugut mit Machtkämpfen und Intrigen vertraut war, holte sie sich zunächst ihre Ratgeber aus Savoyen, was den Unmut der alteingesessenen Honoratioren der Niederlande erregte. Später sollte der Flame Antoine de Lalaing, Graf von Hoogstraten, ihr engster Vertrauter werden. Er begleitete sie bis zum Lebensende, wachte an ihrem Sterbebett und ging mit ihr den letzten Weg nach Bourg-en-Bresse, wo sie neben ihrem Gatten Philibert begraben werden wollte. Der jüngere Antoine de Lalaing und die melancholische Margarete hatten wohl eine ganz besondere, sehr innige Beziehung. Flüsterte man. Aber bewiesen ist nichts.

An der Schwelle zur Neuzeit

In den blühenden Niederlanden schlug das Herz des Abendlandes. Zu damaligen Zeiten zählte Brügge 30000 Einwohner, die Städte Gent, Mecheln und Antwerpen blühten. Die reichen Städte gehörten zu den wichtigsten in Europa nördlich der Alpen.

Die Geschichte des von Flußläufen und Kanälen durchzogenen Mecheln reicht bis ins frühe Mittelalter zurück. Schon um 870 wurde die Siedlung unter dem Namen Malinas erwähnt.

Eine tausendjährige Stadt. Mit einer tief im Mittelalter verwurzelten Seele. Eine Stadt, die heute noch Brügge, Venedig oder Amsterdam den Rang ablaufen könnte, hätten die ehrgeizigen, aber schlecht beratenen Stadtväter die zahlreichen Fleete (Kanäle) nicht zugeschüttet. Die Dijle, Mechelns alter Fluß, der außerhalb der Stadtmauern in die Zenne und Nete fließt, bestimmte über Jahrhunderte das Leben der Stadt. An den Ufern der Gewässer wurden Salz, Fisch und Getreide angeliefert. Und im 12. und 13. Jahrhundert blühte hier, wie überall zu dieser Zeit in Flandern und Brabant, die Tuchindustrie.

Aus den nördlichen Niederlanden holte Margarete von Österreich Jan Cornelisz Vermeyen. Dieser Maler begleitete später Karl V. auf seiner Seeschlacht bei Tunis. Im *Kolommenzaal* des Mechelner Rathauses kann man heute die nach einem Entwurf Vermeyens angefertigte berühmte Tapisserie der Schlacht von Tunis bewundern (im Ausschnitt aus dem Wandteppich Karl V., dritter von links). Kardinal Granvelle, in Mecheln ansässig, ließ aus acht vorhandenen Entwürfen Vermeyens ein Bild herstellen und die Tapisserie in der Brüsseler Werkstatt von Willem de Pannemaeckere anfertigen. Mitte des 18. Jahrhunderts nahm Marquis de Contades den Wand-

teppich mit in sein Familienschloß in Montgeoffroy. Die Stadt Mecheln konnte 1960 dieses wertvolle Stück zurückerwerben. Noch heute wird in der weltberühmten Mechelner Werkstatt von Gaspard de Wit die Tradition der Wandteppichweberei gepflegt.

Exportiert wurde über die Dijle. Noch heute gibt es in Mecheln zwei mittelalterliche Dijlebrücken, aber nur die gotische *Hoogbrug* ist über die Jahrhunderte einigermaßen erhalten geblieben. Die *Fonteinbrug* wurde im Laufe der Zeit sehr beschädigt. Das Brabanter Tuch aus feinster Wolle, über den kleinen Fluß in alle Windrichtungen ausgeführt, war von bester Qualität. Die Mechelner Tuchspezialisten traf man überall: in England, Deutschland, auf den französischen Luxusmärkten und sogar in Kiew.

Die letzte erhaltene Tuchhalle wurde 1305 gebaut, aber durch den Niedergang der Tuchindustrie verlor das Gebäude seine Bedeutung. Ein Teil, der linke Flügel, wurde 1525 abgerissen, um Platz zu schaffen für den neuen Palast des Hohen Rates. Dafür übernahm Karl V. großzügig einen Teil der Kosten. Aber das aufwendig geplante Gebäude wurde nie fertiggestellt. Es fehlten die Mittel, und so wurde nur ein einziges Stockwerk errichtet. Der Hohe Rat zog in den inzwischen verwaisten Palast der Margarete von Österreich. Erst Ende des 19. Jahrhunderts besannen sich die Bürger von Mecheln auf das Projekt Karls V. und gingen erneut an die Arbeit. Nach den ursprünglichen Plänen aus dem 16. Jahrhundert entstand das heutige Rathaus, nachgebaut im spätgotischen Stil.

In dem alten Bischofshof von Cambrai, später *Keizershof* genannt, wohnte die Witwe Karls des Kühnen, *Madame la Grande*. Hier hatten auch die Kinder von Philipp dem Schönen und Johanna von Aragón, Eleonore (1498), Karl (1500), Isabella (1501) und Maria (1505), ihr erstes Zuhause. Ferdinand (1503) wurde in Spanien bei seinem Großvater Ferdinand von Aragón erzogen, und die Jüngste, Katharina (1507), wuchs bei ihrer Mutter in Tordesillas auf.

Der alte Bischofshof in Mecheln schien Margarete zu eng, zu düster und auch zu wenig repräsentativ. Deshalb beauftragte sie die damals berühmten Architekten Antoon und Rombout II. Keldermans mit dem Bau einer neuen Residenz. Der *Hof van Savoyen*, wenn auch im Geiste der späten brabantischen Backsteingotik errichtet, zeigt teilweise deutlichen Renaissance-Charakter. Vor allem in dem vorderen Teil an der *Keizerstraat*. Das Palais (1515–1517) gehört zu den ersten im Renaissancestil erbauten in Nordwesteuropa. Er ist älter als das Schloß Chambord (1526) und der Louvre (1546) in Paris. Hier gleitet, fast geräuschlos, das Mittelalter in die neue Zeit. Die flandrische Spätgotik und die von Italien beeinflußte Frührenaissance fließen ineinander über. Von 1616 bis heute tagt in dem geschichtsträchtigen Gebäude das Hohe Gericht.

Zieht man das gewaltige Tor zum *Hof von Savoyen* hinter sich zu, scheint die quirlige Stadt für einen Moment den Atem anzuhalten. Rechts oben erblickt man die Fenster der Schlafgemächer der Regentin. Auf dem anschließenden Balkon soll sie die heißen Sommernächte verbracht haben. Ob sie dort die Verse für ihre *Albums poetiques* geschrieben hat?

Ein Mythos schwingt durch die verschwiegene Abgeschlossenheit des Hofes. Hier lebte einst eine junge, gesunde Frau mit der Bürde der Einsamkeit. Restlos gefangen in den Pflichten ihres Status und ihrer Macht. Erasmus von Rotterdam und Thomas Morus kamen ihr über das Kopfsteinpflaster entgegen. Dürer, der angesehene Maler aus Deutschland und Conrad Meyt, der begabte Bildhauer. Hochwürden Busleyden, Ihr Ratsherr aus Savoyen und Josquin Deprez, der große flämische Komponist.

Und Karl V., ihr geliebter Neffe, Kinder und Kindeskinder ihrer großen Habsburger Familie verweilten bei ihr.

Heute hat man Buchsbäume und Rosen in den Innenhof gepflanzt. So kann es damals nicht gewesen sein, denn durch das einladende Tor fuhren die Karren, trabten die schnellen Pferde und kehrten Gäste aus allen Himmelsrichtungen ein.

Margarete, die Frau mit der realistischen Devise *Fortune, infortune, fort une* – wie oft hat man versucht, diesen Spruch zu deuten –, liebte die Literatur und die schönen Künste, sammelte kostbare Bücher und Kunstwerke. Aus ihrer Residenz in Mecheln machte sie einen Treffpunkt für sämtliche Künstler der damaligen Zeit. Maler und Dichter, Wissenschaftler und Musiker, Gelehrte und Philosophen gaben sich hier die Klinke in die Hand.

In der Abgeschiedenheit der hohen Räume schrieb Margarete zahlreiche Briefe. An Gott und die Welt. In ihrer großen, selbstbewußten Schrift. Im französischen Lille werden im *Archives du Nord* Hunderte von Originalbriefen an ihren Vater Maximilian aufbewahrt. Auch Kopien und Entwürfe der Statthalterin, von ihr persönlich durchgesehen und mit Randbemerkungen und Korrekturen versehen, gehören zu den stillen Zeugen eines bewegten Lebens. Vater und Tochter hörten nie auf, gemeinsam über die Familie und Politik nachzudenken.

Immer wieder ging es um *nos communs enfants*, wie der Kaiser seine Enkel, die bei Margarete aufwuchsen, nannte. Maximilian liebte sie sehr und besuchte sie, wann immer es ihm möglich war. Er kam zu ihrer Firmung, begleitete sie zur Fronleichnamsprozession oder setzte sich mit ihnen zum gemeinsamen Tafeln an den Tisch. Eines Tages ließ er sie per Schiff von Mecheln aus über die Dijle und die Rupel bis nach Antwerpen schippern und konnte seinen Stolz nicht verhehlen, als der englische Botschafter sagte: »Sie sind schön und blond und wachsen gerade und stark.« Er holte sie des öfteren nach Brüssel, wo sie im Park herumtoben konnten. Besonders Karl war ihm ans Herz gewachsen, und eines Tages schrieb er seiner Tochter Margarete: »Wir freuen uns sehr, daß unser Sohn Karl so viel Vergnügen an der Jagd findet, man könnte sonst meinen, er wäre ein Bastard.« – *aultrement on pourra pensé qui fut bastart …*

Madame, ma tante et ma bonne mère nannte Erzherzogin Eleonore, die älteste der Waisen, ihre Pflegemutter. Und das taten sie wohl alle. Auch Karl. Die kinderlose Statthalterin liebte ihre Nichten und den Neffen über alles und wollte ihnen nicht nur eine unbeschwerte Kindheit, sondern auch ein kultiviertes Zuhause bieten. Und das tat sie in Mecheln.

Erhaltene Rechnungsbücher aus dem Jahre 1505 geben Aufschluß über die Anfertigung diverser Schulmöbel. Für Karl, den Stammhalter, holte die Ziehmutter spanische und niederländische Lehrer wie Juan de Anchiata und Luis de Vaca, Robert von Gent und Adrian Wiele, auch Adrian Florizs van Untrecht, den späteren Papst Hadrian VI., ins Haus. *La Maison des princes*, das Prinzenhaus, war mit einem 93köpfigen Personal bestens bestellt. Hier genoß Karl zusammen mit drei Schwestern seine ersten neun unbeschwerten Kinderjahre.

Dann berief Kaiser Maximilian den altburgundischen Edelmann Guillaume de Croy, Seigneur de Chièvres, zum Erzieher. Margarete führte mit ihrem Vater endlose Diskussionen über diese Entscheidung. Die Regentin hätte lieber den Herrn de Berghes, einen Flamen, auf diesem Posten gesehen. Ihr war der frankophile Chièvres unheimlich. Sie war der Meinung, er würde ihren Einfluß auf den geliebten Neffen beschneiden. Was er auch tat. Das führte des öfteren zum offenen Konflikt.

Zu Willem de Croy, Seigneur de Chièvres, der seinen Schützling Karl im Sinne der burgundischen Tradition erzog, hielt Margarete ein Leben lang Distanz. Es verletzte sie schließlich tief, daß der introvertierte Knabe zu Croy allmählich eine innige Beziehung aufbaute und in ihm eine Vaterfigur sah. Später sollte sie zu Karls jüngerem Bruder Ferdinand, der nach dem Tod des spanischen Großvaters für eine Weile bei ihr in Mecheln wohnte, ein unkomplizierteres Verhältnis aufbauen.

Aber aus Kindern werden Leute. Und von den Zwängen der Heiratspolitik blieben auch die Prinzessinnen Isabella und Maria, inzwischen

Im Jahre 1517 malte der Flame Jan van Battel dieses Portrait Karls V., das heute im Stadtmuseum von Mecheln ausgestellt ist.

dreizehn und neun Jahre alt, nicht verschont. Die Zeit der Geborgenheit bei ihrer Tante im beschaulichen Mecheln ging zu Ende. Das dynastische Schicksal nahm seinen Lauf.

Am 2. Mai 1514 reiste die kleine Maria zum Großvater nach Österreich. Dort sollte sie Ludwig, Sohn des Königs Ladislaus II. Jagiello von Böhmen und Ungarn, heiraten. Knapp einen Monat später erfolgte im Palais auf dem Coudenberg zu Brüssel die Trauung *per procuram* von Prinzessin Isabella mit Christian II., König der damals Vereinten Nordischen Königreiche Dänemark, Norwegen und Schweden.

Nur Eleonore blieb noch zurück. Aber auch nicht für lange.

Seigneur de Chièvres beantragte, den Prinzen Karl vorzeitig für mündig zu erklären. Die niederländischen Generalstände gaben begeistert ihre Zustimmung. Die Entscheidung wurde über den Kopf der Statthalterin hinweg getroffen und fand auch nicht ihr Einverständnis. Nur mühsam wurde sie mit der Trennung von ihren Schützlingen fertig. Sie fühlte sich von vielen hintergangen und beklagte sich bitter.

Aber ihre Klagen nützten nichts. Am 5. Januar 1515 fand im Ständesaal des Hofes zu Brüssel die feierliche Proklamation der Volljährigkeit des kaum 15 Jahre alten Herzogs Karl von Burgund statt. Der junge Karl bekam zusammen mit seiner Schwester Eleonore einen eigenen Hofstaat. Er zog in den Palast der Herzöge auf dem Coudenberg in Brüssel. Burgunder, Niederländer und auch zahlreiche Spanier übernahmen Ämter und Funktionen. Die Weichen für eine Zukunft wurden gestellt. Marliano, der Humanist und Arzt aus dem Stab der Kämmerer, schrieb für Karl die berühmt gewordene Devise *plus oultre* – später umgewandelt in die lateinischen Worte *plus ultra. Noch weiter* über das gewöhnliche Maß ...

Damit war Margaretes Zeit als fürsorgliche *tante et bonne mère* und Statthalterin zu Ende. Sie hatte diese Aufgaben gewissenhaft erfüllt.

Die Zeit der Musen

Der Hof in Mecheln konnte es bald durchaus aufnehmen mit den berühmten italienischen Musenhöfen der damaligen Zeit. Die Residenz Margaretes von Österreich wurde zum Kristallisationskern der Intellektuellen, Humanisten und Künstler. Ihre Kunstsammlung mit Werken von Hieronymus Bosch und Hans Memling, Rogier van der Weyden und Jan van Eyck fand große Beachtung. Zu den bedeutenden Gemälden dieser *Flämischen Primitiven,* Kunstwerke der alten flämischen Meister, gehörte als prächtigstes Stück das Hochzeitsbild Arnolfini von Jan van Eyck, ein Geschenk des Spaniers Don Diego de Guevara. Don Diego war nicht nur ihr *Conseiller Tresorier,* ihr Schatzmeister, sondern auch Inspektor der Tapisserien und ein versierter Kunstkenner. Die Fürstin verehrte Jan Gossaert und Bernart van Orley, *peintre en titre* in Mecheln, ihren Hofmaler. Er portraitierte Margarete und Karl V., und für die Grabkirche in Brou schuf er den Kreuzigungsaltar, der dort aber leider nie aufgestellt wurde.

Aus den nördlichen Niederlanden holte *Madame* Jan Cornelisz Vermeyen. Dieser Maler begleitete später Karl V. auf seiner Seeschlacht bei Tunis. Im *Kolommenzaal* des Mechelner Rathauses kann man heute die nach einem Entwurf Vermeyens angefertigte berühmte Tapisserie der Schlacht von Tunis bewundern. Kardinal Antoine Perrenot de Granvelle, in Mecheln ansässig, ließ eine Synthese aus acht Entwürfen, sogenannten Kartons, des Malers Vermeyen herstellen und in der Brüsseler Werkstatt von Willem de Pannemaeckere den Wandteppich anfertigen. Mitte des 18. Jahrhunderts wurde der Wandteppich während der Kriegswirren von dem französischen Marquis de Contades einfach mitgenommen und in seinem Familienschloß in Montgeoffroy aufgehängt. Die Stadt Mecheln konnte dieses wertvolle Stück 1960 zurückerwerben. Noch heute wird die Tradition der Wandteppichweberei, auch in Form der Restaurierung seltener Stücke aus aller Welt, in Mecheln hochgehalten. Die einst weltberühmte Mechelner Werkstatt von Gaspard de Wit wird nach wie vor in der *Schontetstraat* von den Nachfahren weitergeführt.

Conrad Meyt aus Worms, ein Lehrling von Lucas Cranach in Wittenberg, wurde von Margarete zum Hofbildhauer ernannt. Albrecht Dürer sagte lobend über ihn, er sei »*bildtschnitzer desgleichen ich kein gesehen hab*«. Dürer war mit seiner Frau Agnes im Sommer 1520 an den Rhein und in die Niederlande gereist. Er wollte an den Krönungsfeierlichkeiten für Karl V. teilnehmen, um sich von ihm das *Leibgeding* bestätigen zu lassen, seine Pension, die der Rat von Nürnberg nach dem Tod Kaiser Maximilians nicht mehr zahlen wollte. In Mecheln traf er mit »*meister Conrad*« zusammen, »*der gut Schnitzer, den Frau Margareth hat*«. Meyt schuf die berühmten Holz- und Marmorbüsten von Margarete und Philibert. Am eindrucksvollsten sind jedoch seine Skulpturen für die Grabmäler in Brou. Auch Dürer blieb in Mecheln nicht untätig. Er zeichnete Conrad Meyt, Bernart van Orley und Erasmus von Rotterdam. Zu einem Portrait von Margarete kam es zum Ärger Dürers nicht. Er hatte ihren Vater gezeichnet, doch die Fürstin fand keinen Gefallen an seiner Interpretation und wollte das Bild nicht einmal geschenkt haben. Der große Meister lamentierte später: »Ich hab in allen meinen machen, zehrungen, verkaufen und andrer handlung nachthail gehabt im Niederland … und sonderlich hat mir frau Margareth, für das ich ihr geschenkt und gemacht hab, nichts geben.« Aber Dürer ging trotz allem nicht leer aus. Margarete hat schließlich für ihn bei Karl V. vorgesprochen und Dürer zu seinem *Leibgeding* verholfen. So schlimm kann es also nicht gewesen sein.

Zum internationalen Ruhm des Hofes trugen vor allem der Philosoph Johannes Lodovicus Vives, der Literat Desiderius Erasmus und der spätere Papst Hadrian VI. bei. Der Kirchengelehrte und Politiker Adrian Florisz aus Utrecht, Theologieprofessor in Löwen, bekannt für sein Wissen als auch für seinen makellosen Lebenswandel, war Hofprediger und Vizekanzler der Statthalterin in Mecheln und Erzieher des Erzherzogs Karl, dessen »wesenhafte Frömmigkeit« er, seinem Biographen Karl Brandi zufolge, wohl bestimmt hat. Für Karl V. ging er kurze Zeit nach Spanien, wurde aber bereits 1522 nach Rom auf den »Stuhl des Elends«, wie er selbst sagte, berufen. Dieser niederländische Papst war den Römern nicht genehm. In der Aussprache seines Lateins sollen angeblich holländische Rachenlaute durchgeklungen haben. Und er trank Bier ... Kurzum: Man wollte den sich selbst stets treu bleibenden Mann nicht haben. Hadrian VI. starb bereits eineinhalb Jahre nach seiner Wahl. Er hatte in der kurzen Zeit leider nichts bewegen können. Die Hoffnungen schwanden dahin.

Von Erasmus stammt der Satz: »Wo ich meine Bibliothek habe, da habe ich meinen Sitz, *ubi bene ibi patria.*« Er war der bedeutendste humanistische Gelehrte, nicht nur der Niederlande, sondern ganz Europas nördlich der Alpen. Der 1466 in Rotterdam geborene illegitime Sohn eines Priesters wurde von Stefan Zweig als »der erste bewußte Kosmopolit und Europäer« bezeichnet.

Und er war eigenwillig. Zwar wurde er 1515 in Karls Rat gewählt, doch konnte man ihn auf Dauer nicht am Hofe halten. Der junge Fürst wollte ihn mit nach Spanien nehmen und machte ihm die besten Angebote, aber Erasmus bestand darauf, in den Niederlanden zu bleiben. Von 1517 bis 1521 pflegte der Humanist enge Kontakte zu Margarete. Für seine kritische Ausgabe des Neuen Testaments stellte ihm die Regentin einen prachtvollen Codex zur Verfügung, den *Codex aureus,* »ganz in gold gehalten und mit goldenen Buchstaben schön geschrieben«.

Erasmus verehrte Margarete wie auch später ihre Nichte Maria von Ungarn als »die beiden vollendetsten Fürstinnen ihrer Zeit«. Aber er ließ sich weder am Hofe in Mecheln noch in Brüssel binden.

Madame führte ein ausgesprochen diszipliniertes Haus. Berater, Schreiber und Kleriker, Handwerker und Künstler, *dames d'honneurs* und alle dazugehörenden Dienerschaften sorgten tagtäglich für standesgemäßes, stark von der Etikette geprägtes Schalten und Walten.

Inventare aus den Jahren 1516 und 1523/24 zeigen, daß man bei der Ausstattung des Palais keine Kosten gescheut hat. Neben prachtvollen Tapisserien zierten die Wände Goldledertapeten, ebenfalls ein berühmtes Mechelner Erzeugnis. Das Handwerk der Lederbearbeitung mit Gold oder anderen leuchtenden Farben wurde in Mecheln vom 16. bis ins 18. Jahrhundert emsig betrieben. Erwähnt werden in den Verzeichnissen auch blauer und gelber Damast, Buffets mit seidenen Tischdecken »nach türkischer Mode«, ein Intarsien-Tisch aus Elfenbein, ein Bett mit Vorhängen aus Samt und Taft, ein Gerät zum Auspressen von Orangen, Schachspiele mit Figuren aus Silber und Jaspis und noch vieles mehr.

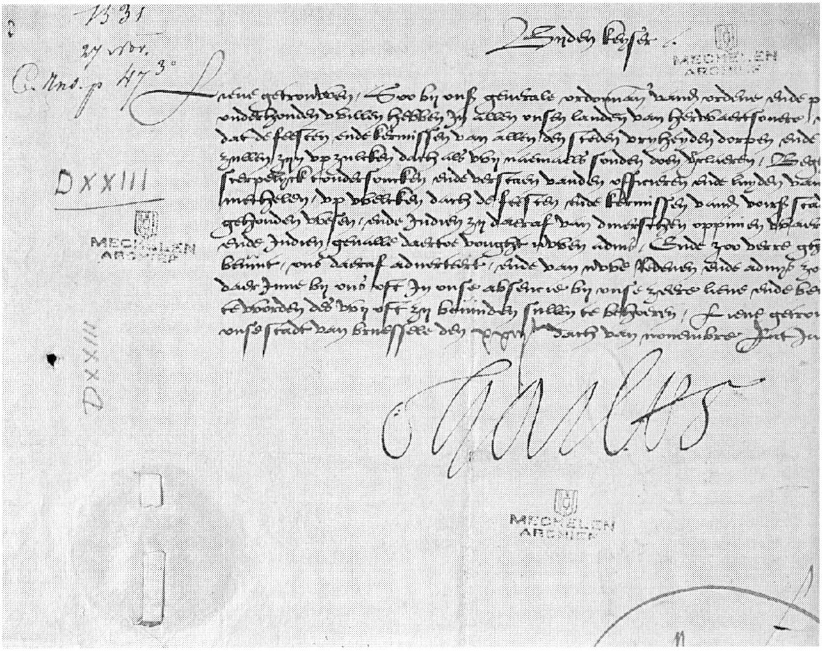

Auszug aus einem Brief an den Stadtrat von Mecheln aus dem Jahr 1531, von Kaiser Karl V. selbst unterzeichnet.

Das allerwichtigste aber war die Bibliothek. Margaretes Bücher, ihre große Leidenschaft. Im Laufe ihres Lebens trug sie eine für die damalige Zeit beachtliche Sammlung zusammen, die über 400 kostbare Bände, vor allem prachtvoll illustrierte Manuskripte, umfaßte. So befanden sich in ihrem Besitz unter anderem das *Livre d'heures pour Marie de Bourgogne* und die *Tres Riches Heures du duc de Berry*. Und natürlich die *Généalogie abrégée de Charles Quint*, eine kurze Genealogie Karls V. mit fünf authentischen Portraits von Maximilian, Philipp dem Schönen, Karl V., Ferdinand I. und Margarete. Das Schönste, was das Mittelalter und die Frührenaissance zu bieten hatten.

Jenen unermeßlichen Schatz an wertvollen Dokumenten vererbte die Regentin ihrer Nichte und Nachfolgerin Maria von Ungarn, der Schwester Karls V. Diese ließ die einmalige Sammlung auf ihr Schloß in Turnhout bringen. Von dort holte sie Philipp II., Sohn und Nachfolger des

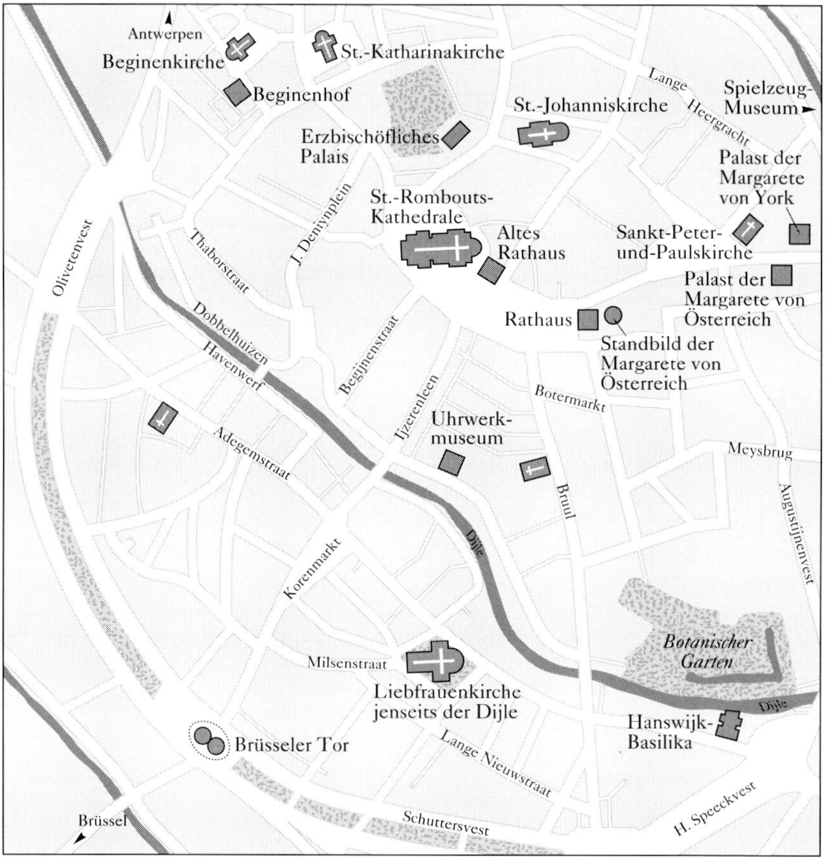

großen Kaisers, später nach Brüssel. Heute werden die meisten der erhaltenen Stücke in der Königlichen Bibliothek von Brüssel aufbewahrt. Einige der wertvollen Exemplare sind auf unerklärlichen Wegen in andere Bibliotheken gelangt: Die *Tres Riches Heures du duc de Berry* findet man im Musée Condé in Chantilly, die *Généalogie abrégée de Charles Quint* ist im Besitz der Pariser Bibliothèque Nationale, und das Stundenbuch der Maria von Burgund wird im Berliner Kupferstichkabinett aufbewahrt.

Die letzte Bürde

Trotz aller kulturellen Ambitionen wirkte die gebildete Fürstin aber auch weiterhin auf der Bühne der Politik. Bevor Kaiser Karl im Frühsommer 1522 zum zweitenmal in das politisch labile Spanien reiste, bat er seine Tante Margarete, erneut die Statthalterschaft der Niederlande zu übernehmen. Sein jüngerer Bruder Ferdinand wurde nach dem Tod des Großvaters Ferdinand von Aragón in Spanien nach Mecheln an den Hof geschickt. Zwischen 1517 und 1522 lebte der junge Prinz Ferdinand in Brüssel. Die mutige Dame nahm erneut ihren Sitz im Hohen Rat ein. Sie war, *toujours loyal,* also immer wieder bereit, ihre ganze Persönlichkeit und Loyalität unverzüglich in den Dienst der Sache zu stellen.

Die Zeiten standen auf Sturm. In Europa herrschte vielerorts Krieg. Landschaften, Dörfer und Städte waren der Verwüstung ausgeliefert.

Le temps est trouble
le temps se esclarcira,
Apres la plue l'on atent le beau temps;
Apres noises et grans divers contens
Paix adviendra et maleur cessera.

Unruhig ist die Zeit,
doch sie wird heller werden,
Und nach dem Regen wird gut Wetter sein;
Nach Zank und Streit und Grausamkeit
Vergeht das Unglück und kehrt Frieden ein.

Schrieb Margarete voller Wehmut in ihren *Albums poetique*s. Auch die Niederlande blieben nicht verschont. Land und Leute wurden von Religionswirren heimgesucht. Die Regentin hatte zu jener Zeit größte Mühe, Mittel für die Staatsausgaben, die Hofhaltung und die Bedürfnisse des Kaisers zu beschaffen. Gelegentlich ermahnte sie ihren Neffen, seine Forderungen nicht zu übertreiben, da sonst seine Länder dem völligen Ruin preisgegeben seien.

Diese zweite Regentschaft bedeutete eine Bürde. Margarete war nicht nur älter geworden, sondern auch ein wenig verbittert, unzugänglicher, dominanter. Zugleich aber auch reifer und in ihrem Denken luzider. Mit dem legendären »Damenfrieden« – *la Paix des Dames* – von Cambrai am 24. Juli 1529 stellte sie zusammen mit Luise von Savoyen, der Mutter des französischen Königs, mit viel weiblicher Intuition ihr diplomatisches Ge-

Am 5. August 1529 wurde im französischen Cambrai der »Damenfrieden«, von Margarete von Österreich und Luise von Savoyen unterzeichnet. Im Friedensvertrag zwischen Kaiser Karl V. und Franz I. von Frankreich verzichtete die französische Krone neben der Lehenshoheit über Flandern und Artois auf alle Ansprüche in Italien, erhielt aber das Herzogtum Burgund zurück.

Holzstich nach einer Zeichnung von F. Kollarz (1880).

schick unter Beweis. Die beiden Damen brachten durch ihre beispielhaften Friedensverhandlungen, die drei Wochen lang in Cambrai geführt wurden, Karl V. und Franz I. wieder zur Vernunft. Der Wermutstropfen: Das Stammland Burgund war für den Kaiser auf immer verloren, aber auch der französische König mußte klein beigeben und auf die Eroberungen seiner Vorgänger in Italien verzichten.

Margarete war inzwischen 49 Jahre alt. Krank und depressiv. Ihre Beine bereiteten ihr schier unerträgliche Schmerzen. Und so schrieb sie an ihre Herzensfreundin in Brügge, die Priorin der Annonciaden, Mère Ancelle: »Ich bin entschlossen, bei Euch ein gutes Ende zu machen.«

Sie trug sich mit dem Gedanken, ihr geliebtes Mecheln zu verlassen, um sich für die letzten Jahre ihres Lebens ins Kloster zu Brügge zurückzuziehen. Und sie ergänzte ihr Testament. Schließlich legte sie die Regierungsgeschäfte in die Hände des Grafen van Hoogstraten, Antoine de Lalaing, ihres langjährigen Vertrauten und engsten Freundes.

Dann diktierte sie einen letzten Brief an ihren Neffen Karl, den Kaiser. »Die Stunde ist gekommen, da ich Euch nicht mehr mit eigener Hand schreiben kann, denn es hat mich ein solches Unwohlsein ergriffen, daß ich nicht daran zweifle, daß mein Leben nur mehr kurz dauern wird. Ich bin bereit, mein Gewissen ist ruhig, und ich bin in jeder Hinsicht entschlossen, das zu empfangen, was Gott mir zu senden beliebt. Ich habe nichts zu bedauern, außer daß Ihr nicht hier seid und ich Euch vor meinem Tod nicht noch einmal sehen und sprechen kann. Ich werde dies durch diesen Brief wettmachen, der, so fürchte ich, der letzte ist, den Ihr von mir empfangen werdet. Ich habe Euch zu meinem einzigen und universalen Erben eingesetzt und zum Vollstrecker meines Willens, den ich Euch anempfehle. Ich lasse Euch Eure Länder hier, die ich während Eurer Abwesenheit nicht nur so bewahrt, wie Ihr sie verlassen habt, sondern bedeutend vermehrt habe; ich lege deren Regierung in Eure Hände zurück, für die ich mich, so glaube ich, loyal eingesetzt habe, so sehr, daß ich dafür Gottes Lohn erwarte, Eure Zufriedenheit, *monseigneur*, und den guten Willen Eurer Untertanen. Ich lege Euch besonders den Frieden ans Herz, vor allem mit den Königen von Frankreich und England. Und schließlich flehe ich Euch an, *monseigneur*, daß die Liebe, die Ihr diesem armen Körper entgegengebracht habt, eine Erinnerung sein soll an das Heil der Seele und eine Empfehlung für meine armen Diener und Dienerinnen. Zuletzt empfehle ich Euch dem Herrn, den ich demütig bitte, Euch ein glückliches Gedeihen und ein langes Leben zu schenken. Mecheln, am letzten Tag des November, 1530. Eure sehr ergebene Tante Margarete.«

Sie starb in der Nacht darauf: Margarete von Österreich, Statthalterin der Niederlande, *tante et bonne mère* des großen Kaisers, Mäzenin und Fürstin, die das flandrische Mecheln zum humanistischen Zentrum der Niederlande machte.

Graf von Hoogstraten, ihr letzter zärtlicher Verehrer, begleitete sie während der schwersten Stunden und auch fast zwei Jahre später im Frühjahr 1932 auf dem letzten einsamen Weg nach Brou.

Ihr Herz sollte für immer in Brügge bleiben, in der Stadt, in der auch ihre Mutter Maria von Burgund begraben liegt. Karl V. ließ über diesem Herzen ein Marmordenkmal errichten, das aber bei der Zerstörung des Klosters 1784 verlorenging.

Ihre Eingeweide sind heute in der *St.-Pieter-en-Paulkerk* von Mecheln, neben dem Hof der Margarete von York und schräg gegenüber dem Hof von Österreich, in einer kleinen Urne aus Blei bestattet.

An der Nordseite dieser Kirche errichtete man 1551/52 ein Alabastergrabmonument, das während der Religionskriege zerstört wurde. Der Erinnerungsstein über dem Bleikistchen, das später in der neuen Kirche auf der anderen Straßenseite am Fuße des Altars aufbewahrt wurde, ist heute kaum noch zu finden.

Margarete schrieb:

C´est pour james q`un regret me demeure,
Qui sans seser, nuit et jour, a tout eure,
Tant me tourmante que bien voudroie mourir …

Für alle Zeit bleibt eine Sehnsucht mir,
Ohn Unterlaß zu jeder Stund`, bei Tag und Nacht,
Die mich so quält, daß ich gern sterben möcht …

Turnhout

Maria von Ungarn
Die geliebte Schwester

Plötzlich steht es da, erhebt sich vor dem Auge des Betrachters: das *Kasteel van de Hertogen van Brabant*, die Burg der Herzöge von Brabant. Ein mächtiger Bau inmitten der betriebsamen flämischen Stadt Turnhout. Eingeklemmt zwischen dem Kulturzentrum *De Warande*, einem umstrittenen Gebäude aus den sechziger Jahren, und der *Sint-Viktor*-Schule mit dem etwas angestaubten kleinbürgerlichen Flair des vorigen Jahrhunderts, ist er für die Einheimischen ein alltäglicher Anblick. Nur der Wassergraben schafft etwas Distanz zum städtischen Treiben.

Der Romantiker muß die Augen schon fest schließen, um sich vorstellen zu können, wie hier einst die Zugbrücke hochgezogen wurde, um dem noblen Volk des 16. Jahrhunderts einen möglichst glanzvollen Einzug in das edle Jagdschloß und die umliegenden, heute leider völlig verschwundenen blühenden Gärten zu verschaffen.

Maria von Ungarn, treue Vasallin ihres Bruders Karl, hat in Turnhout mit großer Leidenschaft die Jagd gepflegt und Hof gehalten. Alles, was Rang und Namen hatte, ging hier ein und aus: Kaiser Maximilian I. und seine Tochter Margarete, der Niederländer Graf Egmont und der Spanier Graf Cifuentes, der später so verhaßte Blutherzog Alba, Heinrich und auch Wilhelm von Nassau und natürlich Karl V. selbst wie auch später sein Sohn Philipp II.

Nicht selten machten sich die Herrschaften von Brüssel auf nach Turnhout zur Jagd. Mit ihrem gesamten Gefolge und Aberdutzenden Kutschen, von unzähligen Pferden gezogen, fuhren sie erwartungsvoll über die langgestreckten Brabanter Hügel in die flache Heidelandschaft. Auf zur Falkenjagd. Auf zur *riche seigneurie* dem über alle Grenzen hinweg berühmten Falkenhaus der passionierten Königin und Dame von Turnhout... Die burgundische Herzogsburg in den *Kempen* blickte als Jagdschloß auf eine lange, stolze Tradition zurück.

1466 schrieb ein böhmischer Reisender, Turnhout sei ein großer Ort mit gepflasterten Straßen, solide gebauten und schiefergedeckten Häusern. Die frommen Leute unterhielten fünf Kirchen, und die Wälder müßten vielversprechend sein, da die Herzöge Anton von Burgund, Philipp der Gute und Karl der Kühne der Jagd frönten.

Die niederländische Statthalterin Maria von Ungarn setzte diese Tradition fort. Sie öffnete Türen und Tore ihres damals äußerst luxuriös eingerichteten Schlosses, ließ die Pferde traben und das Echo der Jagdhörner durch die Brabanter Wälder hallen.

Bis es still wurde um die *Heerlijkheid Turnhout*, um diese Herrschaft samt ihrer Rechte.

Heute disputieren hinter den dicken Mauern Richter in Robe mit gestenreichen Anwälten über Recht und Unrecht. Dabei hatten sich die Stadtväter von Turnhout dieser Bestimmung des geschichtsträchtigen Gebäudes nur halbherzig und nicht ohne Wehmut gefügt. Ihnen wäre es lieber gewesen, wenn man in der stattlichen Burg alle städtischen Museen untergebracht hätte. Aber die Lokalpolitiker konnten sich in Brüssel nicht durchsetzen, und die Kosten für die Restaurierung überstiegen bei weitem die finanziellen Möglichkeiten der Kommune. Schließlich hat sich hier das Landgericht eingerichtet, wie ursprünglich bereits während Napoleons Besatzungszeit Anfang des 19. Jahrhunderts. Nach Anmeldung können staunende Touristen das Geheimnis der historischen Säle ergründen und einem Führer lauschen, der von Wohl und Wehe der Maria von Ungarn in Turnhout erzählt.

Die flandrische Kleinstadt, einen Katzensprung von den holländischen Orten Breda und Tilburg entfernt, versteckt sich hinter einem spröden Charme und entspricht nicht der Vorstellung so manches Touristen, der sich von den Farbseiten einschlägiger Prospekte verführen ließ und ein typisch flämisches Musterstädtchen mit verträumten mittelalterlichen Gassen und der üblichen Gotik- und Renaisance-Romantik sucht. Davon ist leider nur wenig über die Jahrhunderte hinweg gerettet worden.

Dafür macht die bescheidene Anmut des Kempener Menschenschlags, der sich nur ungern in Szene setzt, die Annäherung an die Stadt leicht, und ohne touristische Hektik kann man in den zahlreichen Kneipen und vorgelagerten Terrassen zusammen mit den Bürgern von Turnhout, den *Turnhoutenaren*, die an ihren städtebaulichen Sünden gelassen vorbeischauen, den Tag bei einem Bier vom Faß oder einem *Filter*, die typisch belgische Kaffeezubereitung, genießen.

Diese behagliche Geselligkeit hat ihren ureigenen Charme und eine festverankerte Tradition. Denn bereits im Mittelalter war Turnhout Mittelpunkt der sogenannten »Kölner Route«. In den zahlreichen Herbergen der Umgebung brummte auch damals schon das pralle Leben. Dort trafen sich, auf dem Wege von oder nach Antwerpen, die gewieften Händler. Der großzügige Wirt spielte Vermittler und hielt, neben Brot und Bier, frische Pferde bereit. Handelsleute kamen aus England und dem Rheinland, aus Italien und dem Baltikum, die Wagen beladen mit Leinen und Seide, Edelsteinen und Öl, Pelzen und Gewürzen, Wein und Wolle. Ein buntes Völkchen. Getragen von der leutseligen Stimmung, galt in den Gasthöfen das Gesetz des Handschlags.

Das waren die fetten Jahre. Die Burg in Turnhout erinnert noch heute an diese ruhmreiche Zeit, an sorgloses Treiben, an die Gegenwart illustrer

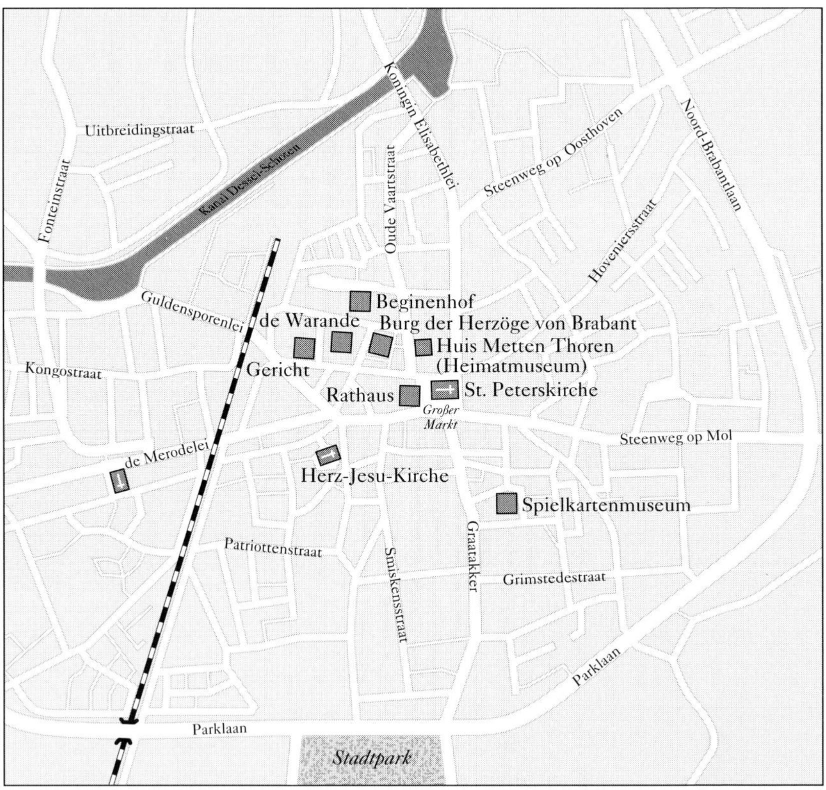

Gäste, an Macht und Launen des großen Kaisers und seiner Schwester, Maria von Ungarn.

Für die intelligente und kunstliebende Maria, die sich vor der Berufung in die Niederlande ihr unausgefülltes Witwenleben westlich von Ungarn mit der Jagd vertrieb und finanziell völlig von ihrem Bruder Ferdinand abhängig war, bedeutete Turnhout zunächst nur die zweite Wahl. Sie hatte sich das Leben anders vorgestellt.

Aber wie sollte das Leben einer jungen Habsburgerin schon aussehen? Dem dynastischen Schicksal ergeben? Eine verkaufte Braut, eine Schachfigur auf dem politischen Spielbrett der Männer, der Herrscher? Zu jener Zeit waren die Frauen – nicht nur die der Habsburger – den Machtgelüsten ihrer Großväter, Väter und Brüder ausgeliefert.

Auch Maria war nur ein Pfand. Ein Glied in der Kette. Kaum sechs Monate alt, wurde sie einem Prinzen, der noch gar nicht geboren war, versprochen. Diese Verbindung mit dem ungeborenen Sohn des ungarischen Königs sollte den jahrhundertealten Traum der Habsburger, endlich auch in Osteuropa Macht zu besitzen, verwirklichen. Kaiser Maximilian I., Marias ehrgeiziger Großvater, glaubte durch eine habsburgisch-ungarische Doppelhochzeit endlich dieses Ziel zu erreichen. Maria sollte den Königssohn Ludwig ehelichen, dessen Schwester Anna einen seiner Enkel, Ferdinand oder Karl. Dafür wollte der Kaiser selbst deren Stellvertreter sein.

Das kleine Mädchen, am 15. September 1505 in Brüssel geboren, wurde wie ihre Geschwister in Mecheln bei ihrer Tante Margarete in der französischen Sprache und Kultur erzogen. Ganz nach den burgundischen Spielregeln. Ihre Mutter, Johanna von Kastilien, genannt »die Wahnsinnige«, und ihren Vater Philipp den Schönen, lernte sie nie kennen. Kurz nach ihrer Geburt fuhren sie nach Spanien, um das Erbe Isabellas der Katholischen anzutreten. Marias spanische Großmutter, die am 26. November 1504 in Medina del Campo gestorben war, hatte zwar Johanna als Nachfolgerin eingesetzt, doch zugleich ihren Mann, Ferdinand von Aragón, als Regenten beauftragt. Deshalb wollte Philipp der Schöne Präsenz zeigen und auf seinen Rechten bestehen.

Der kleinen Maria, die auf den Namen ihrer niederländischen Großmutter Maria von Burgund in der Zavelkirche zu Brüssel getauft wurde, war nur eine kurze Kindheit beschert. Ihr österreichischer Großvater, Maximilian I., war der Meinung sie solle auf die Ehe mit dem ungarischen König vorbereitet werden und Deutsch lernen. Also nahm sie im Mai 1514, noch keine neun Jahre alt, Abschied von der Unbeschwertheit des Kinderlebens und von ihrem geliebten Mecheln.

Am 22. Juli 1515 wurde im Wiener Stephansdom die Doppelhochzeit gefeiert. Damit war die habsburgische Donaumonarchie gesichert.

Die kleine Maria wurde zusammen mit ihrer ebenfalls noch minderjährigen Schwägerin Anna in Innsbruck untergebracht. Wien erschien dem Habsburger Herrscher wegen der Nähe zur ungarischen Grenze mit den ständigen Attacken der Türken zu unsicher. In der Innsbrucker Hofburg verbrachten die beiden Mädchen inmitten der schönsten Jagdtrophäen des leidenschaftlichen Jägers Maximilian ihre erste Zeit in Österreich. Die burgundische Prinzessin, der Reiterei und der Jagd mehr zugetan als dem Stickrahmen und der Etikette, wuchs mehrsprachig auf. Trotzdem waren die entscheidenden Erziehungsjahre im deutschsprachigen Raum prägend für Sprachgebrauch und Ausdrucksweise. Den Wiener Wortschatz und die Ausdrucksweise sollte sie ihr Leben lang beibehalten und die typische Satzstellung auch in ihren Briefen pflegen. Am ungarischen Hof wurde Latein gesprochen, und die intelligente, gebildete Maria korrespondierte bis 1527 mit den beiden Brüdern Karl und Ferdinand in lateinische Sprache.

Im Jahre 1521 wurde Maria Königin von Ungarn. Ob sie auf Ehe und Status genügend vorbereitet war? Ihr Leben in der neuen Heimat, einem durch und durch anti-habsburgischen und politisch zerrissenen Land, war bestimmt nicht einfach.

Nicht nur, daß es ihr an Reife fehlte; man warf ihr auch vor, sich gegenüber dem ungarischen Volk zu verschließen, hochnäsig, herzlos, dem Luxus verfallen und rachsüchtig zu sein. Der venezianische Gesandte berichtete nach Hause, die Königin Maria sei zwar lebendig und amüsant, aber »die Ungarn lehnen sie ab, sie macht ihrem Mann nur Probleme. Sie reitet den ganzen Tag lang auf steigenden Pferden, liebt Feste und gutes Essen zu jeder Tageszeit und bekommt somit die eine Verdauungsstörung nach der anderen, die Ursache ihrer Unfruchtbarkeit ...«

Die Zeiten waren turbulent. Luthers Thesen kursierten. Religionsdebatten waren an der Tagesordnung.

Maria und Ludwig machten nach ihrer Hochzeit aus dem ungarischen Hof wieder ein Zentrum des Humanismus. Der große Erasmus, bei Margarete von Österreich in Mecheln bereits hoch angesehen, besuchte 1521 das junge Paar im ungarischen Buda und führte dort lebhafte Diskussionen. Der weise Niederländer, der Karl V. seine »Institutio principis christiani« nahelegte, pflegte auch regen Kontakt zu den kaiserlichen Geschwistern Ferdinand und Maria. Letztere bezeichnete er später als die größte Frau ihrer Zeit und widmete ihr sein Werk »Vidua christiana«.

Desiderius Erasmus, genannt Erasmus von Rotterdam (1469 bis 1536), bereitete mit seinen Angriffen gegen die katholische Kirche und Theologie die Reformation vor, ohne sich der Bewegung Martin Luthers anzuschließen. Erasmus, der bei Margarete von Österreich in hohem Ansehen stand, pflegte auch regen Kontakt zu Karls Geschwistern Maria und Ferdinand.

Das »Bildnis des schreibenden Erasmus von Rotterdam« schuf Hans Holbein d. J. im Jahre 1523.

Erasmus, der wie Luther gegen die haarsträubenden Mißstände in der Kirche wetterte und sich für eine reinigende Erneuerung einsetzte, konnte sich gleichwohl nicht mit der Heftigkeit und Maßlosigkeit des Augustinermönchs identifizieren. Er plädierte für Umgangsformen und Umsicht und blieb dem Wormser Reichstag, wo schließlich Luthers Schicksal besiegelt wurde, fern.

Maria von Ungarn zeigte offenes Interesse für Andersdenkende. Dabei stand die Verehrung für Erasmus ihrer Sympathie für den Luther zugewandten deutschen Adligen nicht im Wege. Die Protestanten Georg und Albrecht von Brandenburg-Ansbach waren oft bei ihr zu Gast. Bis zum Ende ihrer Regierungszeit in Buda pflegte sie den Umgang mit Intellektuellen, die fast alle an der humanistischen Universität in Wien studiert hatten und, auch wenn sie keinen endgültigen Bruch mit der alten Kirche suchten, doch eindeutig mit Luther sympathisierten.

Mit ihren Brüdern Karl und Ferdinand, die sich von Anfang an gegen die neue Lehre wehrten, war die liberale und intellektuelle Maria längst nicht immer einer Meinung. Gerüchte machten die Runde. Man rätselte: Wo stand sie wirklich? Wohin tendierte ihre Gesinnung? Zum Humanismus oder zur Reformation? Als guter Habsburgerin blieb ihr letztlich keine Wahl. Sie blieb Erasmus treu.

Ferdinand, ihr jüngerer Bruder, verbot ihr die Lektüre der lutherischen Schriften und verlangte von ihr eine eindeutige Distanzierung

Maria von Ungarn, die vom geliebten Großvater Maximilian I., der die »Handschrift für die Falknerey« schrieb, das Jagdfieber geerbt hatte und in Böhmen und Ungarn mit Begeisterung die Falkenjagd betrieb, trug als Regentin der Niederlande erheblich zur Popularität der Falknerei bei. Die Falkner aus Turnhout belieferten den gesamten europäischen Hochadel mit dem begehrten Jagdvogel. Sie wurden an die Höfe geladen, um Falkenrecht zu sprechen, und gingen bei Hofe ein und aus.

Herzog Anton von Burgund hatte bereits im Jahre 1410 in Turnhout das »Gericht für Jagd und Weidehof« eingeführt, um die zunehmenden Verstöße gegen die Waidmannspflicht im Revier einzudämmen. Nur Falkner waren mit den ungeschriebenen Gesetzen des Waidespiels und der Jagd mit den Vögeln vertraut. Der *Valkhof*, das Schiedsgericht für Falkenrecht, stand in Turnhout.

Die Falkenzucht und die hohe Kunst des Abrichtens hatten in und um die brabantische *Heerlijkheid*, die Herrschaft, eine alte Tradition, die bis zur Jahrtausendwende zurückreichte. Die in der Heidelandschaft abgerichteten Vögel waren oft zehn bis zwölf Jahre einsatzfähig.

Alle europäischen Fürstenhäuser schworen auf die Brabanter Spezialisten. Der Herzog von Preußen, die Herzöge von Holstein, von Württemberg und der Landgraf von Hessen schickten ihre Falken nach Turnhout, wo Maria, des Kaisers Schwester und Statthalterin der Niederlande, die Vögel abrichten ließ. In Turnhout tauschten auch die Falkner der hohen Herren aus deutschen Landen ihre Erfahrungen aus.

Die Abbildung zeigt die Tür zum *Valkhof* aus dem Museum Taxandria/Huis Metten Thoren in Turnhout.

von der neuen Lehre. Während des Reichstages in Augsburg im Jahre 1530 ließ die couragierte, kluge Königin allerdings verlauten, daß sie auf weltlicher Ebene die Autorität ihres Bruders Karl zwar akzeptiere, für ihr Gewissen aber nur Gott die entscheidende Instanz sei …

Im Jahre 1526 schrieb Luther seine »Auslegung der vier Trostpsalmen, nemlich des 37., 62., 94., 101. Psalms an die Königin Maria in Hungarn«. In seiner Einleitung behauptete der Reformator, Maria würde nur durch die gottlosen ungarischen Bischöfe vom neuen Glauben abgehalten. Wäre Maria von Ungarn der Reformation gefolgt, hätte dann Luther triumphiert? Eine müßige Frage. Die Protestanten achteten und verehrten die freiheitsliebende Frau. Sie selbst jedoch hat trotz aller Sympathie für die Reformatoren nie ihre politische Laufbahn aufs Spiel gesetzt.

Ende August 1526 starb während der Schlacht bei Mohacs an der Donau ihr geliebter Mann Ludwig. Königin Maria war zu dieser Zeit bereits aus Buda vor den Türken geflüchtet. Nun war sie mit nur 21 Jahren Witwe. Die junge Frau, der nicht gerade eine strahlende Schönheit nachgesagt wurde, verzichtete von da an auf Eleganz und fürstlichen Glanz. Den Sitten der damaligen Zeit und der burgundischen Tradition entsprechend trug sie nur noch Schwarz.

Maria muß Ludwig während dieser kurzen Ehe wirklich geliebt haben. Die letzten Worte ihres Testaments bezeugen, wie innig sie ihm verbunden war: »Seit dem Tod des verewigten Königs, meines Gemahls, habe ich ein goldenes Herz nicht mehr abgelegt, das auch er bis zu seinem Tod getragen hat. Ich wünsche, daß dieses Herz, zusammen mit der Kette, an der es hängt, eingeschmolzen und der Erlös den Armen gegeben wird. Denn im Hinblick auf die Tatsache, daß es zwei Menschen bis zu ihrem letzten Atemzug begleitet hat, die zwar lange Zeit körperlich, niemals aber in Liebe und Zuneigung getrennt waren, so ist es angemessen, daß es vergeht und seine Natur sich wandelt, wie es auch mit den Körpern dieser Liebenden geschehen ist …«

Maria weigerte sich standhaft, eine neue Ehe einzugehen.

In November 1527 wurde ihr Bruder Ferdinand zum König von Ungarn gekrönt. Die Habsburger Expansionspolitik war an ihrem Ziel angelangt, die Donaumonarchie eine Tatsache. Ferdinand hatte seine Schwester Maria gebeten, Regentin von Ungarn zu werden. Aber sie weigerte sich. Für sie war nach dem Tod ihres geliebten Gefährten das Leben in Ungarn erloschen. Die kinderlose Frau sollte sich anderweitig orientieren. Und sich zum »Staatsmann« entwickeln. Das entschied das Schicksal.

Karl V. erfuhr während eines Aufenthaltes in Köln im Dezember 1530 vom Tod seiner Tante Margarete, der Statthalterin der Niederlande. Die Trauer war groß, und der Verlust für das Land schien unersetzlich. Der dreißigjährige Kaiser wußte um das schwierige Erbe. Die Niederländer waren kein leicht zu regierendes Volk, nationaler Widerstand gegen die Obrigkeit und die politischen Alleingänge wuchsen von Tag zu Tag. Karl V. brauchte einen zuverlässigen, willensstarken Nachfolger, wußte aber zugleich nur allzugut, daß ihm die treuergebenen Verwandten wie seine Tante, seine Schwester und später seine Tochter an dieser brodelnden Front seine Macht nicht streitig machen würden. Dafür waren sie ihm emotional zu sehr verbunden. Was war unverfänglicher als eine kinderlose Witwe? Und eine Frau, die gemäß der damaligen Zeit dem *Pater familias* der Habsburger, des Hauses Österreich, äußerst loyal gegenüberstand?

Karl zögerte nicht lange und bat bereits am 3. Januar 1531 in einem Schreiben seine jüngere Schwester Maria, die Regentschaft in den Niederlanden zu übernehmen.

Doch was wußte der vielbeschäftigte und umtriebige Kaiser persönlich über diese Schwester, die damals gerade erst 26 Jahre alte Frau? Seit ihrem Fortgang aus Mecheln im Jahre 1514 hatten sich die beiden Geschwister nicht mehr gesehen. Erst 1530 trafen sie in Innsbruck wieder zusammen. Maria, in Österreich am Hofe ihres geliebten Großvaters Maximilian aufgewachsen, von Niederlagen und Trauer gezeichnet, kühl und ein wenig zynisch, traf auf den gerade in Bologna zum Kaiser gekrönten großen Bruder, einen mächtigen Mann mit burgundischen Allüren, das heißt sich den höheren Weihen des Ritters des Goldenen Vlieses bewußt, in der elitären Tradition der burgundischen Adligen erzogen und an das abgehobene Hofleben gewöhnt. Sie sprachen nicht einmal dieselbe Sprache.

Doch die Regelung der Nachfolge Margaretes von Österreich war für den Kaiser von größter Bedeutung. Und so schrieb er seiner Schwester: »Seid gewiß, wenn ich Bedenken wegen der Religion hätte, würde ich Euch weder diese Vertrauensstellung anbieten noch auch Euch die Liebe eines Bruders entgegenbringen können.« Gleichwohl legte er Maria nach ihrer Berufung nahe, *»il convient de laisser arriere vos principaux serviteurs, notamment ceux qui pourroient estre suspects d'heresie«* – auf »verdächtigen« Umgang zu verzichten. Ihre eigenen Bedingungen reduzierten sich auf den Wunsch, man solle sie bloß nicht zu einer neuen Ehe nötigen.

Erst in den Jahren nach 1531, nachdem Maria Statthalterin der Niederlande geworden war, kamen sich die völlig unterschiedlich aufgewachsenen Geschwister schließlich doch näher. In zahlreichen langen und zum Teil auch sehr persönlichen Briefen schütteten sie sich gegenseitig ihr Herz aus. Nicht nur alle politischen und wirtschaftlichen Probleme der Niederlande wurden angesprochen, auch über das leidige Leben an sich, über Beschwernisse und Ohnmachtsgefühle, die Momente der Einsamkeit und alltägliche kleine Nöte tauschten sich die vielbeanspruchten Geschwister in vollstem gegenseitigen Vertrauen aus. Karl öffnete sich seiner *»bonne seur maria«* bedingungslos. Er berichtete ihr ohne Scheu von seinen Wehwehchen, jammerte über seine zahlreichen Krankheiten und Malaisen, beichtete ihr seine Unzulänglichkeiten, vermittelte ihr seine Gefühle und seinen Kummer. Die treue Schwester hörte ihm geduldig zu, konterte aber schlagfertig mit der ihr eigenen Ironie und machte ihm auf dieser Weise wieder Mut. Einmal allerdings empörte sie sich maßlos und widersetzte sich mit aller Macht. Da sprach ihr Frauenherz. Der Kaiser wollte den Herzog von Mailand an die *Casa d' Austria* binden und ihn zu diesem Zweck mit der zwölfjährigen Christine von Dänemark, einer Nichte der beiden, verheiraten. Die Regentin der Niederlande war außer sich und schrieb ihrem Bruder: »Es ist gegen Gott und das Recht der Natur, ein Mädchen, das noch nichts von einer Frau hat, zu verheiraten und den Gefahren eines Kindsbetts auszusetzen. Ich bitte es mir zu verzeihen, aber mein Gewissen und die Liebe zu diesem Kinde zwingen mich, das zu sagen.«

Karl antwortete seiner geliebten Schwester kaltherzig, für diesen krummgewachsenen Herzog sei das Mädchen reif genug, der alte Italiener sei ohnehin so gut wie gestorben, und nur er bestimme im Interesse des Reiches. Der Historiker Karl Brandi bemerkt dazu: »Er opferte sich selbst seinen Reichen, aber er forderte das Opfer ebenso rücksichtslos von Schwestern und Nichten, wie das herkömmlich war. Noch im Herbst wurden die Verträge vom 10. Juni 1533 ratifiziert, und der Herr de Praet brachte das Kind, eingehüllt in tausend Herrlichkeiten von Gold und Silberstoffen, Seide, Pelzen, Perlen und Edelsteinen, nach Mailand.«

Die eigenhändig geschriebenen Briefe von Karl wie auch von Maria sind schwer zu lesen. Wahrscheinlich wegen der nicht leicht zu entziffernden Schrift ist der Briefverkehr zwischen den Geschwistern von Historikern noch immer nicht vollständig ausgewertet worden. Ursprünglich wurde die politische Korrespondenz des Kaisers mit seinen Regentinnen im Brüsseler Familienarchiv aufbewahrt, bis Joseph II. sie nach Wien holte. Es gibt noch einiges zu sichten.

Der weiße *geervalk*, ein Gerfalke, erheblich teurer als ein nobles Reitpferd, war zu Zeiten Kaiser Karls das fürstliche Geschenk schlechthin. Während das Reitpferd der stolzen Königin Maria von Ungarn zwischen 146 und 160 Gulden kostete, mußte sie im Jahre 1536 für einen schönen weißen *geervalk* 200 Gulden und 4 Schillinge ausgeben.

Nicht nur Turnhout belieferte alle europäischen Königshäuser, auch der Deutsche Orden war ein begehrter Hoflieferant. Die Vögel wurden in den preußischen Küstengebieten an der Ostsee eingefangen. Herzog Albrecht von Brandenburg-Ansbach, Hochmeister des Deutschen Ordens und lange Jahre Marias treuer Besucher am Hof in Buda, hielt diese Tradition hoch. Im Jahre 1530 bedankte sich Maria von Ungarn bei ihm für fünf Falken.

Pikant an der Geschichte ist, daß sich der ehemalige Freund der Statthalterin bereits 1525 zum Protestantismus bekannt hatte und die Verbindung angeblich, aus naheliegenden Gründen, eingeschlafen war. Aber wohl nicht ganz. Denn das protestantische Preußen verschenkte zwischen 1530 und 1587 über 1359 Falken an verschiedene einflußreiche europäische Persönlichkeiten und Fürsten, wovon aufbewahrte Dankesschreiben zeugen. Der Katholik Ferdinand von Habsburg bedankte sich für 22 Sendungen mit über 210 *slechtvalken*, Wanderfalken, und zwei *geervalken*. Er stand ganz oben auf der Liste. Auch Maria wurde mit 191 *slechtvalken* bedacht. Wenn die Habsburger auch mit fast ganz Europa im Streit lagen, hinderte das Maria von Ungarn und Ferdinand von Österreich nicht daran, die Hand aufzuhalten. Nur Karl V. zeigte den Preußen, diesen Abtrünnigen, für immer die kalte Schulter und verzichtete auf jegliches Geschenk. Für die Statthalterin der Niederlande, die leidenschaftliche Jägerin, und für ihren jüngeren Bruder Ferdinand war der Reiz dieser kostbaren Vögel wohl größer als der Stolz.

Man nannte die Statthalterin *la mâle Chasseresse*, die männliche Jägerin. Im Gegensatz zu den anderen Damen ihrer Zeit, die den Damensattel benutzten, saß sie zumeist rittlings auf dem Pferd wie die männlichen Reiter.

Auf der berühmten Tapisserie von Bernart van Orley sitzt Königin Maria im festlichen Jagdkostüm, mit dem Rücken zum Betrachter, und trägt stolz ihren Falken auf der Hand. Im Hintergrund ahnt man die Brabanter Landschaft.

Bei der Falkenjagd, einer elitären und daher auch nur fürstlichen Angelegenheit, drehte sich alles um die Flugkunst des wertvollen Vogels und seine Beute. Wurde ein heimkehrender Reiher, auf der Suche nach seinem Nest, gesichtet, nahm die Königin ihrem Falken die Haube ab und entließ ihn von ihrem Handschuh. Der abgerichtete Vogel schwebte schließlich hoch über seiner verzweifelten Beute fast reglos am Himmel, um sich dann auf den Reiher zu stürzen. Welche Spannung! Die begleitenden Jäger hasteten mit einem Brocken Fleisch herbei, damit der Falke den Vogel nicht bei lebendigem Leibe zu rupfen anfing. Blieb der Falke erfolglos, kehrte er, wie freiheitsliebend er auch sein mochte und wie sehr es seinem Naturell widersprach, auf den Handrücken seiner Herrin zurück.

Details aus dem Wandteppich »Die großen Jagden von Maximilian« von Bernart van Orley, um 1530.

Zum großen Leidwesen der Bürger von Mecheln ließ sich die junge Regentin nicht in ihrer schönen kleinen Stadt an der Dijle nieder, sondern im feudalen Brüssel. Den Renaissancepalast der Margarete von Österreich, den Maria von Ungarn nach deren Tod geerbt hatte, verkaufte die neue Statthalterin im Jahre 1547 an die Stadt Mecheln. Sie wollte dort nicht wohnen.

Der gesamte Hausrat einschließlich wertvoller Kunstschätze wurde über ihre Schlösser in Binche, Mariemont, Brüssel und Turnhout verteilt. Die kostbare Montezuma-Sammlung, außergewöhnliche Objekte aus der Neuen Welt, unter anderem eine goldene Sonne, ein silberner Mond sowie Gold- und Silberschmuck aus Mexiko, von Karl V. als Geschenk für seine Tante Margarete in die Niederlande gebracht und von Dürer mit größter Bewunderung gesichtet, ist wohl auf diese Weise verlorengegangen. Außer ein paar Notizen zu diesem seltenen Kulturgut und der Inventarliste ist nichts mehr übriggeblieben. Verschwunden auf ewig.

Was mag die junge Fürstin bewogen haben, in Brüssel residieren zu wollen? Ist es die große Jagdleidenschaft gewesen? Die Nähe zum unendlich weiten Zonienwald vor den Toren Brüssels, in dem die passionierte Jägerin bei jeder nur denkbaren Gelegenheit allein oder, wenn die Zeit es erlaubte, zusammen mit ihrem großen Bruder Karl voller Begeisterung ausritt? Der damals 12 000 Hektar große Wald war das Jäger-Eldorado schlechthin und für die Habsburger, die die Jagd zum Kult und zum Bestandteil ihrer Lebensphilosophie erhoben hatten, ein kleines Paradies. Berichtete nicht Kaiser Karl V. höchstpersönlich seinem jüngeren Bruder Ferdinand, er ginge zur Jagd, »um überflüssige Leibessäfte loszuwerden und um keusch leben zu können«?

Maria von Ungarn machte keine Ausnahme. Sie hatte von ihrem Großvater das Jagdfieber geerbt und machte sich die Jagd zum Lebensinhalt. Während ihrer Regierungszeit erlebte die Jägerei in den Niederlanden eine ungeahnte Blüte.

Im Jahre 1543 ernannte Kaiser Karl V. seine Schwester zur Oberjagdmeisterin von Brabant und schenkte ihr 1545 als Dank für »*grands, notables et tres agreables services*« die reiche *Heerlijkheid Binche*, diese Herrschaft im frankophonen Teil des heutigen Belgien und die *Heerlijkheid Turnhout*, die Herrschaft in der Brabanter Heide, mit dem Jagdschloß, den zwölf umliegenden Dörfern und der *Warande Corsendonck*.

Maria aber hatte ihr Herz an Binche verloren. Sie ließ den ehemaligen

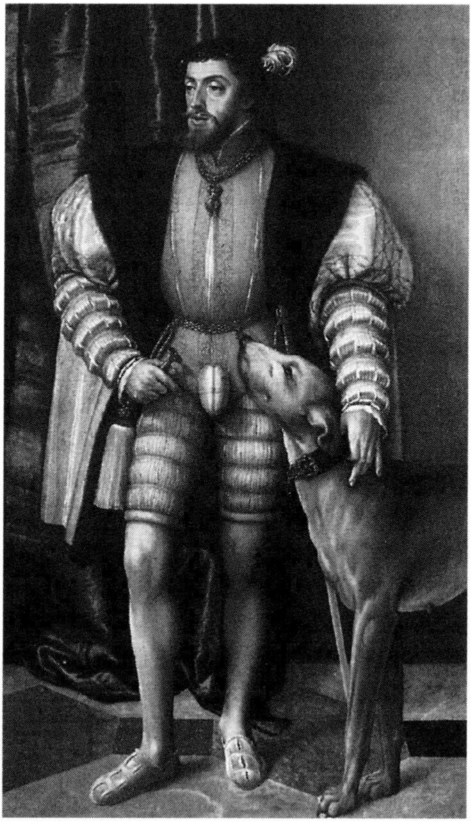

Die Hunde am Hofe Marias von Ungarn hatten keinen Grund zu klagen. Nach der wilden Jagd wurden sie gewaschen und gebürstet, auf frisches Stroh gebettet und in der Wärme gehätschelt. Die Meute sollte schließlich für das Jagen in Bestform bleiben. Die Habsburger bestellten ihre Hunde in England und gaben dafür eine Menge Geld aus. Im April 1532 schrieb die Regentin ihrem Bruder Karl, zwei Jagdhunde seien eingetroffen, aber die *levriers d'Irlande* brauchten noch ein wenig Fürsorge, da ihr Zustand zu wünschen übrig ließe. Also behielt Maria die Tiere vorübergehend in den Niederlanden. Das führte zu einem regen Briefwechsel zwischen dem Kaiser und seiner Schwester.

Mit einem dieser Hunde an seiner Seite wurde Karl V. von Jacob Seisenegger gemalt, und zwar in Bologna im Auftrag von Ferdinand, Ende 1532.

Das Stadtsiegel von Turnhout zeigt einen laufenden Hirsch, verfolgt von einem Bluthund und einem Jäger mit Horn und Speer.

Wohnsitz der Margarete von York zu einem kostspieligen Renaissancepalast italienischer Prägung umgestalten und unmittelbar in der Nähe den wunderschönen Jagdpavillon Mariemont bauen. Doch die Freude über das Anwesen war nicht von Dauer. Kaum fertiggestellt, im Jahre 1554, verwüsteten die französischen Truppen Heinrichs II. die gesamte Anlage. Heute findet man hinter der Kirche des kleinen wallonischen Städtchens nur noch vage Erinnerungen an diese einst prachtvolle Residenz, wo berühmte Tapisserien von Bernart van Orley, eigenhändig von den Hofdamen der Königin mit Gold- und Silberfäden gestickte Teppiche und berühmte Werke von Tizian einen Platz gefunden hatten. Nach der Zerstörung blieb der Statthalterin nur noch Turnhout und, vor allem, die Jagd.

Ob sie jemals in der kempischen Kleinstadt einen festen Wohnsitz besaß, ist ungewiß. Fest steht nur, daß sie in den letzten zehn Jahren ihrer Regierungszeit in den Niederlanden, von 1546 bis 1556, des öfteren und auch für längere Zeit im Schloß der Herzöge von Brabant wohnte und sich dort komfortabel einrichtete.

Parva sive Minor Bruxellae, »das kleine Brüssel«, nannte man schmeichelnd das Anwesen im sandigen Kempenland. Und Maria sparte weder Kosten noch Mühe, diesen Ruf zu rechtfertigen.

Nach ihrem Rücktritt im Frühjahr 1556, als sie auch nicht mehr in die Brüsseler Regierungsgeschäfte hineingezogen werden wollte, genoß sie für die ihr verbleibende Zeit in den Niederlanden zusammen mit ihrer älteren Schwester Eleonore, der Königin von Frankreich, im beschaulichen Turnhout mit seinem hervorragenden Jagdgebiet ein Stück Ruhe.

Höfisches Leben in Turnhout

Anfang des 13. Jahrhunderts hatte Herzog Heinrich I. von Brabant in Turnhout, etwa vierzig Kilometer von Antwerpen entfernt, ein Jagdhaus bauen lassen und dem bescheidenen Ort in der Heide wertvolle Freibriefe beschert. Herzog Anton von Burgund ließ Anfang des 15. Jahrhunderts anstelle der einfachen Jagdhütte eine Burg samt Graben errichten. Von da an nisteten in den Sommermonaten im feudal angelegten Park zur großen Freude der Herzöge die Reiher.

Maria von Burgund, Tochter Karls des Kühnen und also Schloßherrin von Turnhout, heiratete den Habsburger und späteren Kaiser Maximilian von Österreich. Die Karten in Europa wurden neu gemischt. Und das niederländische Erbe der Burgunder fiel nach ihrem Tod den Habsburgern zu.

Maximilian, ein besessener Jäger mit großem Fachwissen, hatte Turnhout besonders in sein Herz geschlossen. Nach dem frühen Tod seiner schönen Frau schickte er im Jahre 1510 seinen besten Oberfalkner, Simon Hagenauer, in das abgelegene Anwesen. Der Österreicher wurde mit der Verwaltung der Burg und des Jagdreviers betraut. So blieb die *Heerlijkheid Turnhout* bis weit ins 16. Jahrhundert Treffpunkt der Mächtigen und Refugium königlicher Jäger.

Aber nicht nur Jäger versammelten sich mit Pferd und Meute im Innenhof des Schlosses. Die Burg, ursprünglich ein eher düsteres Gebäude, war zwischen 1531 und 1533 Bleibe des Grafen Heinrich III. von Nassau, Erster Kämmerer Karls V., und seiner spanischen Frau, Mencia de Mendoza. Die Umbauarbeiten an seinem eigenen Herrensitz in Breda nahmen viel Zeit in Anspruch, weshalb der kaiserliche Ratsherr für sich und seine Familie in Turnhout eine Übergangslösung gesucht hatte. Karl V. wird seinen Vertrauten des öfteren hier aufgesucht haben. Ob und in welchem Maße der niederländische Graf die massive Burg für sich und die Bedürfnisse seiner Familie umgestaltet hat, ist nicht bekannt.

Erst Maria von Ungarn belebte die *Heerlijkheid Turnhout.* Sie ließ das Schloß im prächtigsten Renaissancestil umbauen, im Schloßgraben Karpfen aussetzen und im umliegenden Wald, wie zu den glorreichen Zeiten Antons von Burgund, Reiher ansiedeln. Besonders beliebt war die Falkenjagd, und Bruder Karl besuchte hier während seiner Amtszeit seine Statthalterin nachweislich mehr als fünfmal.

Festliche Einladungen lagen der Regentin am Herzen, und voller Hingabe kümmerte sie sich darum, in Turnhout den entsprechenden Rahmen zu schaffen und ein kultiviertes Haus zu führen. Maria hängte in den hohen Räumen der Burg wertvolle flämische Tapisserien auf und sparte auch nicht an Gemälden. Die Kunstmäzenin kaufte Bilder berühmter Maler ihrer Zeit, und so schmückten unter anderem Werke von Hans Holbein und Bernart van Orley die Wände des Schlosses.

Auch die wertvolle Mechelner Bibliothek der Margarete von Österreich wurde nach Turnhout gebracht. Das darin enthaltene Werk *La Fleur des Histoires* enthält eine liebevolle Widmung der *Grande Dame* aus Mecheln, die ihrer kleinen Nichte sehr zugetan war:

Panses a moy, ma cousine
C'est Margot qui fet la rime ...

Denke an mich, meine Nichte
Es ist Margarete die dir die Verse schrieb...

Verwandte unter sich ...

Über 332 Bücher aus den *Librijen*, die Bibliothek der kunstliebenden Tante Marias wurden bis 1559 in Turnhout aufbewahrt. Auch die eigene Bibliothek der ungarischen Königin sagt einiges aus über die markante Persönlichkeit dieser Frau. So befanden sich unter den 390 Bänden auch zwölf Bücher über Kriegslehre – ein für die damalige Zeit wohl eher seltener Lektürestoff einer weiblichen Leserin. Aber Maria war ein Verstandesmensch. Sie suchte immer nach einer analytischen Lösung der Probleme und stand während ihrer Regentschaft in den Niederlanden den humanistisch geschulten Juristen nahe.

Auch Musik nahm im Leben der Regentin einen hohen Stellenwert ein. Auf jeder ihrer Reisen ließ sie sich von einer Musikkapelle begleiten. Sie sammelte Partituren berühmter Komponisten ihrer Zeit sowie seltene wertvolle Musikinstrumente. Ihre Kollektion konnte sich mit der berühmten Sammlung des englischen Königs Heinrich VIII. messen.

Nach dem Tod der Regentin gab Karls Sohn Philipp II. seinem Bibliothekar den Auftrag, alle noch in Turnhout verbliebenen Bücher aus der burgundischen Sammlung zu katalogisieren und nach Brüssel zu bringen. Damit war das Ende einer Ära in Turnhout besiegelt.

Die Biographin Laetitia Gorter-Van Royen schreibt in ihrem Buch über die Statthalterin der Niederlande: »Maria, die in Ungarn bekannt war für ihre faire Rechtsprechung, muß sich in Turnhout wie ein Fisch im Wasser gefühlt haben.«

Als *Vrouwe van Turnhout* durfte Maria hier Recht sprechen. Über Jagd und nochmals Jagd. Da kannte sie sich wirklich gut aus.

Die Wandmalereien aus dem 19. Jahrhundert im Saal des Gerichtsgebäudes der kempischen Kleinstadt Turnhout zeugen noch heute von ihrer engagierten Tätigkeit.

Nein, für die Auserwählten war Turnhout damals keine Einöde. Man frönte den Kunst- und Sinnesfreuden, Tanz und Turnier und pflegte geistige Auseinandersetzungen. Und in den üppigen Schloßgärten mit den reichverzierten Brunnen, den Kräuterbeeten und Vogelkäfigen, den seltenen exotischen Pflanzen und Lusthäuschen verirrten sich die Gäste, gewollt oder ungewollt, im grünen Labyrinth und im Spiel der Minne. Das Stelldichein der Fürsten und Herzöge, Magistraten und Statthalter, Gräfinnen, Baronnessen und Kokotten war für die einheimische Bevölkerung in Turnhout das Salz in der Suppe. Das fürstliche Treiben ließ sie in ihrem Alltagsleben einen Hauch der großen weiten Welt spüren.

Gleichwohl blieb die distanzierte, spröde Maria immer den pragmatischen Seiten des Lebens verbunden. Neben all den hochherrschaftlichen Zusammenkünften kümmerte sie sich um Viehzucht und Landwirtschaft, Handwerk und Schulwesen. 1552 schenkte ihr ein ergebener Magistrat aus Turnhout 200 Hektar Heideland – zwecks Kultivierung. Die Regentin ließ sich nicht zweimal bitten. Binnen kurzem standen dort drei Bauernhöfe, sie förderte die Schafzucht und ließ neue landwirtschaftliche Methoden erproben.

Der ungarische Hofprediger Johannes Henckel, ein guter Freund des Erasmus von Rotterdam, sagte bereits in Buda über Maria: »Wenn man sie nur in einen König verwandeln könnte, dann würden die Dinge besser laufen.« Wie recht er wohl hatte.

Auch der Kaiser war tief beeindruckt von der Art, wie seine Schwester Maria Probleme anpackte und bewältigte. Dafür spendete er ihr in seinen zahlreichen Briefen immer wieder höchstes Lob.

Sie selbst aber haderte mit ihrem Schicksal und war der Meinung, als Frau niemals so respektiert und gefürchtet zu werden wie ein Mann. 1555 schrieb sie ihrem Bruder, sie könne sich des Ohnmachtsgefühls nicht erwehren, daß sie ihm besser hätte dienen können, wenn sie ein Mann gewesen wäre. Und sie betonte immer wieder, alles nur dem Kaiser zuliebe geleistet zu haben, aus purer Zuneigung zu diesem Bruder, der laut ihrer eigenen Aussage »*après Dieu, mon tout en ce monde*, nach Gott mir das Liebste auf der Welt« war.

Wie heißt es bei Ferdinand Seibt über die Regentinnen der Niederlande? »Alle drei Habsburgerinnen brachten auf ihre Weise den Niederlanden eine glücklichere Zeit als die Männer vor und nach ihnen. Aber die Zeit schätzte die Männer mehr.«

Am 25. Oktober 1555 übergab Kaiser Karl V. im großen Saal des Schlosses von Brüssel seinem Sohn Philipp II. die Niederlande. Auch Königin

Maria von Ungarn, die bereits mit 21 Jahren Witwe war, soll ihre schwarze Witwentracht ein Leben lang nicht mehr abgelegt haben. Eine Mär? Manche Historiker behaupten, Maria hätte dem Kaiser im Jahre 1531, als sie in die Niederlande reiste, um dort die Regentschaft zu übernehmen, den Vorschlag gemacht, aus Respekt gegenüber der gerade erst verstorbenen Margarete von Österreich Trauerkleidung anzulegen.

Den Gewohnheiten der damaligen Zeit und der burgundischen Tradition entsprechend, trug sie bei offiziellen Gelegenheiten ohnehin meistens Schwarz. Thea Leitner schreibt über die junge Witwe: »Wenn sie einmal schön oder zumindest anziehend gewesen sein sollte, so war von nun an, also ab ihrem zweiundzwanzigsten Lebensjahr, kaum eine Spur mehr davon vorhanden. Die Gestalt blieb schlank, wenn nicht gerade dürr, und sehnig, das Gesicht aber verlor jeglichen Schmelz, es war schmal, mit langer, spitzer Nase und einer Kinnpartie, die immer schärfer hervortrat. Lediglich die übergroßen braunen Augen gaben der blassen Maske eine Spur Wärme.«

Das Bild, eine Tizian-Kopie von Jasper Becx (17. Jahrhundert), hängt heute im Arbeitszimmer des Bürgermeisters von Turnhout.

Im Jahre 1548 bereitete die Statthalterin der Niederlande den Empfang Kaiser Karls V. vor, der mit seinem Sohn Philipp II. und dem noblen Gefolge 1549 in Brüssel erwartet wurde. Die Zeit war gekommen, dem Kronprinzen das gesamte Reich zu zeigen. Der *Ommegang*, dieses Fest aller Feste, sollte den Wohlstand Flanderns Anfang des 16. Jahrhunderts demonstrieren.

Zusätzlich veranstaltete Tante Maria vom 22. bis 31. August 1549 auf ihrem Schloß in Binche zu Ehren ihres Neffens mit kaiserlichem Aufwand Bankette, Bälle und Turniere. Bei dem berühmten flämischen Gobelinkünstler Willem de Pannemaeckere bestellte sie eine Serie von zwölf Wandteppichen, die die Eroberung von La Goletta und Tunis darstellen sollten, nach den Entwürfen des Hofmalers Jan Cornelisz Vermeyen, die heute im Kunsthistorischen Museum von Wien aufbewahrt werden.

Maria von Ungarn sparte anläßlich dieses Besuches ihres geliebten Bruders an nichts. Künstlicher Regen prasselte vom Himmel, das Grollen von Donner und heftiges Windrauschen, Attribute der göttlichen Macht, verbreiteten eine atemberaubende Stimmung, betörende Düfte strömten verschwenderisch durch die üppig geschmückten Räume, und aus Felsenattrappen floß frisches Wasser. Das Bankett am Abend des 30. August 1549 im *Salle enchantee* des Schlosses in Binche überstieg jede Vorstellungskraft. Gedeckte Tische schwebten von den Decken bis auf den Boden herab, und zwischen den mit Korallen besetzten künstlichen Felsen sprossen exotische Gräser und dufteten die Blüten seltener Blumen. Eidechsen, Schildkröten und Schlangen aus buntem Email schimmerten zwischen den kostbar gedeckten Tafeln, und aus unergründbaren Quellen floß unentwegt köstlicher Wein. Gewölbte Spiegel trugen den Buchstabe P – *Philippus princeps* …

Beim Betreten des Saales ging die Sonne unter, der Mond schimmerte hervor, und Donner und Blitz erfüllten das gesamte Schloß.

Zuckerwerk fiel vom Himmel, und ein Tisch, mit Porzellan, Fischen und Früchten beladen, glitt durch die Wolken herab. Nachdem sich die Damen bedient hatten, verschwand das Wundergebilde wieder in einem wolkigen Himmel. Der Vorgang wiederholte sich, ein zweiter Tisch mit zahlreichen Kristallgefäßen, gefüllt mit den unterschiedlichsten Konfitüren, kam herunter. Ein immer wiederkehrendes Spiel – bis ein Tisch mit einem ver-

goldeten, früchtebeladenen Baum in den Raum schwebte, an dessen Zweigen ein lebendiges Eichhörnchen mit einer silbernen Kette befestigt war. Maria von Ungarn, die würdige Enkelin der burgundischen Herzöge des 15. Jahrhunderts, wußte mit unendlicher Raffinesse ihre Gäste zu verblüffen.

Nach der Gründung des Ordens vom Goldenen Vlies hatte übrigens Philipp der Gute in einem Raum des Schlosses Hesdin die Geschichte von Jason und Medea darstellen lassen und dafür »Maschinen« installiert, die Blitze, Donner, Regen und Schnee erzeugten.

Tiefstes Mittelalter?

Von wegen.

Mitte des 14. Jahrhunderts war das Kartenspiel am Hofe in Brabant sehr beliebt, und zur Zeit Karls V. gab es in Antwerpen bedeutende Spielkartenhersteller; später folgte Turnhout als Zentrum der Kartenproduktion. Die Spiele wurden in alle Welt exportiert.

Das Bild von Lucas van Leyden (1494–1533) aus dem Museum Thyssen-Bornemisza in Madrid zeigt vermutlich Margarete von Österreich mit Karl V. (links) und Kardinal Wolsey beim Kartenspiel.

Maria von Ungarn verabschiedete sich. Beide traten freiwillig von der politischen Bühne ab. Dem müden Kaiser wäre es entgegengekommen, wenn sich Maria noch eine Weile um die Nöte und Sorgen der Niederlande gekümmert hätte. Aber auch die Regentin fühlte ihre Kräfte aufgebraucht. Sie legte die Bürde des Regierens in die Hände ihres Nachfolgers.

Ihrem Neffen gehörte ihre große Liebe nicht. Sie fühlte sich außerstande, dem neuen Monarchen auf ihre alten Tage entgegenzutreten. Mit der jungen Generation, in ihren Augen recht undankbare Adlige, wollte sie sich nicht auseinandersetzen. Ein Generationskonflikt wäre somit unvermeidlich gewesen.

Nach 24 Regierungsjahren war sie erschöpft und deprimiert, enttäuscht und verbittert. Und mit ihrer Gesundheit stand es auch nicht gut. Eine traurige Bilanz?

Maria beschloß, zusammen mit ihrem Bruder Karl und ihrer Schwester Eleonore, Königin von Frankreich, in ein für sie völlig fremdes Land zu ziehen, nach Spanien. Sie war der Sprache nicht mächtig, kannte die Mentalität der Leute nicht, und von den klimatischen Bedingungen hatte sie wohl keine Vorstellung. Eine aus der Verzweiflung getroffene Entscheidung?

Was mag diese begabte und gebildete Frau zu diesem Schritt bewegt haben, und warum suchte sie nicht ihre verdiente Ruhe in der vertrauten Landschaft ihrer Geburtsstätte zwischen Menschen, mit denen sie zwei Drittel ihres Lebens verbracht hatte? Sollte ihre Einsamkeit so groß gewesen sein? Oder war es die innige Verbundenheit mit der eigenen Familie, mit dem geliebten Bruder und der treuen Schwester?

Jedenfalls nahm das Schicksal seinen Lauf. Sechzig seetaugliche Schiffe warteten im niederländischen Vlissingen auf die vornehmen kaiserlichen Passagiere.

Der größte Teil von Marias Kunstsammlung blieb in den Niederlanden zurück. Nur 42 Gemälde, darunter 24 Werke von Tizian, gingen mit auf die Reise nach Spanien.

Am 13. September 1556 verließen Karl V. an Bord der spanischen *Espiritu Santo* und die beiden Königinnen an Bord der niederländischen *Faucon*, der »Falken«, den Hafen von Vlissingen. Eine entscheidende Epoche ging zu Ende.

Ferdinand Seibt schreibt in seiner Biographie über Karl V.: »Als Karl 1556 endlich bei günstigem Wind von Seeland nach Spanien segelte, wurde er begleitet von den beiden Schwestern, also wieder in jener Verbindung, die ihn sein Leben lang umgab, seit der Kindheit in Mecheln.

Ein Kaiser im Familienkreis, ein Kaiser, der mit Frauen regierte, mit Tanten, Schwestern, Töchtern.«

Währenddessen kamen die Niederlande nicht zur Ruhe. Im Gegenteil. Die Zeiten standen auf Sturm. Und Philipp II. fühlte sich der Lage nicht gewachsen. Er bat seinen Vater, dringend bei der »Tante Maria« vorzusprechen. Auch wenn er sie nicht mochte.

Im September 1558 drängte Karl V. seine Schwester, erneut in die aufsässigen Niederlande zu fahren. Marias Gesundheit war ernstlich angeschlagen, aber sie ließ sich, wenn auch gegen ihre Überzeugung, überreden. Ihre Loyalität gegenüber der Familie und dem Haus Österreich war, wie immer, stärker als ihre Vernunft.

Aber es kam anders. Maria starb, erschöpft von den Strapazen der Reise und den Anstrengungen der letzten Jahre, kurz vor der spanischen Küste, noch bevor sie das gerüstete Schiff besteigen konnte. Ein Teil ihres Besitzes, unter anderem einige ihrer geliebten Musikpartituren, waren bereits auf dem Wege in die Niederlande.

Turnhout trauerte. Für die vom Volke mehr gefürchtete als geliebte Königin wurde in der *Sint Pieterskerk* ein Hochamt gehalten und das Requiem gesungen.

Dem Land *de par çela*, wie die Burgunder ihre Niederlande nannten, von den Statthalterinnen Margarete von Österreich und Maria von Ungarn nach bestem Wissen und Gewissen regiert, standen bittere Zeiten bevor. Das Gespenst der spanischen Furie ging um. Einst blühende Landschaften verhungerten, verarmten. Die Geschichte nahm ihren traurigen Lauf. Auch Turnhout geriet zwischen alle Fronten. Not und Elend breiteten sich aus. An dieser verheerenden Entwicklung waren die Habsburger nicht ganz unschuldig. Nicht nur die notorische Geldnot des Herrschers, der das Volk ständig zur Kasse bat, sondern auch das Gerangel um Macht und Glauben machten den kleinen Leuten zu schaffen. Politischer Gegenwind blies den Niederlanden hart ins Gesicht. Als Philipp II. den »Blutherzog« Alba in die karge Landschaft schickte, erreichte die Misere ihren absoluten Tiefpunkt. Der verhaßte Spanier räumte erbarmungslos auf. Söldner zogen plündernd und meuternd durch das Heideland. Keine edlen Rauchwaren, kein betörendes Gewürz, keine Bernsteine oder süßer Wein, sondern Kriegsgeld, Munition und Proviant wurden jetzt von Antwerpen aus über Turnhout, dem prädestinierten Durchgangslager, an die Front geschafft.

Das Blatt hatte sich gewendet. Ohne Pardon. Die Bauern verloren ihre Ernte, mußten fremde Truppen einquartieren und bewirten, bestellte Felder wurden zertrampelt und verwüstet. Und zu allem Überfluß ging auch noch die Pest um.

Schließlich schloß man die Grenzen. Turnhout, an den Rand des Landes gedrückt, wurde den südlichen Niederlanden zugeschlagen. Besser gesagt: den spanischen Niederlanden. Aus war der Traum von Toleranz und Religionsfreiheit, von Lebensfreude und ländlicher Idylle. So mancher flämische Rebell verließ Haus und Hof und suchte Liberalität und Fortune in den nördlichen Niederlanden. Familien wurden auseinandergerissen.

Die spanischen Herrscher hielten in den verwüsteten Niederlanden bigott die katholische Fahne hoch, verfolgten jeden vermeintlichen Ketzer und Andersdenkenden. Knapp ein paar Kilometer weiter auf der anderen Seite der Grenze trafen sich die Katholiken in den *schuilkerken*, versteckten Gotteshäusern hinter privaten Wohnzimmern. Denn auch dort, wo die Reformation gesiegt hatte, war von Toleranz nicht mehr viel zu spüren. Wohlsituierte, nordniederländische katholische Familien ließen später ihre Verstorbenen in den südlichen Niederlanden beerdigen. Unter anderem in Turnhout. Für sie gab es bei den Oranien-Gesinnten, den Sympathisanten des Wilhelm von Oranien, keine Grabstätte. So entfremdeten sich Familien, die über Jahrhunderte friedlich miteinander verbunden waren. Schließlich hatten sie sich nichts mehr zu sagen.

Als 1648 endlich der hochgelobte Westfälische Frieden geschlossen wurde, lagen die südlichen Niederlande in Schutt und Asche. In Turnhout blieb den von Armut und Demütigung gezeichneten Menschen nur noch die karge Landschaft. In der melancholischen Heide trieben Spökenkieker und Wilddiebe ihr Unwesen. Nicht von ungefähr. Schließlich mußten viele Mäuler gestopft werden. Die ländlichen Familien waren nicht nur arm, sondern auch sehr kinderreich.

Das Land war für immer gespalten. Die Historiker sind sich einig: Das flämische Identitätsproblem hat seinen Ursprung im 16. Jahrhundert. Nachdem die spanische Furie im Jahre 1585 Stadt und Land zugrunde gerichtet hatte und die Flamen vor dem katholischen Fanatismus kapitulierten, hatten die Habsburger in den südlichen Niederlanden 150 Jahre lang das Sagen.

Im 16. und 17. Jahrhundert fand der größte intellektuelle Aderlaß der flämischen Geschichte statt. Nicht nur Ungebildete und Arme verließen ihre Heimat, sondern auch und vor allem Gelehrte, Künstler, Humanisten, Wissenschaftler und Erfinder. Sie alle emigrierten in den Norden, nach Holland. Fast ein Jahrhundert lang betrug der Anteil der südniederländischen Immigranten in den holländischen Städten 42 Prozent der Gesamtbevölkerung. Sie waren ein segensreicher Gewinn für den neuen kleinen protestantischen Staat. Die Flüchtlinge brachten mit dem Umzugsgut nolens volens ihren Wohlstand in die nördlichen Niederlande. Adieu, geliebtes Flandern. Ihre Kenntnisse in der Leinenindustrie, ihre Gold- und Silberschmiedekunst, ihre Diamantschleifereien und ihr Handelsgeist: davon profitierte nun nur noch der Norden.

Berühmte Künstler südniederländischer Abstammung wie Cornelis van der Voort, Jan van der Noot, Frans Hals, Karel van Mander, Hans Bol, Adriaen von Ostade, Adriaan Brouwer und Pieter Aertsen, um nur einige zu nennen, fanden in den nördlichen Niederlanden eine neue Heimat.

In den Südniederlanden blieben die resignierten kleinen Leute und die Kollaborateure zurück. Und der Sinn für die Sinnesfreuden. Bis heute.

Zur Wende des 17. Jahrhunderts verwaiste das *Kasteel van de Hertogen van Brabant,* die Burg der Herzöge von Brabant. Der Nordflügel war völlig zerstört. Erst später, im Jahre 1648, als der Westfälische Frieden für Linderung sorgte und das Schloß dem Hause Nassau zufiel, wurde es zum Kontakthof der nördlichen und südlichen Niederlande.

Übrigens verfügt das holländische Königshaus noch heute über das Recht, Titel und Wappen von Turnhout zu tragen.

Oudenaarde

Margarete von Parma
Die uneheliche Tochter

Das Land zeigt sich in einer Milde, wie wir sie auch auf den Bildern des Malers Joachim Patinir (1475–1524) finden, der als Gründer der flämischen Landschaftsmalerei gesehen wird und Wegbereiter des großen Pieter Breughel war. Die Landschaft gleicht einem Flickenteppich, mal graubraune Äcker, mal grüne, hügelige Weiden und hier und da ein sich duckendes Haus oder ein Kirchturm. Bäume erheben sich wie magere Silhouetten vor einer Wolkenkulisse, naß vor tristem Regen oder stumm im aufziehenden Nebel. In der Ferne verschwinden die Hügelrücken in den flämischen Ardennen. Dort liegt Ronse, noch etwas weiter die Königsstadt Tournai und Nordfrankreich. Die Felder mit dem sich wiegenden Korn greifen am Horizont nach den Bergen, dem *Rode Berg*, dem *Zwarte Berg* und dem *Kluisberg*, ein beliebtes Ausflugsziel der Tagestouristen im äußersten Winkel Flanderns an der Grenze zu Frankreich.

Es ist das Land des flämischen Malers Valerius de Saedeleer (1867–1941), der hier Anfang der zwanziger Jahre lebte und arbeitete. Er zählte zu der Künstlergruppe *Latemse School* – Maler, die sich um die Jahrhundertwende und später in Flandern einen einzigartigen Namen machten und heute in den Museen von Latem und Deurle an der Leie bei Gent zu bewundern sind. De Saedeleer liebte die von Hohlwegen, durchzogenen langgestreckten weichen Weiden und Äcker, die so typisch für die Gegend sind und so ganz anders als die flache Endlosigkeit westlich von Brügge, wo die Luft bereits salzig schmeckt und es mehr Himmel als Land gibt. Die Dörfer heißen Etikhove, Maarkedal und Nukerke. Und unterhalb von ihnen liegt, in der Flußbiegung der Schelde, Oudenaarde.

Es hat sich nichts großartig verändert. Nicht in dieser Gegend. Aber kaum einer entdeckt heute auf Anhieb diesen schönen Landstrich, über dessen versteckte Sträßchen man geruhsam in das Herz von Oudenaarde fahren kann. Jene, die es eilig oder aber keinen Blick für die Reize haben, benutzen die übliche Schnellstraße. Schonungslos, aber zügig geht es über die N 60 an Industrie und postmodernem Chaos vorbei, und zu allem Unglück fällt man dann auch noch buchstäblich, über eine einzige Kurvenschleife, in das Zentrum der Stadt. Völlig unverhofft.

Offenbar sind auch die Stadtväter von Oudenaarde mit dieser Verkehrslösung nicht ganz glücklich, denn sie wollen die Einfallstraße wieder verengen und Verkehrsinseln einbauen lassen, damit die Autofahrer nicht länger ungehemmt just hier aufs Gaspedal drücken und in das Zentrum hineinrasen, wo sich der historische Kern der Kleinstadt, durch die sich die Grenze von West- und Ostflandern zieht, von seiner schönsten Seite zeigt.

Damals, im 16. Jahrhundert, muß Oudenaarde mit den zahlreichen Türmen eine wahre Pracht gewesen sein. Sie hießen in der flämischen Landessprache: *Boergondische Toren*, *Maleghystoren*, *Nieuwentoren*, *Grootentoren*, *Pennemakerstoren*, *St. Joristoren*, *Busiustoren*, *Cannebrekerstoren*, *Trompetstoren*, *Liedekerkenstoren*, *Heldeboutstoren*, *Ronskinstoren*, *Pyntoren*, *Beelkinstoren*, *Leertouwerstoren*, *Cabeliaustoren*, *St. Meyerstoren*, *Blaffaertstoren* und *Barbelstoreke*.

Man wird des Aufzählens müde … und wer sollte es mühsamst übersetzen?

Dazu kommen noch die Türme der zahlreichen Kirchen und Klosterkapellen, die der *Hoofdeloze Poort*, dem mittelalterlichen Tor zwischen den beiden Orten Pamele und Oudenaarde, rechts und links der Schelde, und die der alten burgundischen Burg in der Bucht des Stromes.

Es muß ein beeindruckender Anblick gewesen sein für die kaiserlichen Truppen, als sie sich der Stadt auf dem Marsch nach Tournai näherten, wo Karl V. seinen Erzfeind schlagen wollte.

Von der ganzen Pracht ist leider kaum etwas übriggeblieben. Nur die Kirchtürme hielten den Jahrhunderten stand und rufen auch heute noch sonntags, wie es sich für das katholische Flandern gehört, mit sonorem Glockengeläut zur Messe.

»Die historische Entstehung der Stadt Oudenaarde liegt immer noch im ungewissen«, sagt der einheimische Historiker Patrick Devos und ordnet die ersten greifbaren Spuren um das 10. Jahrhundert ein. Wie in anderen führenden Städten Flanderns blühte auch hier die Textilindustrie. Sie war, wie die Teppichweberei, für die Landbevölkerung die Basis eines sicheren Wohlstands und spielte über Jahrhunderte eine entscheidende Rolle.

Die Händler trafen sich in der *Lakenhal*, dem romanischen Tuchlagerhaus aus dem 14. Jahrhundert, das heute an das Rathaus grenzt. Es ist eine

Der flandrische Graf Boudewijn IX. ließ bereits im Jahre 1202, vor seiner Abfahrt in das Heilige Land, im Flußbett der Schelde zu Pamele eine Wassermühle bauen, und Karl V. wartete in der ebenfalls an der Schelde erbauten burgundischen Burg während der Belagerung Tournais im Jahre 1521 den Sieg über die Franzosen ab. Der Strom, Lebensader der Region, wurde längst begradigt, und die geschichtsträchtigen Gebäude stehen schon lange nicht mehr. Wohlhabende Geschäftsleute siedelten aber weiter am Ufer des Flusses und bauten sich dort prachtvolle Häuser wie die Familie de Lalaing rechts der Schelde im mittelalterlichen Pamele, das bereits 1543 Oudenaarde angeschlossen wurde.

In diesem Palais residierte der Gouverneur Charles de Lalaing, dessen Frau die junge Johanna van der Gheynst beschäftigte. Karl V. ging hier während seines Aufenthalts in Oudenaarde ein und aus. Bei der Gelegenheit fiel wohl sein Auge auf das anmutige flämische Mädchen, und er fing mit ihr ein Techtelmechtel an. Johanna wurde die Mutter seiner Tochter Margarete.

Das Patrizierhaus der Freunde des Kaisers wechselte des öfteren den Besitzer und wurde im Laufe der Zeit mehrmals umgebaut. Die heutige Fassade stammt aus dem 18. Jahrhundert. Mitte der siebziger Jahre kaufte die Stadt Oudenaarde das Gebäude und richtete darin eine Werkstatt für die Restaurierung historischer Tapisserien sowie Ausstellungsräume ein. Die Wandteppiche sind bis heute weit über die Grenzen Oudenaardes hinaus sehr geschätzt.

Schatzkammer der weltberühmten flämischen Verdüren, jener von Landschaften, Bäumen und Pflanzen in allen Grünschattierungen strotzenden Tapisserien, die auch Karl V. auf seiner letzten Reise, von Vlissingen nach Spanien, als Erinnerung an seine geliebten Niederlande mitführen ließ, um damit seinen Alterssitz in Yuste zu schmücken. Der Kaiser selbst unterstützte die traditionellen flämischen Zentren der Wandteppichproduktion wie zum Beispiel Oudenaarde, Löwen, Brüssel und Tournai. Im Jahre 1544 verfügte er per Erlaß, daß die Hersteller nur die in ihrer Region oder Stadt üblichen Techniken anwenden durften, damit die Qualität der begehrten Ware gesichert blieb.

Heute ist das historische Gebäude mit seiner ausgeprägten mittelalterlichen Architektur und der imposanten Ausstellungshalle für sich schon einen Umweg wert.

Auch die Burgunderin Margarete von York, die wesentlich jüngere, dritte Ehefrau des stürmischen Karls des Kühnen, des berüchtigten Hitzkopfs, machte sich auf den Weg in dieses beschauliche Städtchen und fand hier zwei Jahre nach dem Tod ihres Mannes für kurze Zeit eine Bleibe. Man schrieb das Jahr 1479 und das *Pomme d' Or*, einst das erste Haus am Platz, trägt heute noch am Eingang eine bescheidene Erinnerung an diese stolze Zeit: die Abbildung der Reste eines Kamins, der hier einmal gestanden haben soll. Die historischen Bruchstücke dieser Feuerstelle, die in dem früheren Stadtpalais Ritter und ihr Gefolge erwärmte, sind heute im *Sterckshof*, einem Antwerpener Museum, als entrückte Zeugen einer längst vergangenen Glorie ausgestellt, weit weg von Oudenaarde.

Aber die Stadt hat, trotz aller Bausünden der jüngsten Zeit, immer noch genügend zu bieten. Der geschichtsträchtige Ort, einen Katzensprung vom nostalgischen Brügge und dem strebsamen Gent entfernt, weist ganz eigene Konturen auf und führt ein gemütliches, unprätentiöses Dasein. Der große Marktplatz besitzt kleinstädtischen Charme, Menschen kommen und gehen, und wenn die Sonne gnädig ist, öffnen sich die zahlreichen Cafés und Kneipen. Dort gibt es selbstverständlich, wie überall in Flandern, Bier vom Faß und *pannekoeken en wafels met suiker of konfituur*, hauchdünne Pfannkuchen oder federleichte Waffeln mit Zucker und Marmelade.

Unübersehbar thront an der Ausfallstraße, fast wie eine behäbige Burg, die gewaltige *St. Walburgakirche* mit ihrer eindrucksvollen *Scheldegotiek*, der regionale Baustil, die ihre Hochzeit vom Ende des 10. bis Anfang des 13. Jahrhunderts entlang der geschichtsträchtigen Scheldestädte wie Tournai und Cambrai erreichte. Die Walburgakirche ist das große katholische Herz der schon immer katholischen Stadt Oudenaarde. In der Mitte des offenen Marktplatzes steht unübersehbar das filigrane Rathaus aus dem Jahre 1526, *gotique flamboyante* pur, hochgotische Ornamentik wie aus dem Bilderbuch. Der prächtige Turm, von der ganzen Scheldeebene aus zu bewundern, trägt stolz die Kaiserkrone – Karl V. zu Ehren. Wer einen Umweg gemacht haben sollte, weiß jetzt, warum. Dieses elegante mittelalterliche Stadthaus findet kaum seinesgleichen. Selbstverständlich und leicht steht es da, wenn auch die zahlreichen parkenden Autos ein wenig die Beschaulichkeit trüben und dem Besucher die neue Zeit aufbürden.

Aber was soll´s? Man setzt sich entspannt zum Sinnieren an die Ecke der Hauptkirche, unter einen der vielen bunten Sonnenschirme, die sich über kleinen runden Tischen aneinanderreihen, und gönnt sich ein süffiges Bier aus der Region. Ein *Gouden Carolus* vielleicht, das Bier nach dem verehrten Kaiser genannt? Der Sorten gibt es mehr als genug, denn Oudenaarde weiß alles über diesen Gerstensaft. Die uralte flämische Liebe zum Bier wurde hier an diesem Ort besonders gepflegt, und daran hat sich auch heutzutage nichts geändert. Noch um die Jahrhundertwende zählte man in Oudenaarde, für gerade mal ein paar tausend Einwohner, 27 Brauereien. Die begnadeten Braumeister der Region spezialisierten sich auf das Ansetzen des Faßbieres mit Kirschen. Für Kenner eine besonders feine Sache.

Karl V. trank sein Leben lang mit Leidenschaft Bier, wenn auch das kalte Getränk Gift für seinen kranken Magen war und seine Gicht förderte. Aber er ließ sich nicht davon abbringen. Flämische Brauer folgten ihm am Ende seines Lebens bis ins spanische Yuste, denn auch dort mochte der müde Kaiser nicht auf sein Lieblingsgetränk verzichten. Zum Bierkonsum des Herrschers schreibt Helmut Dohmke: »Der Anteil, den Karl an Deutschland nahm und Deutschland an ihm besaß, war in jeder Hinsicht gering und ist es Zeit seines Lebens geblieben. Es lag ihm nicht; mit Ausnahme des Münchner Bieres, das er recht gerne und reichlich genoß.« Das hören sich die Flamen nur mit gemischten Gefühlen an. Denn ihr hochverehrter *Keizer Karel*, in Flandern nicht nur ein Mythos, sondern allgegenwärtig und in Oudenaarde erst recht auf Schritt und Tritt präsent, hat das Biertrinken wohl zunächst in *les pays de par deça*, in den Niederlanden, Heimat seiner Kindheit und Jugendjahre, gelernt.

Und Oudenaarde war ihm mehr als nur eine Sünde wert.

Hier kam seine uneheliche Tochter zur Welt, die später hochverehrte Margarete von Parma.

Diese kleine flämische Stadt an der Schelde, mit dem Fluß engstens verbunden wie auch mit der Königsstadt Tournai und der einst am weitesten westlich gelegenen Stadt des Heiligen Römischen Reiches, Cambrai, besaß im Mittelalter ihren bescheidenen Wohlstand. Cambrai war Sitz eines mächtigen Bistums, das den größten Teil der flandrischen Christenheit betreute. Hier schloß Margarete von Österreich zusammen mit Luise von Savoyen, der Mutter des französischen Königs Franz I., im Jahre 1529 den legendären Damenfrieden.

Bereits viel früher sorgte Maximilian von Österreich, Karls Großvater, für Unruhe in dieser mittelalterlichen Idylle. Er überredete den englischen Blaubart, Heinrich VIII., Tournai, die Hochburg der französischen Krone, zu belagern. Tournai hielt nicht stand, und so geriet die Stadt Chlodwigs unter englische Herrschaft. Aber nicht für lange. Sechs Jahre später, nach einer aufwendigen und kostspieligen Transaktion, konnte der französische König Franz I. Tournai zurückerlangen.

Karl V. war die Machtstellung dieser Stadt mit dem imponierenden Bischofssitz, im äußersten Norden des damaligen Frankreich gelegen, ein Dorn im Auge. Er konnte und wollte das nicht akzeptieren.

Hocherfreut und voller Sehnsucht war der junge Monarch, nachdem er in Spanien, dem Land seiner Mutter, einigen Widerstand erfahren hatte, in »seine« Niederlande gereist. Es war im Spätherbst 1521. Auch der Reichstag zu Worms lag hinter ihm, wo er dem Rebellen Martin Luther mit einer selbstverfaßten Antwort widersprochen hatte. Sein hochverehrter Lehrmeister und väterlicher Freund Wilhelm de Croy, Herr von Chièvres, war in Worms den Folgen einer Seuche erlegen.

Der junge Fürst gewann an Profil. Für ihn hatte nun das unselige und unruhige Leben eines Herrschers endgültig begonnen. Er stürzte sich – wie konnte es anders sein? – in seinen ersten Krieg. Gegen den Erzfeind Frankreich, gegen Franz I.

In Antwerpen hatte er sogenannte *pleiten* bauen lassen, eine Kombination aus Segel- und Schleppschiffen mit relativ niedrigem Mast, mit denen seine Söldner über die Schelde Richtung Tournai fuhren. Die Belagerung konnte beginnen.

Der übermütige junge Karl wollte dabeisein, das Geschehen aus der Nähe beobachten, und ließ deshalb das kaiserliche Hauptquartier im nahe gelegenen Oudenaarde aufschlagen. Er selbst genoß vom 26. Oktober bis 12. Dezember 1521 die großzügige Gastfreundschaft seines Gouverneurs und Freundes Charles de Lalaing und wohnte fürstlich im altburgundischen Kastell, das man vor langer Zeit wegen der Begradigung

In der Schlacht bei Pavia am 25. Februar 1525 unterlag Franz I. von Frankreich dem Heer Karls V. Die Tapisserie wurde von Bernart van Orley um 1531 entworfen.

der Schelde abgerissen hat. Begleitet wurde er von seinem Bruder Ferdinand, der im Schloß von Pamele abstieg, und seiner Tante, der Erzherzogin und Statthalterin Margarete von Österreich, die in dem Kloster von *Sion* Quartier nahm. Der Bischof von Tournai wohnte mit seinem Gefolge im *Onze Lieve Vrouw Hospitaal*, dem Liebfrauenstift. Die Familie war beisammen und harrte der Dinge.

Nach drei Monaten gab sich die karolingische Königsstadt geschlagen. Die Stadt und das Land Tournai wurden zu niederländischen Provinzen. Karl V. hatte seinen Sieg errungen.

Für die Bevölkerung bedeutete das zunächst kein Zuckerschlecken. Denn zur selben Zeit machten Piraten die Nordsee unsicher. Der Getreidetransport war bedroht, und infolge des Krieges mit Franz I. waren nun auch die Getreidelieferungen aus Nordfrankreich blockiert. Es drohte Hungersnot. Aber was kümmerte das den Kriegsherrn?

Glücklicherweise entspannte sich nach einer Weile die Lage.

Die kleine Tochter

Der Aufenthalt des selbstbewußten Kaisers in Oudenaarde sorgte auch in anderer Hinsicht für Aufsehen. Ein Techtelmechtel mit Johanna van der Gheynst aus dem kleinen Ort Nukerke, einer Zofe der Gräfin de Lalaing, blieb nicht ohne Folgen. Die Tochter des Bauern van der Gheynst und der Oudenaarderin van der Coyen war ein bescheidenes Mädchen aus dem Volke. Was weiß man schon über sie? Nur, daß der stürmische Habsburger ein Auge auf sie geworfen hatte.

Knapp neun Monate nach der Liebelei wurde ein Mädchen geboren. Am 22. Juli 1522 erblickte in Pamele, rechts der Schelde, die uneheliche Tochter des jungen Kaisers und der Dienstmagd Johanna van der Gheynst das Licht der Welt. Kurz vor der Niederkunft hatte Karl V. die Niederlande verlassen und war nach Spanien gereist, wo er 1525 Isabella von Portugal heiratete. Das kleine flandrische Töchterchen wurde in der Dorfkirche von Pamele auf den Namen Margarete getauft und kurz darauf in die Obhut der Familie de Douvrin gegeben. André de Douvrin, bereits am Hofe Maximilians Hof- und Speisemeister, und seine Familie kümmerten sich rührend um das kleine Kaiserskind. Für die standesgemäße Erziehung waren Margarete von Österreich und später Maria von Ungarn verantwortlich. Es konnte also nichts schiefgehen.

Auch wenn sie ihre kleine Tochter und den Kaiser nie mehr wiedersah – das kurze Liebesabenteuer der jungen Johanna van der Gheynst mit dem begehrten, hochverehrten Fürsten veränderte ihr Leben. Aus der kaiserlichen Schatztruhe erhielt sie eine ordentliche Leibrente, und zwei Jahre nach der Geburt der kleinen Margarete wurde sie dem noblen Herrn Johan van den Dijcke, Herr von Santvliet und Beirendrecht, versprochen. Das Ehepaar bekam neun Kinder. Johanna starb im Jahre 1542. Der Kaiser zeigte sich nach wie vor erkenntlich. Nicht allein, daß er seiner eigenen Tochter nur das Beste zukommen ließ, er beauftragte zudem seine Schwester Maria von Ungarn, die noch minderjährigen Kinder seiner Geliebten aus den heiteren Tagen in Oudenaarde weiterhin finanziell zu unterstützen.

Die Geschichte der Familie des einst unschuldigen Mädchens vom Lande nahm seinen Lauf. Als am 17. September 1632 Anna van der Tommen starb und in der St. Niklaskirche zu Brüssel neben ihrem vornehmen Ehemann, Ritter Jean de Fourneau, Bürgermeister von Brüssel, Herr von Wambeek, Ternat, Lombeek usw, bestattet wurde, schmückte man ihren Grabstein mit den Wappen der *van der Genst und van Koijen*. Anna

Im Sitzungssaal des bezaubernden Rathauses von Oudenaarde hängt rechts vom Kamin das Bild Margaretes von Parma. Es wurde 1844 nach dem Original von Antonio Moro aus dem 16. Jahrhundert vom Antwerpener Künstler Delhoy gemalt. Das Portrait ist eine Idealisierung, denn das Gesicht der recht korpulenten Statthalterin trug laut zeitgenössischen Malern nie solche feinen und anmutigen Züge. Die Biographin Ursula Tamussino meint dazu: »Sie scheint in Aussehen und Statur eine echte Niederländerin gewesen zu sein, grobknochig und früh zu Fülle neigend. Zeitgenossen fanden sie maskulin, spöttelten über ihren Schnurrbart, ihre unweibliche Jagdpassion und munkelten über Beziehungen zu Frauen – Geschwätz, das immer dann entsteht, wenn die Betreffende sich gegenüber den Galanterien der Männerwelt unempfindlich zeigt. Einig war man sich stets über ihre echte und tiefe Religiosität und ihre große persönliche Würde, wenn auch manche die Distanz, die sie zu ihren Mitmenschen hielt, für Hochmut ansahen.«

Unter dem stolzen Bild der Ehrenbürgerin von Oudenaarde hängt das kleine Portrait ihres von der Seuche gezeichneten Sohnes, Alessandro Farnese, auf dem Totenbett. Der große Widersacher Wilhelms von Nassau-Oranien und als Statthalter Nachfolger seiner Mutter Margarete von Parma war bestimmend für das traurige Schicksal der südlichen Niederlande.

Mit Karl V. wurde zum letztenmal ein römisch-deutscher Kaiser vom Papst gekrönt.
Das Gemälde von Juan de la Corte (1597–1660) zeigt den Einzug Karls V. und des Papstes Clemens VII. zur Kaiserkrönung in Bologna am 24. Februar 1530.

van der Tommen war nämlich die Enkelin der Johanna van der Gheynst, Mutter der Margarete van Parma. Wer erinnerte sich noch an den Bauernsohn aus Nukerke und die Zofe aus Oudenaarde? Wer noch daran, wie vor Generationen eine junge Frau durch Lust und Liebe zu gesellschaftlichem Aufstieg und Status gelangt war?

So verblassen die Erinnerungen.

Am 9. Juli 1529 erkannte Kaiser Karl Margarete offiziell als seine Tochter an. Das kleine Mädchen war nun sieben Jahre alt. Aber die Aufnahme in die Dynastie hatte ihren Preis. Denn warum sollte es ihr anders ergehen als ihren Geschlechtsgenossinnen? Das kleine, knabenhafte Mädchen mit den blonden Locken, den hellblauen Augen und der hohen Stirn wurde aus dynastischen Gründen dem dunkelhäutigen Alessandro de' Medici versprochen.

Margarete wird Herzogin von Parma

Der entscheidungsschwache Papst Clemens VII. hatte sich am 29. Juni 1529 im sogenannten »Frieden von Barcelona« mit Karl V. »aus Schmerz über die Zerrissenheit der Christen, zur Abwehr der Türken und zur Anbahnung eines allgemeinen Friedens« versöhnt. Am 22. Februar 1530 empfing Karl aus den Händen des Papstes die eiserne Krone der Lombardei, und am 24. Februar, am Tage seines 30. Geburtstags, fand im gotischen Dom von San Petronio in Bologna endlich die langersehnte Kaiserkrönung statt. Zum letztenmal wurde ein Kaiser des Heiligen Römischen Reiches vom Papst gekrönt.

Das Ganze hatte seinen Preis. Clemens VII. (Giulio de' Medici – ein Medici mit Herz und Seele) wollte sein nobles Geschlecht wieder über Florenz herrschen sehen. Und Kaiser Karl V. zeigte Loyalität. Er unterstützte die Pläne des Papstes, sorgte zusätzlich für militärische Hilfe, weil sich die florentinische Republik gegen diese Vereinnahmung des ehrgeizigen Adelsgeschlechtes wehrte, und versprach Alessandro de' Medici, offiziell der Neffe des Papstes Clemens VII., die Hand seiner kleinen Tochter Margarete aus den Niederlanden. In Wahrheit war das Halbblut Alessandro der Sohn des Kirchenfürsten: »Die Frucht der Liebe mit einer Nubierin ...«

Als im Juni 1530 der päpstliche Gesandte von Brüssel nach Rom zurückkehrte, trug er das erste Portrait der zukünftigen Herzogin von Parma und Florenz bei sich. Das Medaillon zeigte das Gesichtchen eines neunjährigen, unbedarften Kindes.

Der dunkelhäutige Florentiner Alessandro war zwölf Jahre älter als sie und, bei Gott, kein unbeschriebenes Blatt. Aber wer fragte im Kalkül der dynastischen Machtspiele schon danach?

Am 5. Juli 1531 zog Alessandro de' Medici selbstbewußt in Florenz ein, und Karl V. bestimmte in einem Dokument den ehrgeizigen Herzog und seine Nachkommen zu erblichen Herrschern von Florenz. Sobald des Kaisers Tochter Margarete das ehefähige Alter erreicht haben würde, sollte der junge Mann mit dem überaus schlechten Leumund sein Schwiegersohn werden.

In Brüssel wurden die Koffer gepackt. Anfang Januar 1533 trat die endlose Karawane mit dem Mädchen in der Sänfte die zweitausend Kilometer lange Reise nach Italien an. Es gingen Monate ins Land, bis die Prinzessin mit Gefolge endlich wohlbehalten in Neapel eintraf. Dort erwartete sie die Witwe von Charles de Lannoy, dem ehemaligen kaiserlichen

Ratgeber und Intimus Karls V. aus den Niederlanden. Bei der Gräfin sollte Margarete nicht nur in die italienische Lebensweise eingeführt werden, sondern auch die Sprache erlernen.

Noch blieb ihr Schonung vergönnt. Denn erst in drei Jahren kam sie ins heiratsfähige Alter. Drei lange Jahre, um Abschied von der Kindheit zu nehmen, weit weg von der Heimat, der vertrauten Umgebung und den Menschen, die sich fürsorglich um sie gekümmert hatten. Margarete lernte fleißig. Und neben Sitten und Bräuchen des Hofes übte sie die Vokabeln der Landessprache. Italienisch wurde ihre Umgangsprache, in der sie auch ihr Leben lang ihre gesamte Korrespondenz führte.

Der Bräutigam war kein Gentleman. Im Gegenteil. Zeitgenossen nannten ihn einen Widerling, schnell aufbrausend, bösartig und liederlich. Karl V. wußte dies nur allzugut. Es wurde ihm bis in die Schlacht vor Tunis zugetragen. Aber vergebens.

Nach dem Tod von Clemens VII. im Herbst 1534 zeigte Alessandro endgültig sein wahres Gesicht. Er reizte Kabinett, Senat und den Rat der Zweihundert, ja, alle Florentiner mit seinen sexuellen Orgien und ausschweifenden Veranstaltungen. Führende Bürger der Stadt forderten den Umsturz und planten einen Putsch. Sie unterrichteten den Kaiser, stießen aber auf taube Ohren. Karl V. war mit sich und seinen Erfolgen auf dem Schlachtfeld beschäftigt. Er war wieder im Besitz der spanischen Seeherrschaft im westlichen Mittelmeer, die muselmanische Bedrohung hatte er souverän abgewehrt, sein Ansehen im ganzen Abendland war auf dem Höhepunkt, und man feierte ihn als Vorkämpfer Europas. Voller Stolz besuchte er zum ersten Mal seine süditalienischen Reiche.

Was kümmerten ihn da die Ausschweifungen seines zukünftigen Schwiegersohns? Zwar nahm er sich ihn in Neapel kurz zur Brust, ließ sich aber nur allzu rasch von seinen Versprechungen und seinem demonstrativen Wohlverhalten überzeugen.

In dieser euphorischen Stimmung sah der Kaiser seine Tochter Margarete zum ersten Mal. Es war im November 1535. Das kleine Mädchen war inzwischen 14 Jahre alt. Was mag in dem Vater vorgegangen sein? Eine vage Erinnerung an eine Liebelei in Flandern? Eine zarte Wehmut? Oder sollte die Begegnung die anständige Einlösung der Pflicht eines Habsburgers gewesen sein, der seine unehelichen Kinder nicht verhungern läßt? Und sie geschickt für die Aufrechterhaltung der Dynastie einsetzt?

Am 28. Februar 1536 wurde der zivile Ehevertrag der Niederländerin mit dem Florentiner besiegelt. Kurz darauf, im März 1536, strebte der Kaiser im Eilschritt nach Rom. Dort traf er sich mit dem Nachfolger Clemens' VII., dem 68jährigen Alessandro Farnese, Papst Paul III. Die Hochzeit seiner Tochter mit Alessandro konnte er nicht mehr abwarten. In Frankreich spitzten sich erneut die Konflikte zu. So zog des Kaisers Tochter allein durch die *Porta del Prato* in das zuvor bereits für Karl V. festlich geschmückte Florenz ein. Die Triumphbögen für den siegreichen Herrscher hatte man gleich stehenlassen.

Der Bräutigam kam der jungen Braut, begleitet von der Witwe de Lannoy, die ihren Zögling nicht aus den Augen ließ, da die Ehe erst 18 Monate später vollzogen werden sollte, bis Pisa entgegengeritten. Er war ganz Kavalier und begrüßte sie höflichst mit *Madama*. Diese Anrede war von da an in Italien das Synonym für *Margarita d' Austria* und später *Margarita de Parma*. Der Palast der Medici in Rom, von Raffael konzipiert und von seinen Schülern ausgeschmückt, heute Senatssitz, wird immer noch *Villa Madama* genannt, und in der Nähe von Tivoli gibt es das *Castel Madama*.

In Florenz blieb alles beim alten. Alessandro nahm, trotz Ehe und Versprechen, sein ausschweifendes Leben wieder auf. Doch nicht mehr für lange. Denn Intrigen kosteten ihn das Leben. Sein Cousin, der hochgebildete und ihm intellektuell weit überlegene Lorenzino de' Medici, lockte in einer Karnevalsnacht im Januar 1537 den leichtsinnigen Alessandro in seine Gemächer und tötete ihn hinterlistig mit Dolch und Degen. Margarita hatte kaum Zeit gehabt, sich an das neue Leben und an Florenz zu gewöhnen.

Zeitgenössische Chronisten ließen nicht lange auf Geschichten und Gerüchte warten. Varchi notierte, die junge Herzogin habe »an der Seite ihres zärtlichen Gemahls ein höchst vergnügtes Leben« geführt. Andere dagegen behaupteten, die Ehe sei gar nicht vollzogen worden.

Dichtung und Wahrheit?

Aber das Leben ging weiter. Auch für die junge Witwe. Unmittelbar nach dem Bekanntwerden des Attentats brachte der Kommandant der in Florenz stationierten kaiserlichen Truppen Margarita in Sicherheit. Das Karussell drehte sich wieder. Ein neuer Medici stand bereits bei der noch Trauer tragenden jungen Frau auf der Schwelle. Der knapp 18jährige Cosimo, neuer Herzog von Florenz, hielt um ihre Hand an. Aber der mächtige Vater, Karl V., winkte ab. Er verfolgte andere Pläne. Papst Paul III. war am 18. Juni 1538 in Nizza als Vermittler zwischen Franz I. und Karl V. aufgetreten, weshalb ihm der Kaiser Dank schuldete.

Und die unselige Geschichte wiederholte sich. Wiederum mußte Margarita als Pfand herhalten. Dieses Mal sollte sie nicht den Sohn, sondern den Enkel eines Papstes heiraten: Ottavio Farnese, einen unscheinbaren Knaben, noch keine 14 Jahre alt.

Wer aber hatte mit dem flandrischen Dickschädel der jungen Frau gerechnet? Margarita, inzwischen gereift und fast erwachsen, lehnte sich auf. Gegen Gott und die Welt und gegen ihren kaiserlichen Vater. »Es gibt viele Frauen, die heiraten einen Mann, der nur noch schrumpfen kann, der meinige muß noch wachsen…«, protestierte sie bitter, und dem Kaiser, ihrem Vater, schrieb sie: »Sie haben mich zweimal verehelicht. Das erste Mal war er wesentlich älter, und ich war noch ein Kind. Jetzt bin ich eine Frau, und ich muß ein Kind heiraten.«

Ihre Abneigung Ottavio gegenüber war unübersehbar. Sie weigerte sich, ihn zu empfangen. Vergebens. Wie sollte sie auch gegen die Übermacht der Kirche und der Monarchie ankommen?

Am 12. Oktober 1538 wurde im Vatikanspalast, in Anwesenheit des Papstes und zahlreicher geistlicher und weltlicher Würdenträger, der Ehevertrag unterschrieben. Margarita hatte keine Wahl. Die inzwischen selbstbewußte Frau, der Landessprache fließend mächtig und mit den Sitten ihrer neuen Heimat vertraut, mußte sich beugen und reiste am 3. November, nolens volens, nach Rom.

Die Freude seitens der Farnese war groß. Der stolze Großvater, Papst Paul III., scheute keine Kosten und ließ nach der Trauung in der Sixtinischen Kapelle das feierliche Abendessen in seinen Privatgemächern servieren. Aber die aufsässige Tochter des Kaisers blieb hartnäckig. Sie konnte und wollte sich mit der Situation nicht abfinden. Am 10. Juli 1538 legte sie vor einem burgundischen Notar eine eidesstattliche Erklärung ab, sie habe nie freiwillig in die Ehe eingestimmt und nur aus Furcht und unter Zwang gehandelt. Noch am gleichen Tag schrieb sie ihrem Vater, sie fände Ottavio *»brutto, piccolo, rozzo e sporco«*, häßlich, klein, roh und schmutzig …

Aber auch das half nichts. Im März 1539 schrieb ihr Karl V. aus Toledo, der Ehevertrag vom 12. Oktober 1538 sei bestätigt, und er ermahnte sie väterlich: »Seit längerer Zeit schon bin ich über Euer Mißvergnügen unterrichtet, doch glaubte ich, es sei durch Eure Vernunft bereits geheilt. Aus Eurem durch Lopez Hurtado übermittelten Brief erfahre ich aber jetzt, daß die Dinge schlimmer stehen denn je. Außerdem mißfällt mir, daß Eure Worte viel mehr von der Leidenschaft als von der Vernunft diktiert scheinen … eine solche Ausdrucksweise kann ich niemandem gestatten, schon gar nicht Euch, die Ihr meine Tochter seid.«

Das war Klartext. Widerstand war auf die Dauer zwecklos.

Jahre gingen ins Land. Margarita hatte ihren Vater seit 1536 nicht mehr gesehen. Fünf volle Jahre. Während der Vorbereitungen zu einer neuen Expedition nach Afrika im Jahre 1541 traf sie ihn dann in Lucca endlich wieder. Sie war nun 19 Jahre alt. Eine junge Frau mit eigenem Willen. Der Kaiser beschloß, seinen jungen Schwiegersohn Ottavio Farnese mit in die Schlacht zu nehmen. Margarita mußte lange um ihren Vater und ihren Ehemann bangen, die beide an der Front kämpften, bevor sie die tapferen Krieger schließlich im Mai 1543 in Pavia wieder in ihre Arme schließen konnte. Wohl zu ihrer Verwunderung war Ottavio, vielleicht nach der rauhen Erfahrung des Krieges, inzwischen zum Mann gereift. Und es kam, wie es kommen mußte oder sollte. Pablo Giovio schrieb seinem Herzog Cosimo nach Florenz: »Der schöne Herzog Ottavio bestieg in der ersten Nacht in Pavia viermal seine Madama, dann kam er *ad sanctissimos pedes*, und so ist die schlechte Meinung, die man hatte, aufgehoben.«

Ob Margarita, die über den gesamten Medici-Besitz verfügte und über Unmengen von Juwelen, nun auch endlich das doppelte Schloß der Grimaldi-Bank öffnen durfte, um die ansehnliche Bargeldsumme abzuholen, die den beiden Eheleuten nach der sogenannten *Copula carnale* zustand? Der Schritt zur körperlichen Vereinigung hatte reichlich lange gedauert …

Margarita hatte die Waffen gestreckt. Sie fügte sich in ihr Schicksal. Neben den pflichtmäßigen Ausflügen zu ihren Latifundien in Latium und den Abruzzen kümmerte sie sich um religiöse und karitative Einrichtungen, um Arme und Kranke, Waisenkinder und Prostituierte. Auch dem gesellschaftlichen Leben war sie nicht abgeneigt. Margarita motivierte verwöhnte Damen der römischen Oberschicht zu sozialen Tätigkeiten, war mit der berühmten Vittoria Colonna, Dichterin und Freundin Michelangelos, befreundet und beschäftigte sich mit den Ideen des Ignatius von Loyola, ihres Beichtvaters und vertrauten Gesprächspartners. Sie bewegte Papst Paul III. zu der kanonischen Anerkennung der »Gesellschaft Jesu« und gewährte der »Compagnia di Gesu« finanzielle Unterstützung.

Die Welt schien in Ordnung. Alles hatte sich zum Guten gewendet. Der Papst liebte und verehrte die Gemahlin seines Enkels sehr und beschenkte sie mit in der päpstlichen »Tesoreria« genauestens verbuchtem wertvollen Schmuck. Als Margarita schwanger wurde, war das Glück perfekt. Die Freude des alten Paul III. schien grenzenlos. Am 27. August 1545 brachte sie in Rom Zwillinge zur Welt. Sie wurden auf die Namen Carlo und Alessandro getauft. Nach dem Großvater und dem Urgroßvater. Paul III. bedachte die junge Mutter mit vielen kostbaren Gaben und an-

Das filigrane Rathaus in Oudenaarde ist ein berauschendes Beispiel der *Gotique flamboyante,* der flämischen Hochgotik, aus einer Zeit, als sich in dieser Stadt an der Schelde die Tapisserie-Werkstätten vor Aufträgen nicht retten konnten und die Burgunderherzöge und ihre Nachfolger des Hauses Habsburg, allen voran Karl V., auf Händen getragen wurden.

Erhalten gebliebene städtische Rechnungen, die ab 1526 jeden Posten verzeichnen, geben bis ins letzte Detail Aufschluß darüber, wie sein Aufbau vonstatten ging. Während einer fröhlichen Karnevalsveranstaltung feierten die unbekümmerten Bürger der wohlhabenden Stadt den Abbruch des alten romanischen Stadthauses und beauftragten den Brüsseler Architekten Heyndric van Pee mit der Planung eines neuen Gebäudes. Der Rat wußte genau, was er wollte. Der Neubau auf dem Marktplatz sollte dem Rathaus des seeländischen Middelburg gleichen. Auch des Kaisers berühmter Architekt Rombaut van Gansdaele, bekannt unter dem Namen Keldermans, wurde zur Begutachtung der Pläne und des Vorhabens hinzugezogen. An Kosten und Mühe wurde nicht gespart, und als im Jahre 1536 das Wunderwerk endlich vollbracht war, staunte jeder über die glanzvolle Perfektion.

Im historischen Bürgersaal im ersten Stock beherrscht das imponierende Wappen Karls V. (oben) mit dem Wahlspruch *Plus oultre* die Atmosphäre des Raums. Der Herr und Imperator. Man begegnet ihm auf Schritt und Tritt. Auf der gußeisernen Feuerplatte im Kamin steht die persönliche Devise des Kaisers: *Donne-moi vertu contre tes ennemis* – gib mir Kraft wider Deine Feinde.

deren Aufmerksamkeiten. Waren doch nun Glanz und Fortbestand seines Hauses durch die Geburt der beiden Stammhalter gesichert.

Aber zur großen Trauer der Niederländerin starb im Oktober 1549 einer ihrer Zwillinge, der kleine Carlo. Ihr blieb nur noch Alessandro, den sie abgöttisch liebte und verwöhnte.

Im Dezember 1545 berief der Kirchenfürst das Konzil nach Trient. Kaiser Karl V. hatte schon seit längerem auf dieses Zusammentreffen gedrängt, und nun gab der alternde Papst endlich nach und versprach dem ungeduldigen Monarchen Truppen und Geld für den Feldzug gegen die Protestanten. Seinem Sohn, Pier Luigi, überschrieb er die Herzogtümer Parma und Piacenza, der Enkel Ottavio und Margarita bekamen das Herzogtum Castro. Gesegnet sei das Haus Farnese ...

Ein Kaiser und ein Heiliger Vater. Welt- und Kirchenpolitik. Wo lag der Unterschied?

Margarita wollte sich von nun an nur noch ihrem kleinen Sohn Alessandro widmen. Aber die Politik beherrschte das ganze Leben.

Nach der Ermordung seines Vaters Pier Luigi wollte Ottavio Farnese die Nachfolge in Parma und Piacenza antreten. Dieser Machthunger mißfiel jedoch sowohl dem Kaiser als auch Papst Paul III.

Zu ihrem Ärger strebte der ehrgeizige Ottavio in die große Politik und führte auf eigene Faust Verhandlungen mit Heinrich II. von Frankreich. Kaiser Karl V. legte seiner Tochter nahe, ihren aufsässigen Gemahl zu verlassen und bot ihr seinen Schutz an. Aber Margarita ließ sich nicht beirren. Sie hielt, trotz heftiger Auseinandersetzungen, zu ihrem Mann. Und ihre Sturheit siegte. Nach dem Tod Pauls III. bemühte sich der neue Papst, Julius III., um einen Kompromiß und ernannte schließlich am 29. Februar 1552 den jungen Ottavio Farnese zum neuen Herzog von Parma. Margarita nahm Mitte Juni 1550 Abschied von ihrem geliebten Rom und zog mit dem kleinen Alessandro zu ihrem Gemahl nach Parma.

Auch Karl V. dachte, wie wir wissen, an Abschied.

Er war des Kämpfens müde. Das Riesenreich überforderte ihn, er litt unter Gicht, und das viele endlose Reisen fiel ihm zusehends schwerer. Am 13. April 1555 starb seine Mutter. Wegen ihrer Krankheit konnte er wohl die spanische Herrschaft nicht aufgeben. Am 22. Oktober 1555 legte er die Souveränität des Ordens vom Goldenen Vlies nieder. Am 25. Oktober übergab er im großen Saal des Schlosses von Brüssel sein politisches Erbe seinem Sohn Philipp: die Niederlande. Karl, gestützt auf Wilhelm von Oranien, erschien in Trauerkleidern. Um ihn versammelten sich die

Ritter des Ordens, die Generäle, Räte und Statthalter der Niederlande, Emanuel Philibert von Savoyen, die Herzogin Christine von Lothringen, Erzherzog Ferdinand von Österreich, König Philipp und die Königinnen Eleonore und Maria. Der Kaiser erhob sich mühsam und gab, wie früher so oft, mit einem Zettel in der Hand einen Rückblick auf sein Leben. Er schloß seine lange Rede, in der er seine vielen Reisen und Seefahrten erwähnte und seinen Willen zum Frieden betonte, mit den Worten: »In der Regierung, ja, das gesteh ich, hab ich mich oft geirrt, aus Mangel an Erfahrung, aus übermäßiger Vertrauensseligkeit, manchmal aus brennendem Wagemut, aber niemals in der Absicht, jemanden zu verletzen; sollte ich es dennoch getan haben, so bitte ich alle, die es betrifft, um Vergebung.« Er stockte und fügte hinzu: »Verzeiht, wenn mir altem Mann die Tränen kommen.« Erschöpft sank der Kaiser in seinen Sessel nieder. Darauf stellte sich Philipp der Versammlung, entschuldigte sich, die Sprache des Landes nicht zu sprechen, und ließ den Bischof von Arrasin in seinem Namen reden.

»Sein Umgang mit der Macht, auch sein Rückzug von ihr, entsprang eher seinem so persönlichen Gefühl der Auserwählung. Wie er das Unerhörte empfangen hatte, in einer Reihe merkwürdiger Erbfälle, so gab er nun auch auf unerhörte Weise zurück, aber eigentlich nicht den Ständen der Niederlande, den spanischen Cortes oder den deutschen Kurfürsten; eigentlich gab er es an den Allerhöchsten zurück. Das zu zeigen, hatte er Tizian aufgetragen. Entlastet, und wohl nicht nur wegen seiner Krankheit, wandte er sich wirklich der geistigen Muße zu«, schreibt Ferdinand Seibt. Philipp II. begleitete seinen Vater am 8. August 1556 bis nach Gent. In Seeland waren die Segel gesetzt. Der Kaiser verließ für immer die Niederlande, um sich in Spanien zur Ruhe zu setzen. An Bord das berühmte Tizianbild »Gloria«, die Synthese seines Gemütszustandes.

Diese Entscheidung, die politische Bühne für immer zu verlassen, teilte Karl V. seiner Tochter Margarita in einem letzten, im flandrischen Gent geschriebenen Brief persönlich mit. Er lobte bei der Gelegenheit seine »Sehr verehrte Herzogin, unsere liebe und geliebte Tochter« in hohen Tönen und fügte hinzu, er habe seinen Sohn beauftragt, alles zu tun, um sie und ihre Verwandtschaft zu schützen. »Wir sind dabei, diese Stadt zu verlassen mit der Absicht, so Gott will, die Reise nach Spanien anzutreten. Dort, und gleich, wo wir uns befinden mögen, werden Sie in uns die Liebe und Zuneigung eines guten Vaters finden, so, wie wir immer gewesen sind.«

Die wohlerzogene Tochter Margarita antwortete am 5. November 1556 aus Mailand und freute sich, daß der Kaiser inzwischen wohlbehalten in Spanien gelandet war. »... nichts in der Welt wünsche ich mir mehr, als Seine Majestät aufsuchen zu dürfen, so unendlich groß ist mein Verlangen, Sie wiederzusehen und Ihre Hände und Füße zu küssen, ohnedies ich nicht zufrieden weiterleben kann ... Gott möge mir die Gnade erweisen, Euch noch lange, gesund und glücklich zu erhalten.«

Es kam anders. Margarete sah ihren Vater nie wieder.

Als die 34jährige im Winter 1556 zusammen mit ihrem kleinen Sohn Alessandro in die Niederlande reiste, traf sie in Brüssel zum ersten Mal ihren Halbbruder, des Kaisers Sohn Philipp II., König von Spanien. Der spröde junge Mann zeigte ihr gegenüber absolute Loyalität und bestätigte Margaretes Mann als Herzog von Piacenza. Die Farneses konnten sich nun der Herzogtümer Parma und Piacenza für die Zukunft sicher sein. Aber die Geste hatte ihren Preis. Das Pfand war Margaretes elfjähriger Sohn Alessandro. Er sollte am Hofe in Spanien erzogen werden. Da gab es keine Diskussionen.

So kehrte die Herzogin von Parma Mitte 1557 einsamen Herzens ohne ihren heißgeliebten Sohn nach Italien zurück. Sie hatte ihre dynastischen Pflichten erfüllt und einen Stammhalter geboren, der ihr nun, aus dynastischen Gründen, entzogen wurde.

Was blieb ihr nun noch? Da sie das Zusammenleben mit Ottavio kaum noch reizte, verlegte sie ihre Residenz von Parma nach Piacenza, widmete sich den üblichen gesellschaftlichen Aufgaben ihrer Zeit, beauftragte namhafte Künstler mit der Gestaltung des *Palazzo Farnese* und schrieb endlos Briefe. Briefe an ihren Gemahl, an Philipp II.von Spanien, an ihren Sohn Alessandro, an den Papst und an Katharina von Medici, Königin von Frankreich, mit der sie sich immer wieder wegen Erbschaftsstreitigkeiten in die Haare geriet.

Als sie im November 1558 die Nachricht vom Tode ihres Vaters erreichte, war sie untröstlich. Margarete war eine einsame Frau.

Das »ewige Weiberregiment«

Maria von Ungarn, Statthalterin der Niederlande, starb im selben Jahr wie ihr kaiserlicher Bruder. Nun suchte der verzweifelte, in den Niederlanden höchst umstrittene Philipp II. für den schwierigen Posten in den rebellischen *Generalstaaten*, die das heutige Belgien und die Niederlande umfaßten, einen neuen loyalen Regenten. Sollte es wieder eine Frau wer-

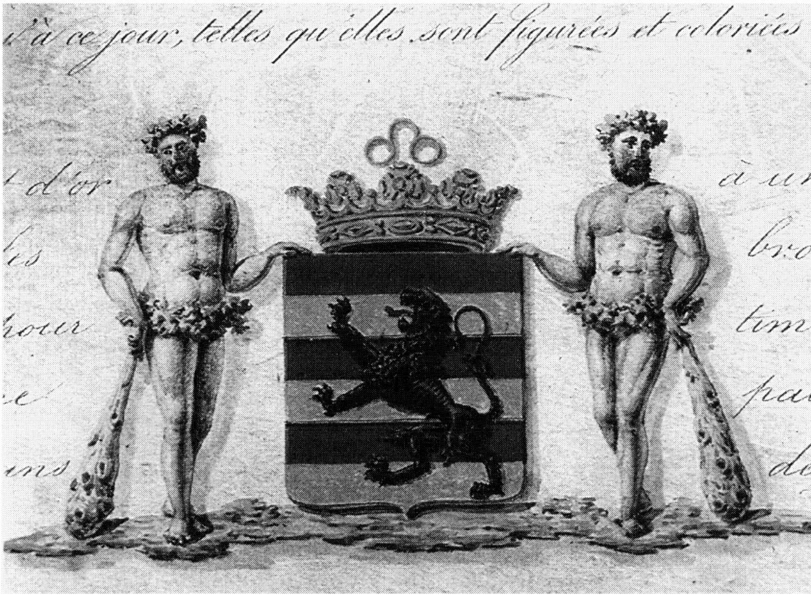

Das Stadtwappen von Oudenaarde trägt eine goldene Brille. Nicht von ungefähr. Die Legende erzählt, daß Kaiser Karl V. hier eines Tages ein feierlicher Empfang bereitet werden sollte. Die begeisterte Bevölkerung, dichtgedrängt um den Marktplatz versammelt, wartete schon ungeduldig. Alles, was Rang und Namen hatte, Stadtkämmerer und ehrbare Kaufleute, höchst elegant gekleidete Gräfinnen und Baronessen, Kirchenfürsten und Kokotten, war auf den Beinen. Aber es kam, wie es kommen mußte: Ein äußerst vornehm wirkender Herr, und davon gab es viele, wurde von den Stadttorwachen aus Versehen für den Kaiser gehalten und zur Ehrentribüne geleitet. Als dann der echte Kaiser endlich eintraf, war das Empfangskomitee ganz woanders beschäftigt. Nach diesem Mißgeschick soll Karl V. das Stadtwappen von Oudenaarde mit einer Brille versehen lassen haben. Und die trägt es noch heute.

den? Eine treu ergebene Habsburgerin, die sich in allen Fragen der Politik und Strategie seinen Wünschen und Vorstellungen zu beugen hatte?

Der distanzierte Monarch – böse Zungen nennen ihn den »Erfinder der Bürokratie« – entschied sich für seine Halbschwester Margarete von Parma und lud ihr diese schwere Bürde auf. Ob aber die Flämin, zwar gebürtig aus Oudenaarde, die jedoch während der entscheidenden Jahre in Italien gelebt hatte, diesem Amt auch gewachsen war? Was wußte sie über ihre alte Heimat und die Nöte der Leute dort? Dieses Land hatte sie bereits als Neunjährige verlassen.

Die Entscheidung Philipps, Margarete als Nachfolgerin seiner Tante Maria von Ungarn zu berufen, stieß in den Niederlanden auf große Skepsis. Die Herzogin wurde nicht gerade mit offenen Armen empfangen. Man murrte über »das ewige Weiberregiment« und wollte nicht länger »von einer Frau regiert und von Spaniern bewacht werden«. Philipp II. versicherte jedoch am 7. August 1559 vor den versammelten Generalständen, seine Wahl sei vornehmlich deshalb auf seine Schwester gefallen, weil sie in den Niederlanden geboren und erzogen sei, das Volk liebe und seine Sprache kenne.

Am 26. August 1559 verließ der rigide, uneinsichtige Philipp für immer die Niederlande. In dieser Untergangsstimmung trat Margarete, Herzogin von Parma, ihr schweres Amt als Statthalterin an.

Antoine Perrenot de Granvelle, dessen Vater, Nicholas de Granvelle, bereits im Dienste Margaretes von Österreich und Karls V. gestanden hatte, war ihr als Berater zur Seite gestellt worden. Der bedingungslos königstreue Kardinal mit Sitz in Mecheln war ein fanatischer Gegner der feudalen und regionalen Bestrebungen des niederländischen Hochadels und unerbittlicher Widersacher Wilhelms von Oranien und der Grafen Egmont und Hoorn, die sich vehement wehrten gegen Absolutismus und Bürokratismus im Verwaltungs- und Finanzwesen sowie in kirchlichen Fragen.

In allen 17 Provinzen herrschte Unzufriedenheit; längst hatte sich eine große Abneigung gegen alles Spanische breitgemacht, insbesondere gegen die Religionsedikte, auf die der König so großen Wert legte, und man sah nicht mehr ein, warum man für den Unterhalt der spanischen Soldaten und die Finanzierung der Kriege aufkommen sollte. Proteste waren an der Tagesordnung, das Volk verlangte Reformen, der katholische Süden schwankte hin und her, während im Norden der Calvinismus großen Zuspruch fand. Die fanatischen Spanier versuchten aber weiterhin, durch Rekatholisierung, Inquisitionsgerichte und Abschaffung der Selbstverwaltung das Land zu unterwerfen. Damit schafften sie nur böses Blut. Der gesamte niederländische Adel stand kopf, und Katholiken und Protestanten kämpften gemeinsam für ihre politische Unabhängigkeit und religiöse Selbstbestimmung.

Trotz allem wollte und konnte Spanien nicht auf die Steuerzahlungen aus den über 200 reichen niederländischen Städten verzichten, die immerhin siebenmal soviel einbrachten wie die gesamte Silberproduktion aus den spanischen Kolonien. Über die Hälfte der Welthandelsgüter

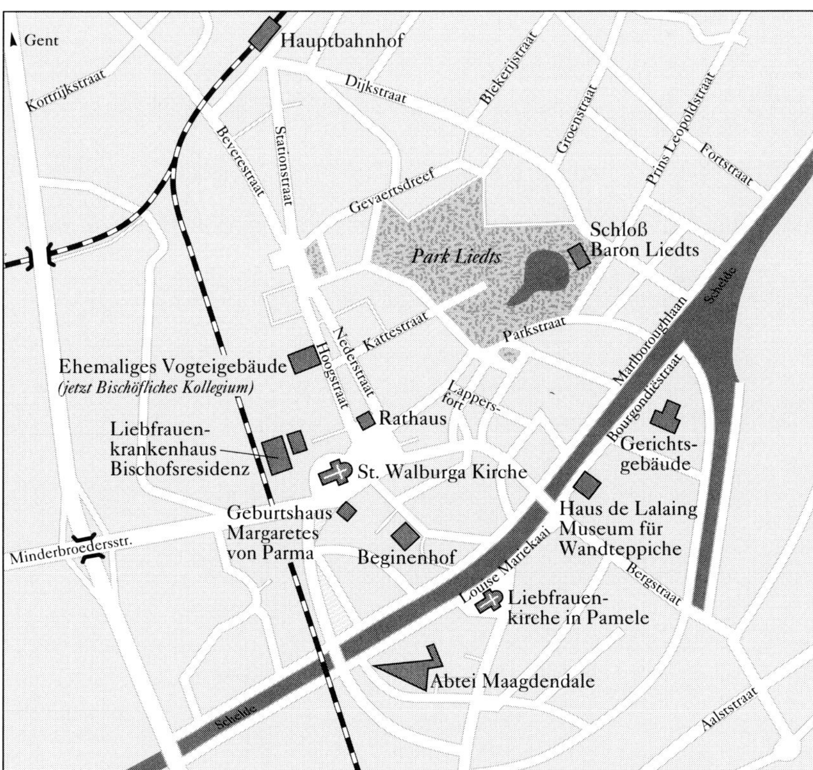

wurde in den heimischen Häfen umgeschlagen, und das blühende Antwerpen war mit seiner Börse Zentrum des europäischen Geldmarktes.

Philipp hielt sich nicht an sein Versprechen, die spanische Infanterie zügig abzuziehen, und die schlecht bezahlte und herumstreunende Truppe machte der Bevölkerung schwer zu schaffen. Es kam zu Gewaltverbrechen. Im Sommer 1562 schrieb der König aus Spanien seiner Schwester, sie solle die »Teufel von Brabant« bändigen, aber Margaretes endlose Bemühungen waren zwecklos, und auch die Abberufung des ungeliebten Kardinals Granvelle hatte nur ein kurzes Aufatmen zur Folge. Oranien, Egmont und Hoorn, Schlüsselfiguren des Widerstandes, protestierten nicht, wie des öfteren fälschlich angenommen, gegen die katholische Kirche, sondern gegen die grausame Verfolgung der sogenannten Ketzer. Die verzweifelte Statthalterin zeigte Verständnis und Sympathie für die Reformer, der zutiefst katholische König Philipp II. im fernen Spanien dachte aber nicht im Traum daran – auch nicht nach Egmonts Friedensreise –, seinen eingeschlagenen Weg zu verlassen.

Alle Vermittlungsversuche Margaretes schlugen fehl. Was macht eine Frau wie sie in solch einer Situation? Sie sucht Trost und Ablenkung in der Familie. Ihr Sohn, der junge Alessandro, Herzog von Parma, hatte inzwischen zusammen mit Juan d'Austria, dem unehelichen Sohn Karls V. aus der Verbindung mit der Regensburgerin Barbara Blomberg, und Don Carlos, Philipps II. Erstgeborenem, das Studium an der Universität von Alcalá de Heñares in Spanien abgeschlossen und sollte in Brüssel die anmutige Prinzessin Maria von Portugal heiraten. Das hatte die stolze Statthalterin veranlaßt, denn schließlich hatte noch nie der Sohn eines Statthalters bzw. einer Statthalterin in den Niederlanden geheiratet. Und so organisierte sie, trotz der wirren Zeiten, eine prunkvolle Hochzeit und rauschende Feste.

Das Volk reagierte darauf mit Unverständnis und warf Margarete Mangel an Fingerspitzengefühl vor. Es brachte ihr keine Sympathien.

Müde und der Politik überdrüssig, wollte sie ihr Amt niederlegen. Aber die Ereignisse überrollten sie. Am 5. April 1566 erhielt sie Besuch von einer Delegation niederländischer Adliger, die als *Geusen* in die Geschichte eingehen sollten und ihr selbstbewußt eine Petition überreichten. Sie verlangten energisch, Margaretes spanischer Halbbruder, Philipp II., solle seine maßlosen Religionsvorschriften beschränken. Die gebeutelte Regentin nahm die Bitte entgegen und versprach Abhilfe. Graf Berlaymont, der der Statthalterin zur Seite stand, soll ihr während des folgenreichen Empfangs zugeflüstert haben, sie brauche sich vor diesem

Haufen Bettler – *tas de geux* – nicht zu fürchten. Ein historischer Schimpfname war geboren.

Aber was kümmerte das die Niederländer? Erhobenen Hauptes verließen die Adeligen als *Geusen* den Raum und der gesamte niederländische Adel schrieb diesen provozierenden Namen stolz auf sein politisches Banner.

Philipp II. ließ derweil den Papst wissen: »Ich bin nicht gesonnen und gewillt, über Ketzer zu herrschen.« Er blieb unbelehrbar.

Das Chaos in den Niederlanden hatte inzwischen längst eine Eigendynamik entwickelt. Fanatiker zogen über Land, stürmten Klöster und Kirchen und verwüsteten Städte und Dörfer. Das Leben war von Armut und Seuchen, Hungersnot und Gewalt bestimmt. Die südlichen Niederlande erlebten die dunkelste Zeit ihrer Geschichte.

Aber die zum Teil recht einsichtige Regentin glaubte wie ihr Bruder, auch wenn sie bei Philipp Vernunft einklagte, an die unauflösbare Verbindung von Staat und Religion. Egmont, Oranien und Hoorn waren dagegen der Meinung, nur der Verzicht auf die Alleinherrschaft des Katholizismus könnte dem Land wieder Frieden bringen.

Im fernen Spanien diktierte Philipp unverdrossen die Wiederherstellung der Glaubenseinheit und die völlige Abschaffung der ständischen Verfassung. Als es ihm weiterhin nicht gelang, der Situation Herr zu werden, schickte er schließlich seinen »eisernen« Herzog Alba in die rebellierenden Provinzen. Ende Mai 1567 setzte sich der spanische *Grande*, an der Spitze seiner hervorragend ausgerüsteten und disziplinierten Armee, von Oberitalien aus Richtung Niederlande in Marsch. Er war im Besitz weitreichender Vollmachten, wie sie Margarete niemals besessen hatte.

Die enttäuschte Regentin soll dem *Blutherzog* beim ersten Empfang in ihrem Brüsseler Stadtpalais nicht einmal einen Stuhl angeboten haben.

Charles de Coster läßt Lamme Goedzak in seinem berühmten Eulenspiegel-Roman fragen: »Wann wird der gesegnete Frieden kommen, wo es uns vergönnt sein wird, ohne Sorge Rebhühner zu braten, Kapaune zu schmoren und die Würste mitten unter Eiern in der Pfanne braten zu lassen?« Darauf antwortet ihm der Schelm Eulenspiegel: »Diese süße Zeit wird kommen, wenn wir in den Obstgärten Flanderns an Apfel-, Kirsch- und Pflaumenbäumen statt Äpfeln, Pflaumen und Kirschen an jedem Ast einen Spanier hängen sehen.«

Im September des Jahres 1567 lockte Alba die charismatischen Kämpfer Egmont und Hoorn unter einem Vorwand in sein Quartier und nahm sie fest. Die beiden wurden auf dem Marktplatz von Brüssel geköpft.

Hanske 't Krijgerke gehört zu Oudenaarde wie der Mond zur Sonne. Das golden-kupferne Männlein steht in luftiger Höhe, das Stadtwappen stolz in der Hand, auf der kaiserlichen Krone des filigranen Rathausturms und schaut sinnend über das weite flandrische Scheldetal. Der kleine Söldner wurde im Jahre 1531 von den damaligen Stadträten bei einem Goldschmied in Auftrag gegeben. Als Vorbild diente eine Figur auf dem Schöpfenhaus der Universitätsstadt Löwen. Sein Schicksal war stürmisch. Nicht nur, daß er Zeuge aller Unruhen wurde und mehrere Belagerungen auszuhalten hatte: Im Jahre 1656 mußte er zur Restaurierung vom hohen Turm herunter, im Sommer 1694 wurde sein Kopf vom Blitz zerstört, und 1772 mußten Leib und Arme ausgebessert werden. Bis dahin trug der kleine Kerl spanische Tracht. Das sollte nicht so bleiben. Und so wurde aus *Hanske't Krijgerke* schließlich ein römischer Söldner. Das erschien den Stadtvätern zeitloser oder weniger kompromittierend.

1897 wurde der ganze Rathausturm restauriert. Ein paar Bengel packten die Gelegenheit beim Schopfe, kletterten in einer Nacht-und-Nebel-Aktion über das Gerüst bis in die Wolken und verpaßten dem braven *Hanske* ein Karnevalskostüm. Da staunte das fromme Volk beim Gang zur Frühmesse.

Damit war das Maß voll. Margarete weigerte sich, weiter mit Alba zusammenzuarbeiten, und bat um ihre Entlassung. Am 21. November 1567 schrieb sie ihrem Halbbruder: »Nun, da ich gehe, flehe ich in Demut und Herzlichkeit, daß Eure Majestät Milde und Erbarmen walten lassen und eingedenk sein, daß die Könige um so größer und näher an Gott sind, je mehr sie ein Beispiel dieser großen und mächtigen göttlichen Güte und Milde geben. Könige und Fürsten mögen sich damit begnügen, diejenigen zu treffen, die den Aufruhr angeführt haben, und dem reuigen Volk Verzeihung zu gewähren. Anderenfalls, Monseigneur, bei Anwendung von Gewalt, ist es unausweichlich, daß der Gute zusammen mit dem Ruchlosen leidet und daß Unheil und allgemeine Zerstörung über dieses Land kommen, mit allen nur möglichen Konsequenzen.«

Eine mutige, aber auch müde Frau räumte das Feld. Am 30. Dezember 1567 verließ Margarete die Niederlande. In Parma erwarteten sie Sohn und Schwiegertochter mit der kleinen, nach ihr benannten Enkelin. Sollte die 45jährige Herzogin, endlich im Kreise ihrer Familie angekommen, nun die verdiente Ruhe finden und sich neben den zahlreichen gesellschaftlichen Vergnügungen auch ihren geliebten Beschäftigungen widmen können?

Margarete fehlte die Bildung von Karls Ziehtante Margarete von Österreich, und sie zeigte auch keine besondere Neigung zu prunkvollen Auftritten wie Maria von Ungarn, aber sie liebte schöne Kleider, trug gerne den eleganten, ihr von Papst Paul III. so großzügig geschenkten, äußerst kostbaren Schmuck und klöppelte unermüdlich an ihren Spitzen. Der Stickrahmen war ihr ständiger Begleiter. In der Sänfte, bei wichtigen Sitzungen oder auf Reisen. Sie stickte und stickte und stickte …

Noch aber war ihr kein Aufatmen vergönnt. Als ihr Halbbruder Juan d'Austria im Jahre 1577 an einer unerforschten Krankheit im belgischen Namur dahinsiechte und der junge Herzog von Parma, Margaretes Sohn Alessandro, von seinem Onkel, zum Generalstatthalter und Generalkapitän der Niederlande berufen wurde, bat der spanische König seine Halbschwester, sie möge zwecks einer Friedensmission nochmals in die Niederlande reisen.

Und Margarete folgte dem Ruf. Was mag sie zu diesem Entschluß getrieben haben? Nach all dem Leid, nach all den Niederlagen? »Wollte sie zusammen mit ihrem Sohn die endgültige Befriedung der niederländischen Provinzen erreichen?« fragt sich ihre Biographin Ursula Tamussino. Das war eine Illusion, denn als sie im Frühsommer 1580 dort eintraf, fiel ihr der einzige Sohn in den Rücken. Der junge Farnese setzte Philipp II.

ein Ultimatum. Er beanspruchte die alleinige militärische und zivile Macht. Philipp blieb kaum eine andere Wahl, als der Forderung nachzugeben.

Damit waren die Würfel gefallen. Der Lauf der Geschichte war nicht mehr aufzuhalten. Ende 1584 kapitulierten die südlichen Niederlande. Nachdem die Belagerung der stolzen Hafenstadt Antwerpen über ein Jahr angedauert hatte, ging der verzweifelte Bürgemeister Marnix van Sint-Aldegonde in die Knie. Alessandro Farnese besiegelte schließlich das Schicksal der Niederlande. Der geniale Stratege bereitete dem emsigen Hafenleben dieser einst so lebendigen Stadt mit seiner Schiffsbrücke, nach einem Entwurf des italienischen Ingenieurs Federigo Giannibelli, ein brutales Ende. Flache Schiffe bildeten aneinandergereiht eine Brücke vom einen Scheldeufer zum anderen. Der Fluß war somit abgeschlossen. Die rebellierenden Antwerpener schickten bei Ebbe kleine, lichterloh brennende Boote über das Wasser und versuchten auf diese Art und Weise vergeblich die Brücke anzuzünden. Aber sie schafften es nicht und mußten verzweifelt aufgeben. Antwerpen verlor seinen Status als bedeutender Seehafen, mehr als zwei Jahrhunderte lang blieb die Schelde für den internationalen Schiffsverkehr gesperrt.

Die »spanische Furie« fegte weiter über Stadt und Land. Die Polder um Antwerpen glichen einer Wüstenei, und in den meisten südlichen niederländischen Städten und Dörfern war die Zahl der Einwohner bis auf die Hälfte gesunken.

Alessandro Farnese, der Enkel Karls V. und eines Mädchens aus dem flandrischen Oudenaarde namens Johanna van der Gheynst, hatte auf brutalste Art die südlichen Niederlande für die spanische Krone und das Haus Habsburg heimgeholt.

»Man schickt mich nach Hause mit nichts als einem Stock in der Hand«, schrieb Margarete an Kardinal Granvelle, »und das nach so viel Leid und Mühsal auf diesem Posten, der mich meine Reputation und meine Gesundheit gekostet hat.«

Italien blieb ihre Zuflucht und letzte Heimat. In Ortona verbrachte Margarete den Winter, in Aquila den Sommer. Am 18. Januar 1586, um fünf Uhr morgens, starb die Herzogin nach einem dramatischen und qualvollen Todeskampf in Ortona.

Ob sie noch jemals mit ein wenig Wehmut an ihr Oudenaarde gedacht hat? An den Ort, wo ihr Vater auf Händen getragen wurde und ihre Mutter ein einfaches Kind aus dem Volke war? An die Stadt der Tapisserien, die ihr zu Ehren am 6. Mai 1561 bei ihrer ersten *Blijde Intrede* – dem ersten Auftreten – einen begeisterten Empfang bereitet und die ganzen stolzen Häuser mit prachtvollen Verdüren geschmückt hatte, auch wenn es den einheimischen Webern und Knüpfern längst nicht mehr gutging und das Gespenst der Armut schon lauerte?

Zu der Zeit, als die Herzogin im italienischen Ortona für immer die Augen schloß, war das bunte, pralle Leben in der kleinen Stadt an der Schelde fast ausgelöscht. Die begabten und wohlsituierten Teppichfachleute waren nach Holland, England oder Frankreich ausgewandert. Auf der Suche nach Arbeit, Freiheit und einem neuen Glück.

Augsburg

Die Fugger und ihre Frauen
Geldgeber und Gastgeber

Draußen, im Herzen Augsburgs, rauscht der monotone Lärm der Fußgängerzone. Nur vereinzelt verirren sich ein paar Touristen in die geschichtsträchtige, inzwischen evangelische Stadtkirche St. Anna. Das alte Bettelordenkloster mit der gotischen Goldschmiedekapelle, dem Kreuzgang und der Lutherstiege steht wenig auffallend und fast wie selbstverständlich zwischen umsatzfreudigen Geschäften und Fast-food-Restaurants der brodelnden Konsummeile. Man läuft ahnungslos vorbei.

Aber Tradition hat Ausdauer. Immer noch versammeln sich hier alljährlich im Monat Februar die jüngsten Vertreter der drei Fugger-Linien, Vorstände des Seniorats, zum katholischen Seelenamt vor dem Renaissance-Altar und der Gruft ihres illustren Vorfahren Jakob Fugger, genannt der Reiche. Sie sind die 19. Generation, nach inzwischen gut fünfhundert Jahren.

»Hast du wohl jemals das Grabmal der Fugger zu Augsburg gesehen?« soll schon Anfang des 16. Jahrhunderts der Querulant Ulrich von Hutten mit spitzer Zunge gefragt haben. Die wohlhabendsten und angesehensten Familien Augsburgs bemühten sich damals, eine Grabstätte innerhalb der Klostermauern für sich und ihre verstorbenen Angehörigen zu erwerben, und so hatte auch Jakob der Reiche die Fugger-Grabstätte in der St. Annakirche planen lassen. Aber der fromme Ort wurde zum konspirativen Treffpunkt und drohte der Reformation zum Opfer zu fallen. So wurde die Fertigstellung des prächtigen Renaissance-Mausoleums fraglich.

Sollte sich ein Fugger davon beirren lassen? Niemals. Der Leichnam des »Herrschers ohne Krone« wurde, wie vorgesehen, 1525 nach seinem Letzten Willen »mit Versehung aller Sakramente« in grobes Tuch gehüllt, in einen Sarg aus Fichtenholz gelegt und im Gruftgewölbe vor dem Chor der St. Annakirche beigesetzt. Eine schlichte Marmorgrabplatte im Boden weist den Zugang zur Gruft.

»Jakob Fugger aus Augsburg, Zierde seines ganzen Standes und

Volkes, Maximilians und Karls V. Kaiserlicher Rat ... Wie er bei Lebzeiten niemandem zu vergleichen war, fand er nach seinem Tod unter den Sterblichen nicht seinesgleichen.« Die Karmelitermönche von St. Anna sollten, so hatte es der katholische Jakob Fugger in seinem Stiftsbrief bestimmt, in der Fuggerschen Grabkapelle täglich eine heilige Messe lesen.

Handels- und Finanzfürsten hatten Augsburg zum mächtigen ökonomischen, kulturellen und geistlichen Zentrum gemacht, aber Kultur- und Geistesströmungen folgen in der Regel den Handelswegen und so holte die Reformation das fromme Vorhaben der Fugger ein. Statt Händlern, die ihre Geschäfte mit wildem Honig, Wachs, Pelz, Bernstein und Schiffsholz machten, waren nun unbequeme Querdenker über die unwirtlichen Landstraßen von Nordosten her gekommen. Bereits im Jahre 1518 nagte an den Mönchen des Augsburger Karmeliterklosters der Religionszweifel. Sie gewährten dem Rebellen Luther Unterschlupf, der im Fuggerpalast Kardinal Cajetan Rede und Antwort stehen sollte.

Der unerbittliche Kirchenfürst schickte den Augustinermönch mit den Worten in die Wüste: »Geh, widerrufe entweder, oder komme mir nicht mehr unter die Augen.« Worauf der Reformator schrieb: »... ich ging ohne Hoffnung auf Rückkehr«. Damit war alles gesagt.

Die Grabkapelle des mächtigen Kaufmanns und Bankiers Fugger steht heute als Symbol für den damaligen Aufbruch in die Neuzeit, für unaufhaltsame geschichtliche Entwicklungen.

Was für ein Gefühl mag es sein, vor diesem Altar zu knien, wenn man Fugger heißt? Vor diesem einmaligen Kunstwerk, an dessen Gestaltung alle Größen der damaligen Zeit mitwirkten, diesem »frühesten und vollkommensten Denkmal der Renaissance auf deutschem Boden«, in dieser von Spaltung heimgesuchten, ursprünglich altgotischen Kirche? Es waren Albrecht Dürer, Hans Burgkmair, Jörg Breu d. Ä., Hans Daucher: Sie alle gingen bei den Fuggern ein und aus.

Die Kapelle Jakobs des Reichen mit den Fuggerschen Wappenlilien in den Farben Gold und Blau auf wechselndem Grund, die sowohl in den Fenstern wie auch in dem kostbaren Marmorfußboden wiederkehren, wurde trotz der Zeichen der Zeit und der Auflösung des Karmeliterklosters katholisch geweiht. Bis kurz vor seinem Ableben kämpfte der Finanzfürst beharrlich für dieses Privileg, und bis heute hat man daran nicht gerüttelt.

Auf der Brüstung vor der außergewöhnlich schönen Marmor-Altargruppe »Der Leichnam Christi, dargeboten zur Beweinung« flegeln sich sechs äußerst harmonisch gearbeitete, an Kugeln lehnende Putten und

verführen den in Gedanken versunkenen Betrachter zum Schmunzeln. Ein Moment heiterer Leichtigkeit.

Fugger und nochmals Fugger, auf Schritt und Tritt, zwischen den Sonderangeboten, Multistores, Eisdielen, Pizzerien, Kebab-Buden und Kaufhäusern, Schuhgeschäften, Biertischen, der quietschenden Straßenbahn, Kunstgewerblichem und Modischem. Im Auf und Ab der verwinkelten Stadt plätschern der Vordere, der Mittlere und der Hintere Lech an den charmanten alten Häusern vorbei. Die Stimmung ist eine Mischung aus Weiß-Blau-Bayerisch, schwäbischer Solidität und ein wenig Basarrummel. Kleine Stege zu den alten Wohnungstüren, Pfaffengäßchen, ein Prediger- und ein Judenberg erinnern an gestern.

Eine Fuggerstraße, Fuggerportale, Fuggerhäuser, ein Fuggerkeller und eine Fuggerbank. Ein Fuggerdenkmal, eine Fuggerei und eine Fuggerstube.

Augsburg: ein wenig laut, vom chaotischen Geschehen geplagt. Menschen verschwinden im hektischen Getöse, drehen sich kaum um. Das Alltagsleben rauscht, wie überall, an der Geschichte vorbei.

Im versteckten alten *Zofenhof* des Fuggerpalais gibt es an sonnigen Sommertagen unter Schirmen Schatten und schwäbische Spezialitäten. Wer weiß schon, wenn er nebenan achtlos durch das weit geöffnete Portal mit den Wappen der Hoheitsgebiete Karls V. auf den überdimensionalen Reichsadler zugeht und anschließend durch die vollautomatische Drehtür die vornehme Bank betritt, daß er im Grunde die Kutscheneinfahrt zu der noblen Bleibe der großen Handelsfürsten Jakob und Anton Fugger betritt?

In der noblen Bank gewährt moderne gläserne Transparenz einen Blick auf den alten *Serenadenhof*, der Kunden und erlesenen Gästen des Hauses vorbehalten ist. Die gotischen Gewölbe in der Halle stimmen den flüchtigen Besucher nachdenklich und wecken die Neugier. Hier gingen Kaiser und Könige ein und aus, Luther und katholische Kirchenfürsten, Tizian und Dürer, Maria von Ungarn, Moritz von Sachsen, Ferdinand I. …

»Augsburg ist ein deutsches Florenz, und die Fugger sind den Medici an die Seite zu stellen«, meinte im 16. Jahrhundert der deutsche Reformator Melanchthon.

Zugegeben, die Familien Mozart und Holbein wohnten hier über Generationen, und Augsburg ist der Geburtsort Bert Brechts, aber für den ungebrochenen Mythos der Stadt, für eine gewisse Unnahbarkeit und Rätselhaftigkeit, sorgten die Geldfürsten Fugger.

Cherchez la femme?

»... wo ist eine Frau, ich sage nicht von Adel, sondern eine bürgerliche, die nicht von Golde glänzt?« schrieb der italienische Humanist Piccolomini über die Augsburger Gesellschaft des 15. Jahrhunderts. Und so fing alles an.

Die Fugger hatten in der mittelalterlichen Stadt am Lech, im Jahre 15 vor Christi Geburt, zu Zeiten des römischen Kaisers Augustus, gegründet und auch nach ihm benannt, bereits Geschick gezeigt. Und Fortune. Der gewiefte Weber Hans Fugger kam Mitte des 14. Jahrhunderts in die prosperierende Stadt und heiratete gleich Clara Widolf, die Tochter des Zunftmeisters Oswald Widolf. Die Weberstochter verhalf ihm zu den Bürgerrechten. Aber erst nach seiner zweiten Heirat mit Elisabeth Gfattermann, Tochter eines reichen Ratsherrn und bedeutenden Mitglieds der Weberzunft, zog er in die vornehme Oberstadt und fand Aufnahme in die bessere Gesellschaft. Ende des 14. Jahrhunderts war Hans Fugger ein gemachter Mann, ein wohlsituierter und angesehener Bürger der emsigen Stadt.

Nach seinem Tod wehrte sich die zurückgebliebene Witwe Elisabeth Gfattermann-Fugger, die ihren Ehemann um 28 Jahre überlebte, erfolgreich gegen eine Aufteilung des Familienvermögens und drängte ihren Sohn zu einer Goldschmiedelehre. Gewiß wird die ehrgeizige Fuggerwitwe der Heirat ihres Sohnes Jakob mit der reichen Goldschmiedetochter Barbara Bäsinger nicht im Wege gestanden haben.

Sie erkannte die Zeichen der Zeit. Im späten Mittelalter und im frühen 16. Jahrhundert waren tatkräftige Frauen keine Seltenheit. Nicht nur innerhalb der Familien genossen beherzte Frauen Ansehen und Vertrauen. Sie *regierten* einfach mit, waren als Kauffrauen und Vorsteherinnen von Handwerksbetrieben uneingeschränkt rechts- und handlungsfähig und führten nach dem Ableben des Mannes das Geschäft weiter, schalteten und walteten nach eigenem Gutdünken.

Barbara Fugger-Bäsinger (1419–1497), Mutter von elf Kindern, erlitt dasselbe Schicksal wie ihre Schwiegermutter und überlebte ihren Mann Jakob den Älteren ebenfalls um 28 Jahre. Als Vorsteherin der Handelsfirma ihres verstorbenen Mannes Jakob I. vermehrte sie das Vermögen, schloß mit ihren Söhnen einen Gesellschaftervertrag und gründete eine Offene Handelsgesellschaft. Ein Novum für die damalige Zeit.

Das Gold der Frauen? Ende des 15. Jahrhunderts standen die Fugger, auch dank der vorausschauenden Mütter, recht solide da. Es fehlte nur

Jakob Fugger, der auf Dürers Bild wie ein Bruder Machiavellis wirkt, stiftete voll Jenseitsangst mit einem Teil seines Riesenvermögens die *Fuggerei*, eine Armensiedlung in einem Stadtteil Augsburgs, um mit diesem guten Werk das Hauptkonto mit seinem Gott ins Gleichgewicht zu bringen«, schreibt Bernd Roeck. Das im Jahre 1514 von Jakob dem Reichen erworbene Viertel, die erste Armensiedlung der Welt, ist auch heute noch ein Wohnort für sozial Benachteiligte: Wer sich einen Platz in einem der verwunschenen, im Renaissancestil erbauten Häuschen mit den bezaubernden Treppengiebeln ergattern will, muß Bedürftigkeit nachweisen können.

In den verwinkelten mittelalterlichen Gassen, die nach wie vor von abends zehn Uhr bis morgens um sechs für alle neugierigen Touristen verschlossen sind, dürfen nur Leute mit gutem Leumund einziehen. Sie müssen in Augsburg geboren sein oder zumindest schon länger dort leben und zudem dem katholischen Glauben angehören. Wie vor fünfhundert Jahren.

Zwischen den winzigen Gärtchen, den efeubewachsenen Fassaden, dem Kopfsteinpflaster und den stilvoll gestalteten Türen und Fensterläden des traditionsreichen Städtchens innerhalb der Stadt schwingen Beschaulichkeit und Wehmut. In der Ferne läutet eine Glocke. Ein Stadtführer erklärt mit ausladenden Gesten einer Gruppe holländischer Touristen, was es mit der kleinen Siedlung auf sich hat. Aus einem offenen Fenster hallt eine Fernsehstimme. Heute und gestern in fester Umklammerung?

noch der Griff nach den Sternen. Einen Hauch vom Aufstieg ihrer fleißigen Söhne in der Augsburger Hautevolée bekam die tüchtige Barbara Fugger noch mit. Hochbetagt erlebte sie die Wappenverleihung an ihre Söhne durch Kaiser Friedrich III., ihre Beziehungen zur Kurie in Rom und, nicht zuletzt, die erfolgreichen Transaktionen für das Habsburger Kaiserhaus.

Eine recht einfache Geschichte?

Des Kaisers Kleider?

Als 1473 Kaiser Friedrich III. auf dem Weg in die Niederlande mit seinem stürmischen Sohn und alleinigen Erben Maximilian nach Ausgburg kam, wartete im schönen flandrischen Brügge die zierliche und charmante Maria von Burgund, Tochter Karls des Kühnen und Erbin blühender Landschaften, mit einem unermeßlichen Vermögen auf den jungen Habsburger.

Wie lautete die Devise? *Bella gerant alii, tu felix Austria nube! Nam quae Mars fortes, dat tibi regna Venus* – Kriege laß andere führen! Du, glückliches Österreich heirate! Denn was Mars den anderen gibt, schenke Venus Dir.

Ein *Empereur sans sous*?

Die Stadt am Lech strotzte vor Wohlstand. Gewürze und Exotisches betörten die Sinne, kostbares Geschirr, Silber und Gold türmten sich auf den reichgedeckten Tafeln der neuen Oberschicht. Seide, Wolle, Goldbrokat und Pelz schmückten die selbstbewußten Patrizier: »Hoffahrt ist überall Sünde, in Augsburg aber gehört sie zum Wohlstande.«

Den stolzen Großbürgern mangelte es an nichts. Die Augsburger Handelshäuser und das Bürgertum demonstrierten Reichtum und Macht und genossen weit über die deutschen Grenzen hinaus einen legendären Ruf. Sie waren Deutschlands tragende Handelspfeiler, und die Stadt am Lech galt, wie kaum ein zweiter Ort in Deutschland und Europa, als Stätte der Veränderung und des Wandels.

Augsburg im Zentrum des Geschehens.

Aber Friedrich III. und Maximilian, die der schönen Braut in Flandern – *noblesse oblige* – wohlgewandet entgegentreten wollten, hatten hier keinen Kredit mehr. Zu sehr standen die Habsburger in der Kreide. Nur die Fugger kamen den *Grands Seigneurs* entgegen und hüllten Kaiser, Kronprinz und Gefolge standesgemäß in kostbares Tuch und gefälliges Geschmeide. So waren die Weichen für die Zukunft gestellt und das

Das berühmte Portrait Karls V. in der Schlacht bei Mühlberg wurde, neben fünf anderen, 1547 beim Aufenthalt des Kaisers in Augsburg von Tizian gemalt. Heute hängt es im Madrider Prado.

Der große italienische Maler nutzte die Fuggerhäuser, in denen auch der Kaiser wohnte, als Atelier. Der Historiker Johannes Burkhardt schreibt schmunzelnd: »Tizian braucht zur Ausführung länger als gedacht, der Kaiser war schon abgereist, und als das Bild fertig war, passierte noch ein Malheur: ›Als der Tizian das groß Tuch, darauf Kayserliche Majestät zu Roß konterfeit ist, hat an die sonnen gestellt zu trucknen‹, so berichtet Amberger, ›da hat ihms ein Wind umgeworfen an ein Holz und ist ein groß Loch darein gerissen, aber hinden im Gaul.‹ Anton Fugger, der vom Kaiser mit der Aufsicht und dem Transport betraut worden war, wurde als Krisenmanager geholt, weil Tizian schon reisefertig war und es eilig hatte.

Fugger beauftragte den Augsburger Malerkollegen Christoph Amberger, bei der Reparatur zu helfen, die aber offenbar am Ende an diesem allein hängenblieb. Amberger nutzte Zeit und Gelegenheit auch gleich zur Anfertigung von Skizzenkopien und erbot sich nun, den Kaiser in allen Lebenslagen selbst zu beliefern. Er ist in der Tat als Tiziankopist tätig geworden.«

Schicksal der emporstrebenden Familie besiegelt. »Mit dem Reich der Habsburger wuchs der Gewinn, der Glanz und die Macht der Fugger.«

Jakob Fugger der Reiche, jüngster Sohn der emsigen Barbara Fugger-Bäsinger, wurde der einflußreichste Bankier Kaiser Maximilians I. Und nach dessen Tod gab Jakob »in dem unsichtbaren Tauziehen durch gewaltige Fuggersche Summen den Ausschlag für die Kandidatur des Habsburgers Karl V.«. 852000 Gulden hatte der ehrgeizige Fugger für die Wahl des Kaisers flüssig gemacht. Damit konnte der 19jährige Habsburger als Karl V. am 28. Juni 1519 in der Frankfurter Bartholomäuskirche zum römisch-deutschen König und künftigen Kaiser gewählt werden.

Jakob der Reiche, der Kaisermacher ... ein »Geldkönig von Gottes Gnaden«? Er selbst stöhnte: »Viele, wie der Welt Lauf, sind mir Feind. Sagen, ich sei reich, und ich bin reich von Gottes Gnaden, jedermann ohne Schaden.«

Es fehlte ihm wohl nicht an Selbstbewußtsein. Im Jahre 1523, als er sich in einer prekären Finanzsituation befand, schrieb er Karl V. höchstpersönlich: »Es ist auch wissentlich und liegt am Tag, daß Eure Kaiserliche Majestät die römische Krone ohne mein Zutun nicht hätte erlangen können, was ich durch Handschreiben aller Kommissarien Eurer Kaiserlichen Majestät beweisen kann. Ich habe hierin auch meinen eigenen Nutzen nicht angesehen; denn wenn ich von dem Hause Österreich abstehen und Frankreich hätte fördern wollen, so wollte ich groß Gut und Geld, wie mir denn angeboten worden ist, erlangt haben. Was aber Eurer Kaiserlichen Majestät und dem Hause Österreich für Nachteil daraus entstanden wäre, das mögen Eure Kaiserliche Majestät aus hohem Verstande wohl erwägen.«

Inzwischen waren die Fugger unaufhaltsam in die besten Kreise der Reichsstadt aufgestiegen. Nicht nur die Männer genossen Ansehen, auch die Fuggerinnen besaßen einen hohen Status. Ihre Mitgift, das Zehnfache vom damals Üblichen, war mehr als respektabel, und die reichsritterlichen Familien Schwabens waren durchaus gewillt, eine Tochter aus »neureichem« Hause heimzuführen.

Der ehrgeizige Jakob der Reiche, inzwischen der bedeutendste Kaufmann und Bankier im oberdeutschen Raum, heiratete 1498 die wesentlich jüngere Sibylla Artzt, Tochter aus wohlhabendem Hause. Er war schon 39 Jahre alt, ein Mann, »den das Leben bereits ausgelaugt und aller Illusionen beraubt hatte«.

Ob die Ehe glücklich war? Wer kann es sagen? Es wurden weder Korrespondenz noch persönliche Notizen überliefert. Nur Vermutungen, der ruhelose Kaufmann habe seine junge Frau geachtet und verwöhnt. Franz Herre schreibt: »Wenn sie ihn aus Berechnung geheiratet hatte, konnte sie zufrieden sein, mit dem florierenden Geschäft, dem wachsenden Ansehen, dem steigenden Einfluß in der Heimatstadt und draußen im Reich. Schon häufte Fugger Schätze im eigentlichen Sinne des Wortes an: Pretiosen. Er erwarb Juwelen Karls des Kühnen, zahlte den Schweizern, die sie ihm abgenommen hatten, über 40000 Gulden.«

Der sagenumwobene Burgunderschatz hatte für den Augsburger Geschäftsmann bestimmt einen hohen Prestigewert. Gehörten sie nicht Maximilians Schwiegervater?

Das *Federlein*, einen mit Juwelen besetzten Kopfschmuck, verkaufte der geschäftstüchtige Fugger im Jahre 1515 für 30000 Gulden an Kaiser Maximilian I., die *Drei Brüder*, ein gewaltiger glasklarer Diamant und drei Rubine, kamen später in den Besitz Heinrichs VIII. und wurden den britischen Kronjuwelen einverleibt.

Doch die Verbindung mit Sibylla Artzt war getrübt. Die junge Frau bekam keine Kinder. In der Fuggerschen Stadtresidenz mit ihren eleganten Höfen, den zahlreichen Arkaden und kostbaren Fresken, in diesem »Schloß einer Handelsdynastie«, deren Geschäftsverbindungen nach ganz Europa reichten, hallte kein Kindergeschrei, tobte kein Stammhalter.

Im Gegensatz zu den anderen Fuggerfrauen, die einen Stall voller Kinder vorweisen konnten, blieb Sibylla allein. Sicher wird es eine schwere Bürde für die Ehe gewesen sein. Damals wurde eine kinderlose Frau mißtrauisch beäugt und »wie schon bei den Völkern des Altertums, der Verachtung preisgegeben«. Ob die junge Fuggerin verzweifelt war und glaubte, ihrem Mann als Frau nicht zu genügen? Und ob sie zu den Wundermitteln der damaligen Zeit gegriffen hat? Zu Anwendungen mit heißen Bäder und Wasserbesprengungen, zum Gürtelumlegen durch einen unberührten Knaben während des Betens dreier Vaterunser und dreier Ave Maria zu Ehren Gottes, der Heiligen Dreieinigkeit und der Heiligen Katharina? Oder ist sie, wie es üblich war, zu Wallfahrtsorten gepilgert? Das Leid war sicher groß. Und die Beziehung zwischen den beiden ungleichen Partnern im Laufe der Jahre zerrüttet. Jedenfalls heiratete sieben Wochen nach Jakob Fuggers Tod, die Trauerzeit war noch nicht um, die reformationsfreudige Sibylla den Protestanten Konrad Rehlinger. Sie wollte mit den Fuggern nichts mehr zu tun haben.

Die Neffen von Jakob dem Reichen, auch der berühmte Anton Fug-

Der Arzt und Naturforscher Paracelsus (1493–1541), der die Mineralien in das Repertoire der Heilmittel einführte und das Wissen um die seelischen Krankheiten förderte, wetterte leidenschaftlich gegen die Fugger. Er warf ihnen vor, sie hätten die »Holzkur« unterstützt, weil sie am Import und Vertrieb dieses Holzes interessiert gewesen seien. Die Anwendungen aber würden nichts nützen.

Ende des 15. Jahrhunderts grassierte in Europa seuchenartig die Syphilis. Bereits um 1503 verwendeten die Spanier das aus der Neuen Welt eingeführte Guajakholz als Allheilmittel gegen diese bedrohliche Krankheit. Die Augsburger Kaufleute witterten ihr Geschäft und importierten bis zu Beginn des 17. Jahrhunderts das exotische Holz in großen Mengen über Antwerpen nach Deutschland.

Auch Karl V., der schwer gichtkrank war, unterzog sich im Jahre 1546, bevor er zum Reichstag nach Regensburg reiste, einer Holzkur. Ob der Kaiser auch Syphilis hatte, weiß man nicht genau. Die Kur war eine Tortur, mußte man doch einen widerlich schmeckenden Sud aus in Wasser gekochtem Guajakholz trinken. Die Kur, während der eisern gefastet wurde, dauerte über vierzig Tage. Die Kranken wurden in einen geheizten, luftdichten Raum gesperrt, wo man ihre Geschwüre immer wieder mit Guajaksud bestrich.

Jakob Fugger richtete für seine Dienerschaft in der Fuggerei ein Krankenhaus ein. Sein Neffe und Nachfolger Anton Fugger errichtete gleich daneben 1548 drei weitere sogenannte »Holzhäuser« (auf dem Foto links) zur Anwendung der Holzkur. Die »Holzkurbehandlung« war für die Fuggersche Belegschaft kostenlos.

Im Jahre 1629 wurde das »Platterhaus« geschlossen. Der junge Paracelsus hatte recht gehabt. Das *Guaiacum* war ohne jede Wirkung.

ger, konnten sich nicht mit der Tatsache versöhnen, daß die abtrünnige Tante das Fuggersche Silbergeschirr geerbt hatte. Am 30. April 1527 kauften sie es zusammen mit drei Diamantringen zurück.

Erstaunt schreibt Martha Schad in ihrem Buch »Die Frauen des Hauses Fugger von der Lilie«: »Kein Stein, keine Inschrift erinnert an Sibylla Artzt, die 27 Jahre lang mit Jakob Fugger, dem bedeutendsten Kaufmann und Bankier im oberdeutschem Raum, verheiratet war …«

Jakob Fugger, der damals als Mittsechziger im Zenit seiner Macht stand, quälte sicher die Sorge um den Fortbestand seiner Firma. Wie sollte es ohne Stammhalter weitergehen? Die Verbindung mit Kaiser Karl V. war kein juristisches, also einklagbares, geschweige denn ein persönliches Verhältnis. Das Finanzgenie aus Augsburg und der rastlose Habsburger waren sich schließlich nie begegnet. Sie verkehrten nur über Dritte miteinander.

Die Situation sollte sich mit Anton, dem geliebten Neffen und talentierten Nachfolger im imposanten Geschäftszentrum am Augsburger Weinmarkt, von Grund auf verändern.

Anton Fugger, Sohn des Georg Fugger, des älteren Bruders von Jakob dem Reichen, trat am 30. Dezember 1525 im Alter von 32 Jahren das Erbe seines Onkels an.

Am 25. April 1526 ernannte Karl V. von Sevilla aus die Neffen Jakob Fuggers zwar zu seinen kaiserlichen Räten, aber die Zeichen standen auf Sturm. Die Aufgabe, das erfolgreiche Unternehmen durch ein klippenreiches Fahrwasser zu lenken, war nicht einfach. Die ehrgeizige Politik des immer mehr in Kriege verstrickten Kaisers, der sich ebenfalls vergeblich bemühte, die konfessionelle und politische Einheit Deutschlands zu erhalten, verschlang ein Vermögen und belastete das Fuggersche Unternehmen enorm. Die Zusammenarbeit zwischen Karl V. und dem Augsburger Handelshaus wurde trotzdem immer intensiver, die internationale Lage immer komplizierter und die Gegner des Kaisers immer zahlreicher.

Feste feiern, wie sie fallen …

Aber das Leben ging weiter. Am 4. März 1527 läuteten in Augsburg zur pompösen Hochzeit Anton Fuggers die schweren Glocken des Domes. Der 34jährige Bräutigam führte die Augburger Patrizierin Anna, Tochter des Ratsherrn Hans Rehlinger, aus der angesehenen Rehlingerfamilie, und seiner Ehefrau Anna Dietenheimer, zum Traualtar. Alles, was Rang

Das Hochzeitsbildnis Jakob Fuggers und der Sibylla Artzt von Thomas Burgkmair aus dem Jahre 1498, heute in Privatbesitz, erscheint wie ein symbolträchtiger Spiegel der damaligen Zeit.

Der fein charakterisierte 39jährige Bräutigam greift mit der rechten Hand an seine pelzgefütterte Schaube, und er umfaßt mit seiner Linken, nicht besitzergreifend, sondern eher schüchtern, den angewinkelten Arm seiner jungen Frau. Festlich wirkt Jakob Fuggers venezianische Goldbrokatkappe. Die Braut, deren Gesicht fast puppenhaft wirkt, trägt auf dem Kopf eine rostfarbene Samthaube, die um die Stirn mit einem breiten, mit Perlen und Edelsteinen besetzten Band endet. Das Brautkleid entspricht mit seinem eleganten Schnitt und unübersehbar kostbaren Stoff ganz der burgundischen Mode. Die rotblonden, gewellten Haare sind seitlich weit in das Gesicht frisiert. Während Jungfrauen ihr Haar offen und unbedeckt trugen, galt es als Symbol der Abhängigkeit der verheirateten Frauen vom Willen ihres Mannes, daß sie ihr Haar bedeckt zu tragen hatten. Am Hochzeitstag wurden der Braut die langen Haare der »Jungfräulichkeit, natürlich auch ihrer erotischen Besetzung wegen, zum Knoten gebunden und aufgesteckt mit einer Haube bedeckt. So galt das ›unter die Haube kommen‹ als Kennzeichen für die der Brautwerbung entzogene, nun verheiratete Braut«, schreibt Martha Schad.

und Namen hatte, war auf den Beinen. Kardinäle und Bischöfe, Hochwürden, Fürsten, Diplomaten, Großbürger, Dienerschaft und Zaungäste.

Aufwendige Hochzeitsfeste waren in der wohlhabenden Reichsstadt nichts Außergewöhnliches. Auch die Fugger demonstrierten bei dieser Gelegenheit mit viel Prunk ihre politische und wirtschaftliche Macht und die Solvenz der Firma. Die Gesamtkosten der Hochzeiten überstiegen meist beträchtlich die Mitgift der Fuggertöchter, die schon überdurchschnittlich üppig war.

Für Kleidung wurden Unsummen ausgegeben. Eine aufwendig und teuer gekleidete Dame symbolisierte die soziale Stellung ihres Gatten, und ein kostbares Gewand aus edlem Tuch oder schwerer Seide war damit ein wichtiges und beliebtes Statussymbol. Goldknöpfe, Goldborten, Gold- und Silberketten mit wertvollen Münzen und Barette mit seltenen Federn durften bei den Auftritten nicht fehlen. Und im Gegensatz zum Alltag, wo das Schwarz der spanischen Granden en vogue war, protzte man an Festtagen mit leuchtenden Farben. Bräute schmückten sich mit rotgoldenem Brokat, und auch Brautführer und Kranzjungfrauen trugen Rot.

Kleider machen Leute.

Dieses Symbol der ständischen Prachtentfaltung, dessen Extravaganz kaum noch zu übertreffen war, wurde schließlich, um Exzesse einzudämmen, von der Obrigkeit reglementiert. Auf die Festtagskleidung beschränkt, bestimmten Verordnungen, welche Stoffe, Verzierungen, Borten, Spitzen und Schmuck je nach Stand getragen werden durften. So wurde die obere Grenze des Erlaubten festgesetzt.

Da zu den Festlichkeiten meist Gäste aus allen Himmelsrichtungen eingeladen waren, stellte sich nicht nur das Problem der Verpflegung, sondern auch der Unterkunft. Für *leut und pfert* mußte eine Bleibe her, und nicht selten wurden vor dem großen Ereignis wegen der mühsamen Einquartierung notwendige Umbaumaßnahmen an einem der Fuggerschen Häuser vorgenommen.

Natürlich wurde auch der Küche größte Bedeutung zugemessen. Die erlesene Auswahl und der Überfluß an Speisen gehörten fraglos zur angemessenen Repräsentation des Standes. Meerestiere, Austern und Garnelen, Zitrusfrüchte, Kapern, exotische Gewürze wie Pfeffer, Zimt, Nelken und Muskatblüten, italienische Weine, Zucker, wilder Honig und die ausgefallensten Delikatessen mußten rechtzeitig in Venedig oder anderswo bestellt werden, und die Köche, oft zwanzig an der Zahl, begannen bereits zwei Wochen vor dem großen Tag von einzug, *hochzeit und beyschlaf* mit dem Vorkochen.

Dazu Damast, wo man nur hinschaute, Servietten mit eingesticktem Monogramm und Kerzenleuchter, Silberteller, böhmisches Kristallglas, prunkvolle Keramik und außergewöhnliche Tischdekorationen. Angesichts der vielen Gäste mußte, auch wenn jeder Fuggersche Haushalt wohlbestückt war, bei Festbanketten die gesamte Familie ihr Tafelsilber leihweise zur Verfügung stellen.

Der ehrsame Rat der Reichsstadt Augsburg hatte seine Bürger zum Maßhalten aufgefordert, aber die sorgfältig aufbewahrten ellenlangen Bestellisten und üppigen Menus aus dem Hause Fugger beweisen, daß die Geldfürsten sich bei Gott nicht daran gehalten haben.

Die reichen Tafeln bogen sich unter dem Gewicht der raffinierten Speisen und noch raffinierteren Dekorationen. Die vornehmen Patrizier und die noblen Gäste werden dabei nicht an Völlerei gedacht haben, sondern an ein Fest der Sinne, ein kulinarisches Erlebnis, begleitet von geistreichen Gesprächen und entspannender Musik, in den eleganten Sälen des prunkvollen Stadtpalais.

Eine Ode an Macht und Reichtum.

Das Jahr war lang, und zum Feiern gab es Gelegenheiten genug. Nicht nur die Kindstaufen, Hochzeiten und Empfänge anläßlich eines hohen Besuches in der Reichsstadt Augsburg, auch die noch bis Ende des 16. Jahrhunderts abgehaltenen Reichstage waren immer wieder ein willkommener Anlaß für die Oberschicht, sich zu sehen und gesehen zu werden. Und dem Alltag zu entrinnen …

Damals, in den Jahren zwischen 1547 und 1552, hielt sich Kaiser Karl V. immer wieder für längere Zeit in Augsburg auf. Als er im August 1547 den sogenannten »geharnischten Reichstag« in der betuchten Stadt am Lech zusammenrief, stand er auf dem Höhepunkt seiner Macht. Die Schlacht bei Mühlberg war geschlagen. Er trat auf wie der unumschränkte Sieger und ließ zu seinem Festbankett aus allen Landen beisteuern. Hemmungslos. Fürsten und Städte zahlten die Zeche.

Aber die politische Wirklichkeit sah anders aus. Der Held wurde nur noch geduldet. Immer öfter war von seinem Sturz die Rede.

Dauergast bei den Fuggern

Am 25. Juni 1530 wurde in der Kapitelstube des Augsburger bischöflichen Hofes dem Kaiser Karl V. die hauptsächlich von Philipp Melanchthon verfaßte *Confessio Augustana*, das Augsburger Bekenntnis, von den evangelischen Fürsten übergeben und verlesen. Es waren anwesend: Kurfürst

Mit der Fuggerkapelle in St. Anna, 1509 als Grabkapelle der Brüder Ulrich, Jakob und Georg Fugger errichtet, wurde der aus Italien stammende Renaissancestil erstmals in die deutsche Architektur eingeführt. Als Jakob der Reiche mit 19 Jahren in das Familienunternehmen eintrat, wurde er zunächst nach Italien geschickt. Als er 1479 nach Augsburg zurückkehrte, war sein Horizont erweitert, »zum ererbten Gotischen war erlebte Renaissance getreten«, schreibt Franz Herre in »Die Fugger in ihrer Zeit«.

Johann der Beständige von Sachsen, Landesvater Luthers, der sächsische Kurprinz Johann Friedrich, Markgraf Georg von Brandenburg aus Franken, die Herzöge Franz und Ernst von Lüneburg, der Landgraf Philipp von Hessen, der Fürst Wolfgang von Anhalt und Abgeordnete der Städte Nürnberg und Reutlingen. Die *Confessio Augustana* hatte insgesamt die Bibel zur Grundlage. »Gottes Wort soll Artikel des Glaubens stellen und sonst niemand, auch kein Engel.«

War es ein Glaubensbekenntnis oder ein politisches Dokument? Karl V., der Kaiser, der in Worms 1521 Luthers Schriften kompromißlos verboten hatte und die Lutheraner in den Niederlanden erbarmungslos verfolgen ließ, zeigte sich in Augsburg zunächst recht versöhnlich.

Was war der Grund? Historiker sind der Meinung, kirchliche Gesinnung bedeute nicht gleich Klerikalismus, und Karl V. hatte, auch wenn er rechtgläubig war, ein kritisch-distanziertes Verhältnis zum Klerus und insbesondere zu den Päpsten. Einige Ratgeber und Mitarbeiter des Kaisers standen dem Humanismus nahe wie der spanische Alonso de Valdès, von dem man sagte, er sei erasmianischer als Erasmus selbst, und Mercurino de Gattinara, wichtigster kaiserlicher Ratgeber, der auf dem Wege nach Augsburg gestorben war, hatte seit 1526 dem Kaiser immer wieder zum Entgegenkommen gegenüber den Evangelischen geraten.

Im Jahre 1530 hatte Karl V. andere Prioritäten. Es beschäftigten ihn die Neuordnung der italienischen Verhältnisse und die entsprechenden Vereinbarungen mit Papst Clemens VII. Und er brauchte Geld. Immer wieder Geld. Nur die Unterstützung durch Anton Fugger konnte eine akute Liquiditätskrise um die Jahreswende 1529/30 lindern. Fugger erklärte sich Ende 1530 bereit, Karls großes Projekt zu finanzieren, für das er ebenfalls die Unterstützung des Papstes brauchte: die Wahl seines Bruders Ferdinand zum römischen König. War zu dem Zeitpunkt dieses Unterfangen dem Kaiser wichtiger als die gesamte Religionsfrage und die Augsburger Bekenntnisse?

Die theologischen Gräben zwischen den Parteien waren aber schon viel tiefer als allgemein angenommen wurde. Und die *Confessio Augustana* wurde mehr und mehr zum Dokument der Lutheraner.

Die Reformation wurde in der Reichsstadt am Lech durch Martin Luthers Aufenthalt im Kloster zu St. Anna eingeleitet. Nicht der Rat der Stadt wie in Nürnberg, sondern die Handwerker und Zünfte führten die Reformation in den Jahren zwischen 1523 und 1536 ein. Und zwei Drittel der Bevölkerung wurden evangelisch. Am 17. Januar 1537 hatte der Augsburger Große Rat beschlossen, »die babistische Abgötterei« endgültig zu verbannen. Das gesamte Klima in der Stadt war spannungsgeladen. Lutheraner und kaisertreue Bürger standen sich feindselig gegenüber.

Das Domkapitel war ins Exil nach Dillingen an der Donau gegangen. Dort stand die Residenz der Bischöfe von Augsburg. Auch die meisten Ordensgemeinschaften hatten die Stadt verlassen, viele Kirchen waren geschlossen. Fromme Katholiken besuchten die Messe in den umliegenden Dörfern, geheiratet und getauft wurde ebenfalls außerhalb der Stadtmauern.

Auch Anton Fugger konnte sich nicht mehr ganz sicher fühlen. Er verließ mit seiner Familie die Stadt. Karl V. zeigte Verständnis und griff ihm unter die Arme. Im selben Jahr hatte Seine Majestät von Valladolid aus bestätigt, daß Anton wegen seiner konfessionell konservativen Haltung »durch Anstiftung der neuen Religion und Glaubenssache ... allerlei Widrigkeit« ereilen könne, wenn er in Augsburg bliebe. Das Bürgerrecht sollten Anton wie auch seine Frau und Kinder, Neffen, Dienstboten und alle Angestellten nicht verlieren, und er könne dahin übersiedeln, wo »nach altem löblichem Brauch und Herkommen in Messe und Predigthören und anderen löblichen Ceremonien und Gottesdienst« er nicht behindert werde. Wenn die »angeregte Neuerung abgestellt sein wird«, könne er wieder nach Augsburg zurück.

Durch die gespannten Verhältnisse in der Reichsstadt konnte der Kaiser, wie gewohnt, nicht mehr in der fürstbischöflichen Pfalz absteigen. Die Beziehungen der Stadt zum Kaiser, trotz struktureller Veränderungen, waren aber nie abgebrochen worden. Gerade auch wirtschaftspolitische Motive waren Bindeglied zwischen den unterschiedlichen innerstädtischen Gruppierungen, »galten doch gleichermaßen bei Katholiken wie reformierten Kaufleuten und Großfinanziers die Aufrechterhaltung der Fernhandelsbeziehungen wie die Versorgung der Stadt und ihrer Gewerbe mit Nahrungsmitteln und Rohstoffen aus dem Um-und Hinterland als existentielle Faktoren städtischer Politik«, schreibt Rolf Kiessling. Die protestantische Führung bemühte sich, das katholische Großbürgertum wie die Fugger nicht ganz vor den Kopf zu stoßen. Und Anton Fugger wollte dem Kaiser eine würdige Bleibe in Augsburg garantieren. Sein Onkel, Jakob Fugger der Reiche, hatte bereits 1511 einen Häuserkomplex am Augsburger Weinmarkt, im Zentrum der Reichsstadt, an der alten Römerstraße und neuen Haupthandelsstraße erworben. »Höfe, Arkaden, Hans Burgkmaiers Fresken, noch Gotik, schon Renaissance, ein Hauch Italien, verhaltene Weltläufigkeit, gedämpfte Großspurigkeit – auch der reichste und mächtigste Fugger blieb augsburgerisch und schwäbisch«,

Anton Fugger, der Neffe Jakobs des Reichen, wohnte mit seiner Familie zwar in Babenhausen, ließ aber 1531 in Augsburg neben dem Handelskontor auch eine hochherrschaftliche Stadtresidenz erbauen.

Portrait von Hans Maler, Schwaz 1525.

schreibt Franz Herre über das Refugium des großen Fugger. Hier hatte er sein Kontor, und von hier aus regierte der Fürst der Kaufleute sein merkantiles Imperium.

Aber der Lebensstil der Fugger veränderte sich, wie sich auch die Generationen veränderten. Die Fuggerchronik berichtet, der Neffe Anton Fugger habe nach Erwerb des Anwesens im Jahre 1531 »den schönen Tanzsaal oder Kaiserlich Palatium samt den schönen Gewölben, darunter auch viel Gemäch unten und oben ganz herrlich« erbauen lassen. Was für Jakob Fugger das Herz seines Geschäftszentrums gewesen war, wurde für Anton Fugger und seine Familie, auch wenn sie ihren Wohnsitz nach Babenhausen verlegt hatten, neben dem Handelskontor zu einer hochherrschaftlichen Stadtresidenz. Im Gegensatz zu Jakobs Zeiten ging hier jetzt, zumindest zu den verschiedensten feierlichen Anlässen, eine große, lebendige Familie mit Kindern und Zofen, Erzieherinnen, Freunden und einer Unzahl von Gästen ein und aus.

Nun richtete der Augsburger Freund und Geschäftspartner des Kaisers auch noch ein repräsentatives Wohn- und Festquartier zur Aufnahme der Habsburger ein. Die Einrichtungskosten für die Unterkunft Karls V. wur-

Im Jahre 1530 begleitete Maria von Ungarn ihren Bruder Karl nach Augsburg zum Reichstag. Der Humanist Johannes Agricola (1494–1566), Schüler Martin Luthers, behauptete damals, der Kaiser wolle keine Verteufelung der Lehre Luthers, sondern suche einen theologischen Vergleich. Tatsächlich war eine versöhnliche Haltung des Monarchen unverkennbar. Sollte diese neue Milde unter dem Einfluß seiner Schwester Maria, der man eine Neigung zur neuen Lehre nachsagte, entstanden sein?

Die Hoffnungen der Vertreter des »Augsburger Bekenntnisses«, das hauptsächlich von Philipp Melanchthon verfaßt wurde (rechts unten ein Portrait von Lucas Cranach d. Ä. von 1532),

waren groß. Am 25. Juni 1530 wurde dem Kaiser auf dem Reichstag zu Augsburg das »Augsburger Bekenntnis« überreicht (links).

Bereits auf dem Reichstag zu Worms 1521 hatte Martin Luther die neue Lehre verteidigt (oben). Radierung von Wilhelm Nilson nach einer Zeichnung von Martin Disteli, etwa 1827.

den übrigens, wie die Rechnungen des Schreiners zeigen, zum Teil vom Rat der Stadt bezahlt. Das völlig in sich geschlossene »Kaiserliche Palatium« kam durch Um- und Ausbau des Quertraktes zwischen dem »Damenhof« und dem nordwestlichen »Serenadenhof« zustande und war ein regelrechtes »Schmuckkästchen«. Das Erdgeschoß öffnete sich zur Westseite des »Damenhofes« in einen großen Saal.

Dort steht auch heute noch die Zeit still. Wer in Muße unter den Rundbögen des verträumten Hofes hinter der langen Fassade des Fuggerhauses an der lebhaften Maximilianstraße verweilt, glaubt vielleicht ein Spinett zu hören, den Klang des Klavichords und die hohen Stimmen eines Knabenchors ... Spielte nicht der große Kaiser als Kind Spinett und Flöte? Während der turbulenten Zeiten in der Reichsstadt fehlte ihm dafür gewiß die innere Ruhe. Berichtete nicht Bartholomäus Sastrow vom Augsburger Reichstag, der Kaiser »hett ein stattliche Cantherei, auch musicam instrumentalem, die sich in den Kirchen woll horen liessen, aber jn seinem Gemach klungen sie nicht«.

Karl V. stand in Anton Fuggers Anwesen nicht nur eine eigene Hauskapelle zur Verfügung, in der »finsteren Kammer neben dem großen Saal« wurde für ihn auch ein Marmorkamin gebaut. Noch 1774 sprach man im Fuggerhaus von Marmorkaminen, versehen »mit dem Namen des Kaisers Karl V. in großen Buchstaben«.

Montaignes Reisetagebuch aus dem Jahre 1580 liefert eine perfekte Beschreibung: »Wir sahen zwei Säle in ihrem Haus (Fugger); der eine war so groß, hoch und mit Marmor ausgelegt; der andere ist niedrig, reich an alten und modernen Medaillons und besitzt am Ende ein kleines Zimmer. Es sind die reichsten Zimmer, die ich je gesehen habe.«

Im Palast des Augsburger Kaufherren entstand auch das »Münchner Portrait« Karls V. von Tizian – der Maler war hier ständig zu Besuch –, auf dem der Kaiser, ein wenig abwesend schauend, in einem Sessel ruht, auf dessen Lehne die Zirbelnuß, das Augsburger Wappen, zu sehen ist. Außerdem malte Tizian hier auch den Imperator Karl V. hoch zu Roß, als stolzen Sieger von Mühlberg in einem Harnisch des Augsburger Harnischmachers Helmschmied.

Zur Zeit des *Augsburger Interims*, das den Evangelischen die Priesterehe gestattete sowie den Kelch während des Gottesdienstes, im Jahre 1548, verfaßte Karl V. eines seiner zahlreichen politischen Testamente für seinen Sohn Philipp, »weil meine Schwachheit und die kaum überstandenen Lebensgefahren es mir angezeigt erscheinen lassen, Euch Ratschläge zu geben für den Fall meines Todes«.

1547/48 fand in Augsburg auch ein Reichstag statt, der nicht umsonst »der geharnischte« genannt wurde. Die Katholiken und Protestanten standen sich mehr als verbissen gegenüber. Bewegende Zeiten ...

Batholomäus Sastrow, damaliger Vertreter und Chronist des evangelischen Herzogs von Pommern, beschrieb in seinen überlieferten Tagebüchern den mächtigen Monarchen, der über Europa und die Neue Welt jenseits des Ozeans regierte, als einen einsamen, stillen, allen lauten Vergnügungen abholden Menschen, der in vornehmer Zurückhaltung echte kaiserliche Würde ausstrahlte. Im Gegensatz zu seinem jüngeren Bruder Ferdinand, Karls Stellvertreter im Reich. Aber Sastrow berichtete unter anderem auch: »Es war aber auch ein ansehnlicher, pompöser Reichstag; denn es waren die kaiserliche und königliche Majestät, alle Kurfürsten in eigener Person und mit stattlichem Gefolge zur Stelle ... Da so viele königliche und fürstliche Frauenzimmer anwesend waren, die auch viele fürstliche und gräfliche Fräulein bei sich hatten, von den Frauen stattlichen rittermäßigen Standes, deren viele schön und wohlgeputzt waren, zu geschweigen, bankettierten die Herren auf dem Reichstage trefflich und hielten fast alle Tage und Abende Tänze ab, welsche und teutsche ... Dagegen sein Herr Bruder, der römische Kaiser, ungeachtet daß seine Schwester und Schwestertochter, sein Bruder und dessen Tochter, die Herzogin von Bayern, alle Kurfürsten und so viele Fürsten da waren, hielt gar kein Bankett ab und lud niemand zu sich. Wenn sie ihm alle der Reihe nach aufwarteten und ihn aus der Kirche in sein Gemach, da er sich zu Tisch setzte, begleiteten, gab er ihnen, einem nach dem anderen, die Hand, ließ sie gehen und setzte sich allein zu Tisch. Er redete auch nichts ...« Ein müder Kaiser?

Auch Anton Fugger, sieben Jahre älter als der rastlose Monarch, erkannte die Zeichen der Zeit. Das Geschäft blühte zwar nach wie vor – von 1546 bis 1553 verdiente der Augsburger Kaufmann nachweislich 921518 Gulden –, aber die Kreditwünsche der Habsburger rissen nicht ab und gingen ins Unermeßliche. Zu der Zeit hatte Karl V. bei Anton bereits zwei Millionen Gulden Schulden und sein Bruder Ferdinand I. 600000 Gulden. Der besonnene Geschäftsmann machte sich Gedanken um die Gegenwart, aber noch mehr um die Zukunft.

Während in Augsburg die Vorbereitungen zum Reichstag auf vollen Touren liefen, starb am 11. März 1548 bei der Geburt ihres elften Kindes Antons Frau, die 37jährige Anna Rehlinger. In seiner großen Trauer blieb der Fürst der Kaufleute Augsburg fern.

In der Reichsstadt selbst fand im Stadtpalais der Fugger am 24. April

Die Allianz mit den Habsburgern drohte für die Fugger zu einem schlechten Geschäft zu werden. Die Macht des Kaisers verblaßte zusehends. Einer Legende nach soll Anton Fugger Schuldscheine des Kaisers verbrannt haben, da er überzeugt war, die Papiere seien ohnehin wertlos. Als Karl V. nach dem Sieg von Mühlberg bei Fugger abermals um Geld bat, soll dieser geantwortet haben, er habe etliche Wechselbriefe verbrannt, »damit Ihre Majestät sehen, daß ich Ihr mit meiner ganzen Substanz begehre zu dienen«.

1548 ein wichtiges Ereignis der Habsburger Familiengeschichte statt. *In aedibus nobilis et magnifici Domini Antonii Fuccari, Patritii Augustina* wurde vor Kaiser Karl V. und König Ferdinand der Ehevertrag zwischen Erzherzog Maximilian von Österreich, dem späteren Kaiser Maximilian II., und Karls Tochter Maria, Infantin von Spanien, geschlossen.

Karl V. blieb nur noch einige Tage. Dann reiste er über Ulm und Speyer rheinabwärts nach Köln. Neunmal war er diesen Weg gegangen, und zum achtenmal kehrte er in die Niederlande heim. Dort wartete bereits seine Schwester, Maria von Ungarn. Schließlich sollte seinem Sohn, Prinz Philipp, in den Niederlanden als Erbe gehuldigt werden.

Erst im Sommer 1550 sollte Karl wieder nach Augsburg kommen. Auf der Reise dorthin fuhr er gemächlich mit dem Schiff den Rhein hinauf und diktierte bei dieser Gelegenheit mit fast pedantischer Genauigkeit seinem niederländischen Chronisten Wilhelm van Male die ersten Blätter seiner Lebensgeschichte. Man sprach bereits davon, daß der Kaiser schwer krank sei und es so aussehe, »als hätten die Pfaffen die letzte Vesper und Messe gesungen«. Wiederum wohnte er, diesmal zusammen mit seinem Sohn Philipp, im Hause Fugger.

Anton Fuggers Letzter Wille mit dem Segen des Kaisers

Auch Anton Fugger war müde geworden. Der 57jährige Kaufmann, von Natur aus schon nicht arg robust, hatte gesundheitliche Probleme und machte sich auch Sorgen um das möglicherweise baldige Ableben Karls V.

Am 22. März 1550 verfaßte Anton ein neues Testament. »Vornehmlich, so ist mein väterlicher Wille, Meinung, Rat und Ermahnung, als viel an mir liegt, daß meine Kinder nach römischer, christlicher Kirche Ordnung unterwiesen und zu derselben Gehorsam angehalten werden.«

Er verfügte, nach seinem Tode die Firma möglichst vorteilhaft aufzulösen. Bereits seit längerem hatte er sich bemüht, seine überschüssigen Mittel in Großgrundbesitz anzulegen. Wohl schon nach dem gescheiten Rat seines getreuen Buchhalters, Schriftführers und Intimus Hans Lamparter im Jahre 1530: »Ihr müßt bauen; denn so sich etwas zutrüge ... und nicht allein von Lust wegen, sondern auch zu der Wehr, damit Ihr und das Eure stets vor einem Nachbarn und Anlauf versorgt seien. Vor gar großer Gewalt hilft es nicht.«

Der Bankier entschied, seinen Besitz nur den männlichen Nachkommen zu vererben. Im 16. Jahrhundert aber galten Söhne und Töchter von Natur aus in gleicher Weise als berufene Erben. In diesem Wissen und um erbrechtliche Schwierigkeiten zu vermeiden, ließ Anton Fugger klugerweise sein Anliegen von Kaiser Karl V. persönlich testieren. Der Augsburger Finanzfürst mußte für den Erhalt dieses *Privilegium* nicht lange vorsprechen. Er bekam diese Ausnahmegenehmigung in dankbarer Erinnerung für alles, »was seine Voreltern dem verehrten Kaiser Maximilian I. und ihm, Kaiser Karl V. selbst, dem Heiligen Reich, den erblichen Königreichen und Fürstentümern an untertänigen und willigen Diensten auf mannigfaltige Weise erwiesen« hätten. Eine Hand wäscht die andere.

Nun sollten die Fugger-Güter möglichst vollständig in der Familie

Augsburg ist ein deutsches Florenz, und die Fugger sind den Medici an die Seite zu stellen«, meinte bereits im 16. Jahrhundert der deutsche Reformator Philipp Melanchthon. Heute verschwinden die Menschen im hektischen Getöse der modernen, emsigen Stadt am Lech, und das Alltagsleben rauscht, wie überall, an der Geschichte vorbei.

An der heutigen Maximilianstraße Nr. 36 und 38 steht das geschichtsträchtige Fuggerhaus, einst Hauptkontor Jakob Fuggers des Reichen, des Bankiers von Kaisern und Päpsten, des Silberkönigs und Kupfermonopolisten. Von hier aus regierte er sein merkantiles Imperium wie ein Monarch. Sein Neffe und Nachfolger, Anton Fugger, ließ für die zahlreichen Aufenthalte Kaiser Karls V. zu den turbulenten Reichstagen in Augsburg in diesem fürstlichen Stadtpalais das *Kaiserliche Palatium* einrichten.

Dort steht die Zeit auch heute noch still. Wer Muße hat, glaubt unter den Renaissance-Rundbögen des verträumten Damenhofes, versteckt hinter der langen Fassade des Fuggerhauses, ein Spinett zu hören, den Klang des Klavichords und der hohen Stimmen eines Knabenchors …

bleiben. Deshalb mußten die wohlerzogenen Mädchen bei ihrer Vermählung eine Erbverzichtserklärung unterschreiben, wurden dafür aber mit einer äußerst großzügigen Mitgift entschädigt. Anton Fuggers Töchter Katharina, Regina, Susanna, Maria und Veronica bekamen bei der Hochzeit jeweils 30 000 Gulden, eine Unsumme, und dazu die Ausrichtung einer »ehrlichen Hochzeit«. Wie wir wissen, betrugen die Gesamtkosten der Fuggerschen Hochzeiten oft ein Vielfaches der üppigen Mitgift. So lebte es sich nicht schlecht.

Nach seinem Tode vererbte Anton Fugger seinen Töchtern zusätzlich, über zwei Jahre verteilt, jeweils 20 000 Gulden, die aber später nur ihren Kindern hinterlassen werden durften. Fehlte der Nachwuchs, so fiel der verlockende Betrag wieder den Söhnen Antons zu. Die Schwiegersöhne dagegen sollten auf jeden Fall von der Erbschaft ausgeschlossen bleiben. »So lange ein männlicher, weltlicher, ehelicher Erbe meines Namens und Stammes von mir in absteigender Linie am Leben ist«, hatten die weiblichen Fuggers keine Chance.

Und noch etwas: Würde eines der weiblichen Wesen eine Mesalliance eingehen, »das ich nicht verhoffe und mir am höchsten zuwider wäre«, sollte der Betrag, den Anton seinen »gehorsamen Töchtern« als Heiratsgut oder Erbschaft ausgesetzt hatte, um ein Viertel gekürzt werden und das Legat ihren Kindern vorbehalten bleiben. Die eigensinnige Mutter hatte dann das Nachsehen.

Seine Enkel, meinte er schließlich in einem dritten Kodizill von 1560 kurz vor seinem Tode, sollten »zu gepürender zeit musica, als singen, tantzen, fechten und dergleichen ehrlich kurtzweil, außerhalb lautenschlagen, lernen und ieben«. So rigide waren die Sitten …

Kinder, Kirche und …?

Wie anders sollte es damals schon gewesen sein? Die Frauen sollten ihre Männer »mit ihrer jährlichen Frucht erfreuen«. Und die Fugger machten keine Ausnahme. Sie brachten es auf etwa 14 Kinder pro Familie. Eine angeheiratete Enkelin des großen Anton, Helena Fugger, verwandt mit den berühmten Medici und Nichte des Papstes Pius IV., bekam sogar innerhalb von 27 Jahren 21 Kinder. Welche Bürde!

Miserable Wohnverhältnisse, ungenügende Hygiene, Epidemien und medizinische Unkenntnis führten zwangsweise zu einer hohen Kindersterblichkeit, und die alljährlichen Geburten schwächten die Frauen erheblich. Freilich war im Hause Fugger, wie in allen damals zur Oberschicht zählenden Familien, die Säuglingssterblichkeit nicht ganz so hoch, denn den privilegierten Frauen und dem Neugeborenen standen für die damalige Zeit gut ausgebildete Ärzte zur Seite, und es mangelte im herrschaftlichen Hause auch nicht an der notwendigen Hygiene.

Grotesk waren die Vorstellungen davon, wie sich eine Schwangere zu verhalten hätte und was sie in ihrem nun gesegneten Zustand zu sich nehmen sollte. Wohlgemerkt: zu ihrem und zum Wohle des Kindes. Leibesfülle bedeutete Fruchtbarkeit und Wohlbefinden, und so plünderten die werdenden Mütter die Speisekammer. Mit den denkbaren Folgen.

Eindrucksvoll liest sich die Aufzeichnung des Tagesmenus einer solchen Wöchnerin in Martha Schads Buch »Die Frauen des Hauses Fugger«:

3 Uhr morgens:	Suppe mit Eiern
5 Uhr morgens:	Eiermus von Eiern und Hühnersuppe
7 Uhr morgens:	einige frische Eier
9 Uhr morgens:	Dottersuppe, »Streibeln«, 1 Glas Traminer
11–12 Uhr:	1 Kapaun, gebratene Vögel, 1 Wildhuhn, 1 Schale Traminer, Brot, Backwerk
13 Uhr:	»Brandküchlein« mit Wein
15 Uhr:	1 Kapaun, 1 Schüssel frische kleine Fische, Wein, Brot, Backwerk
17 Uhr:	Eierkuchen
18 Uhr:	5–6 Gerichte (Gesottenes, Gebratenes, Fische)
19 Uhr:	gute Hühnersuppe
21 Uhr:	1 Pfanne voll »Brandküchlen«, Wein, Brot, Backwerk
24 Uhr:	Dottersuppe mit Beiwerk.

Die Folgen dieser Exzesse sind bei so mancher Gräfin Fugger an der ungeheuren Leibesfülle am Ende ihres Lebens sehr deutlich zu erkennen.

Historiker halten Anton Fugger für den eigentlichen Begründer des Fuggerschen Adelsgeschlechts. Er selbst und seine Brüder heirateten zwar noch gestandene Augsburger Patriziertöchter, aber seine Söhne und Töchter wurden alle hochadelig zum Traualtar geführt. Kaiser Karl V. hatte den kühlen Rechner samt seiner Nachkommen bereits im Jahre 1530 in den Reichsgrafenstand erhoben, ihnen dabei jedoch nur das »kleine Comitiv« verliehen, das dem Titel eines Bannerherrn oder Reichsfreiherrn und nicht dem Grafentitel entsprach.

Nun machten die Reformationsturbulenzen auch vor den Fuggern nicht halt, und Mischehen waren zur damaligen Zeit nichts Außergewöhnliches. Auch der kaisertreue Katholik Anton Fugger hatte zwei evangelische Schwiegertöchter: Sibylla von Eberstein und Elisabeth Nothafft von Weißenstein. Seine Nichte Ursula, Tochter seines früh verstorbenen Bruders Raymund, heiratete Joachim Graf zu Ortenburg und konvertierte zum Protestantismus.

Die Verbindung zwischen seinem Sohn Marx Fugger und der protestantischen Reichsgräfin Sibylla von Eberstein war zwar standesgemäß, aber Anton Fugger hätte es schon lieber gesehen, seine zukünftige Schwiegertochter wäre noch vor der Heirat zum Katholizismus übergetreten. Er versuchte vergeblich, die junge Gräfin mit »achtzig Mark fl. in Gold« zu locken, aber »sie war Luthers Lehre so hartnäckig zugethan«, daß sie das Bestechungsgeld ausschlug.

Das Haus Fugger blieb der römisch-katholischen Kirche treu, aber bikonfessionelle Ehen schienen, trotz allem, unproblematisch gewesen zu sein. Bis zu dem Zeitpunkt, als der Jesuitenpater Petrus Canisius nach Augsburg kam.

Im Frühjahr 1530 hatte Erasmus von Rotterdam seine Schrift *Xenophontis Socratici Rhetoris Hieron sive Tyrannus* seinem Verehrer Anton Fugger gewidmet. Der ehrbare Kaufmann hätte den berühmten Humanisten gerne bei sich in Augsburg gesehen, aber es gelang ihm, trotz verlockender Angebote nicht, den Gelehrten zur Übersiedlung von Freiburg in die Reichsstadt am Lech zu bewegen.

Mit zunehmendem Alter versteifte sich Anton Fugger aber mehr und mehr auf die Sicherung des alten Glaubens. Seine Kontakte zum Jesuitengeneral Laynez und zu Petrus Canisius brachten ihn auf die Idee, Theologen weiterzubilden und ein Jesuitenkolleg in Augsburg zu gründen. Selbstverständlich entsprach dieses Vorhaben dem Wunsch des führenden Jesuiten in Deutschland, Petrus Canisius, der im Hause Fugger häufiger Gast war.

Das blieb nicht ohne Folgen. Martha Schad meint aufgeregt: »Man kann sich des Eindrucks nicht erwehren, daß es in der Damenwelt der oberen Augsburger Schicht damals gerade zum guten Ton gehörte, bei Canisius Exerzitien zu machen und sich bekehren zu lassen.« Tatsächlich, Antons protestantische Schwiegertöchter konvertierten recht bald zum Katholizismus, und die Frauen im Hause Fugger engagierten sich auffallend intensiv für die Jesuiten.

Am 19. Januar 1561 berichtete Canisius an den Ordensgeneral nach

Rom von seinem ersten Bekehrungswerk im Hause Fugger: »Wir danken Gottes ewiger Gnade, daß die Gräfin, des Markus Fugger Gemahlin, die ihr ganzes Leben Lutheranin war, nun allmählich zur katholischen Kirche zurückgeführt wird.«

Aber auch den Ehemännern der bigotten Damen blieb nichts erspart. Um des lieben Friedens willen oder auch aus Überzeugung entließ der musische und intellektuelle Marx Fugger 1566 das gesamte protestantische Hauspersonal und stimmte einer Durchsuchung seiner Bibliothek durch die Jesuiten zu. Alle sogenannten Häresie verdächtigen Bücher des bibliophilen Fugger wurden aussortiert. Auf diesem Wege gingen alle Schriften angesehener Reformatoren verloren. Ein unverzeihlicher Vorgang.

Als freilich der jesuitische Familienfreund dem gewieften Kaufmann anläßlich der Osterbeichte wegen dessen Zinsgeschäft die Absolution verweigern wollte, ging das dem agilen Sohn Anton Fuggers entschieden zu weit. Er brach die Beziehungen zu den Jesuiten ab. Im häuslichen Bereich wolle er frommen Einfluß akzeptieren, aber in die Karten seiner kaufmännischen Praktiken ließe er sich nun doch nicht schauen.

Auch Georg Fugger, ein Cousin Marx Fuggers und Neffe des großen Anton, heiratete »nach längeren Kavalierstouren im Ausland« eine überzeugte Protestantin, Ursula von Lichtenstein. Sie war eine der heftigsten Gegnerinnen Canisius gewesen, aber nach der »wundersamen Bekehrung« ihrer Schwägerin Sibylla von Eberstein nahm sie ebenfalls an den Exerzitien des Jesuiten teil und fühlte sich anschließend wie neugeboren.

Georg Fugger, Ursulas Mann, fühlte sich ebenso wie sein Vetter Marx vom Reformeifer der Jesuiten, die gegen Kaufmannssünden und Zinsgeschäfte wetterten, brüskiert. Canisius entfachte mit seiner Forderung, kompromißlos das kirchliche Zinsverbot durchzusetzen, einen gewaltigen Streit unter den Kaufleuten. Der Jesuitenpater verweigerte in seinem Rigorismus jedem die Absolution, der nicht willens war, das Zinsgeschäft aufzugeben. Ein schwieriges Unterfangen und eine ernsthafte Gewissensfrage für die katholischen Fugger. Die Geister, die man ruft ...

Wie weit das Ganze Kreise zog, beweist ein Gesuch der Ursula Fugger-Lichtenstein an den später heiliggesprochenen Ordensgeneral der Jesuiten in Rom, Francisco Borja, mit der Frage, wie sie das schlechte Gewissen ihres Ehemannes wegen seiner Geschäfte beruhigen könne. Der charismatische Borja, der die sterblichen Überreste der Kaiserin Isabella, der jung verstorbenen Frau Karls V., von Toledo nach Granada begleitet hatte, hatte Canisius bereits wegen angeblicher Teufelsaustreibungen im Hause

Der Augsburger Hebräischlehrer Johann Böschenstein wetterte in seinem »Tanzbüchlein« von 1537 aufs heftigste gegen den Verfall der Sitten in Augsburg, ganz speziell gegen das Tanzen als zutiefst unmoralische und lüsterne Vergnügung. Im Goldenen Augsburg genoß man in vollen Zügen Turniere und sogenannte Geschlechtertänze, eine häufig zu Ehren hoher Gäste abgehaltene gesellschaftliche Veranstaltung der Patrizier und Kaufleute (unten).

Auf dem Gemälde links, heute im Besitz des Maximilian-Museums in Augsburg, soll vorne in der ersten Reihe die junge Frau Jakob Fuggers des Reichen, Sibylla Artzt, zu sehen sein. Die Jacob Fuggerin (fünfte von links) trägt auf dem Bild eine auffällig goldene Haube und wirkt sehr elegant in ihrem tief ausgeschnittenen schwarzen Kleid.

Fugger getadelt. Der Jesuitengeneral fürchtete um das Ansehen seines Ordens und mahnte Canisius, das Ganze zu unterlassen, denn »das Vorgehen entspricht nicht unserem Institut«. Am 23. Juni 1569 schrieb Canisius kleinlaut nach Rom, er habe »wie von ihm verlangt, Frau Fugger gewarnt und gemahnt und wiederholt gebeten, sie sollte sich wieder lösen aus ihrer Leichtgläubigkeit für Gesichte und Erscheinungen«. Das Getöse um den Exorzismus war dem niederländischen Jesuitenpater Petrus Canisius, der als Pieter Kanijs 1521 in Nimwegen geboren wurde, wohl über den Kopf gewachsen. Auch der Fuggerschen Verwandtschaft war die Frömmelei der angeheirateten konvertierten Gräfinnen suspekt.

Laut Testament ihres Mannes Georg Fugger erbte Ursula ein besonders erwähntes großes Diamantkreuz, ein Geschenk Kaiser Karls V. an die Familie, und Schmuck im Wert von 14883 Gulden!

»Viel Geschmeide wird den Frauen überlassen, womit die Männer Ehre einlegen, während es sie selber freut und schmückt«, meinte schon der venezianische Humanist Giovanni Caldiera. Reiche Männer beschenkten ihre Frauen mit Gold und Edelsteinen, der symbolische Ausdruck ihrer herausragenden Position. Aber nur als Leihgabe! »Die materielle Zier des weiblichen Körpers war also Statussymbol des dazugehörigen Mannes; Kleidung und mehr noch Schmuck waren Zeichen des sozialen Standes.« so Margaret King in ihrem Buch »Frauen in der Renaissance«.

Nach dem Tod ihres Mannes wollte die vergeistigte Witwe, Ursula Fugger, ihren gesamten Schmuck den Jesuiten vermachen. Aber die Rechnung der bigotten Gräfin ging nicht auf. Markus und Hans Fugger, ihre Schwäger und Kuratoren ihrer Kinder, bestimmten, die Witwe habe die Schmuckgegenstände unter ihren Kindern aufzuteilen, was denn auch geschah. Und das ihr aus dem Nachlaß ihres Mannes zugesprochene Silbergeschirr durfte sie weder zu ihren Lebzeiten verkaufen noch jemandem Fremden nach ihrem Tod vermachen.

Sollte Mitte des 16. Jahrhunderts eine große Epoche der europäischen Geschichte zu Ende gehen?

Der Widerstand gegen das Hegemoniestreben der Habsburger war groß. Der Augsburger Religionsfrieden von 1555 formulierte einen politischen und religiösen Kompromiß.

Rolf Kiessling ist der Meinung, der Weg Augsburgs war recht eigenständig: »ein langjähriges Offenhalten der Entscheidung, die Pluralität der Positionen und als Ergebnis letztlich eine ›unvollendete‹ Reformation«.

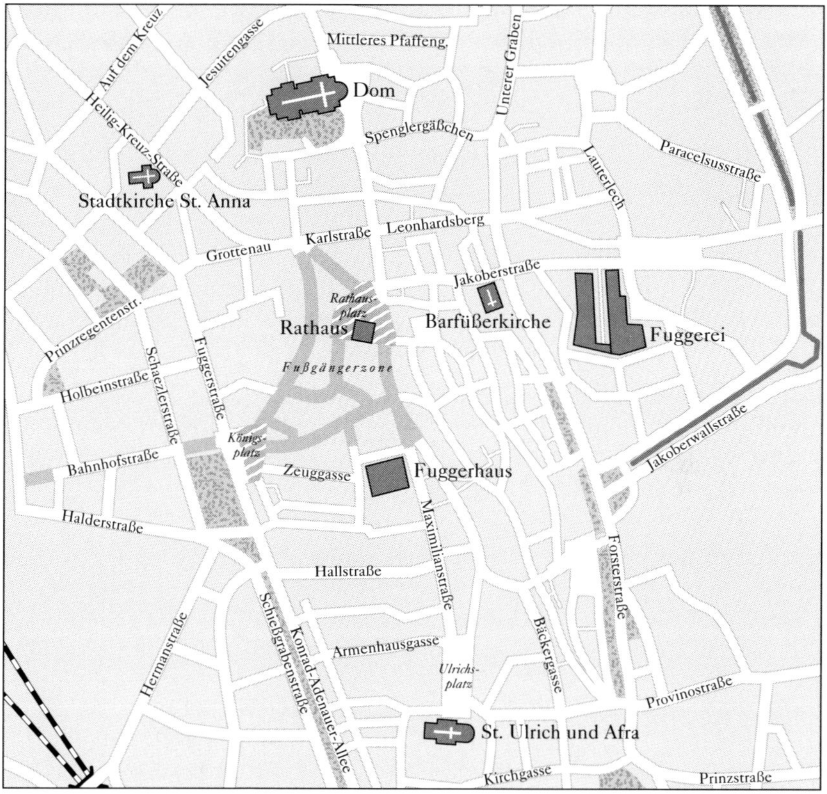

Lutheraner und Katholiken wurden gleichgestellt. *Cuius regio eius religio* hieß die Zauberformel. Der Landesherr bestimmte fortan die Konfession seiner Untertanen. Mit der Glaubenseinheit in Europa war es vorbei. Die Politik Karls V. war gescheitert.

1556 dankte in Brüssel ein verbitterter und kranker Kaiser ab. Sein Sohn Philipp bekam Spanien, die italienischen Besitzungen, die Freigrafschaft Burgund und die Niederlande. Sein Bruder Ferdinand erhielt die habsburgisch-österreichischen Lande. Die Habsburger Dynastie teilte sich in eine spanische und eine österreichische Linie.

Anton Fugger, der schon keine rechte Zuneigung zur Schwester des Kaisers, Maria von Ungarn, verspürt hatte, fand auch keinen Draht zum jungen Infanten Philipp. Zu den spanischen Ratgebern Karls V. hatte der ehrbare Kaufmann aus Augsburg ohnehin zeitlebens keinen richtigen Zugang gefunden. Philipp, der einer anderen Generation angehörte und obendrein kein Wort Deutsch sprach, blieb ihm immer fremd.

Mit Jakob Fugger dem Reichen, führender Kaufmann und Bankier seiner Zeit, hatte die Fuggersche Firma ihren ersten Höhepunkt erreicht. Er war eng mit der Politik Maximilians I. verknüpft. Anton Fugger, sein Neffe und Nachfolger, wahrte die Bedeutung des Unternehmens und wurde zum wichtigsten Bankier Karls V., dessen politische und militärische Unternehmungen er finanzierte.

Am 14. September 1560 starb Anton Fugger im Alter von 67 Jahren, »vernünftig, geduldig und gottselig«. Drei Jahre nach seinem Kaiser.

Der »Fürst der Kaufleute« wurde in Alltagskleidung, den Sitten der Zeit entsprechend, in einen Zinnsarg gelegt, wie »die vornehmen Herren«, und in der Hauskapelle aufgebahrt, begleitet von einer ständigen Totenwache. Zur Trauerfeierlichkeit wurden Kerzen und Fackeln angezündet, eine alte, von den Protestanten mißbilligte Sitte, und die ganze Familie wie auch das Hauspersonal kleidete sich in Schwarz. Alle Bediensteten legten für einen Monat die Waffen ab, trugen lange Mäntel und Hüte mit Klagbinden und kleideten sich »ehrbar« im Gegensatz zum sonstigen »übermut«.

Unter den Bewohnern der einzelnen Herrschaften der Familie Fugger wurden Almosen verteilt, auch wenn dieser Brauch bereits längst durch die Reformation unterbunden worden war. Ohne Erfolg.

In der St. Moritzkirche, wo der Sarg stand, geschmückt mit den Insignien seines Standes und schwarzen Tüchern, wurde eine prachtvolle Totenmesse gelesen. Dann geleiteten 120 Berittene den Trauerzug – Anton Fugger wollte nicht in Augsburg bestattet werden – von der Reichsstadt über Kirchheim nach Babenhausen, wo er neben seiner Frau, die dort seit 1548 ruhte, beigesetzt wurde.

Im Jahre 1561 schrieb der niederländische Historiker und Antwerpener Kaufmann florentinischer Abstammung, Ludovico Guicciardini (1521–1589), über die Kaufleute in Antwerpen: »Die allerreichsten und namhaftesten unter diesen Kaufleuten allen, die zu Antwerpen Geschäften nachgehen, sind die Fugger, deutscher Nation von Augsburg, deren löbliches Haus Herr Antonius das Haupt war ein Fürst allern anderen Kaufleute ist, welcher, als er jüngst in seinem Vaterland mit Tod abgegangen, inhalt seines Testaments über sechs Millionen Kronen in Gold verlassen, ohne viel anderer großer habe mehr, welche durch solches lobliches Geschlecht innerhalb siebzig Jahren mit Kaufmannsgewerbe gewonnen wurde …«

»Stillschweigen stehet wohl an«, war Anton Fuggers Devise.

Wohl wahr.

Prunk und Pracht: Die Diktatur der Mode

»Heutigen Tages muß alles der niederländischen, welschen Pracht und Unmäßigkeit gleich geschehen«, war in einer zeitgenössischen deutschen Chronik zu lesen.

Prunk und Pracht: Dieser überbordende Lebensstil der Burgunder mit ihrer ausgefallenen Mode hat seit Mitte des 15. Jahrhunderts in allen Ländern Europas Furore gemacht und Zeichen gesetzt. Davon zeugen die schönsten Gemälde aus Flandern und die feinsten Miniaturen.

Verwöhnte burgundische Fürsten und Herzöge ließen keine Gelegenheit aus, ihre Macht glanzvoll zu demonstrieren. Mit stolzem Imponiergehabe schöpften sie hemmungslos aus dem Vollen. Gehüllt in Samt und Seide, geschmückt mit Gold und Silber, beeindruckten sie Freund, Feind und Volk.

Das Gemälde von Rogier van der Weyden (ca. 1455) zeigt das »Portrait einer jungen Frau« mit dem *Hennin*, einer zuckerhutförmigen Haube, dem typischen Kopfschmuck in Burgund.

Die eleganten Burgunderinnen kleideten sich dem Schönheitsideal ihrer Zeit entsprechend so, daß sie rank und schlank erschienen. Das Dekolleté, mit Kragen oder Pelzbesatz, reichte bis zur hochsitzenden Gürtellinie. Die Frisur, auf beiden Seiten unter der Haube hochgesteckt, wirkte wie zwei Hörner, darüber lag ein Schleier über einem Drahtgestell.

Das Gemälde »Heiliger Eligius und das verlobte Paar« aus dem Jahr 1495 stammt von Petrus Christus.

Im Mittelalter kannte man noch keine Uniformen im herkömmlichen Sinne, aber man legte bereits Wert darauf, daß der Hofstaat, die Vertreter der Städte, die Beamten und Söldner zu den Festen und Umzügen, Ritterspielen und Prozessionen gleichfarbige, meist den Wappen angepaßte Gewänder trugen. Die Ritter des Ordens vom Goldenen Vlies zeichneten sich durch die Länge ihrer korallenroten Gewänder aus und trugen stolz an einer kostbaren Gliederhalskette das Ordenszeichen, ein Widderfell. Seit Mitte des 15. Jahrhunderts gehörte auch der Turban, die orientalisch wirkende Kopfbedeckung, zur Zeremonialtracht der Herzöge und zur Ordenstracht der Ritter vom Goldenen Vlies.

Die sportliche Maria von Burgund wuchs am Hofe in Gent nach den rigiden Spielregeln ihres Vaters Karls des Kühnen auf, der großen Wert auf Form und Format legte und präzise vorgab, wie man sich zu kleiden und zu geben hatte.

Die kostbaren Gewänder waren mit aufwendigen Stickereien versehen, und Aberhunderte von Perlen, Edelsteinen und Pretiosen wurden kunstvoll zu Motiven mit symbolischer Bedeutung und Emblemen oder Monogrammen verarbeitet. Die traumhaftesten Brokatstoffe, oft mit Granatapfelmuster, das Anfang des 15. Jahrhunderts große Mode in Italien war, schmiegten sich gefällig um die Taille der burgundischen Herzoginnen.

Die Jungfrau des Mittelalters wie auch ihr höfischer Verehrer liebten leuchtende Farben. Die zeitgenössischen Miniaturen strotzen nur so von Gold und Korallenrot, Smaragdgrün, Königsblau und Purpur. Bis Philipp der Gute sich in edles Schwarz hüllte und damit die Mode am burgundischen Hofe beeinflußte, seitdem waren gedämpftere Töne angesagt.

Aber die eleganten Burgunderinnen ließen sich ihr Modespiel nicht nehmen. Herzoginnen wie auch Kokotten legten größten Wert darauf, dem Schönheitsideal ihrer Zeit entsprechend so schlank und rank wie möglich zu erscheinen. Dafür mußte die Taille samt Gürtel bis fast unter den Busen rücken. Das kleine Mieder wurde keß über den Rock geschnürt, und das Dekolleté mit dem Kragen oder Pelzbesatz reichte, auch im Rücken, fast bis zur hochsitzenden Gürtellinie herab und zeigte die weißschimmernde Haut. Züchtig? Lauter Heilige? Oder Frauen aus Fleisch und Blut? Die Schleppen ihrer Gewänder sprachen Bände. Am burgundischen Hof sollten diese kostspieligen Roben höfisches, aber auch persönliches Geltungsbedürfnis befriedigen. Agnes Sorel, die hübsche junge Geliebte Karls VII. von Frankreich, soll ihren ganzen Ehrgeiz darangesetzt haben, längere Schleppen als die Hofdamen zu tragen. Auch längere als die burgundischen Herzoginnen?

Das Haar der Burgunderinnen versteckte sich völlig unter der Kopfbedeckung und wurde, soweit es auf Stirn und Schläfen zum Vorschein kam, ausrasiert, aber dafür bauschte sich unter der Kappe die sogenannte Hörnerfrisur. Zum Entsetzen vieler Kritiker. Die auf beiden Seiten künstlich hochgesteckte Frisur unter der schmalen Haube wirkte tatsächlich wie zwei Hörner. Jan Hus (1370–1415), der tschechische Prediger zog heftig gegen die Kleiderordnung und den übertriebenen Luxus seiner Zeit vom Leder: »Die Frauen wollen durch eine wunderbare Anordnung selbst gehörnt sein in ihrer äußeren Erscheinung, damit sie gleichfalls öffentlich zeugten, daß sie dem Tiere zugehören; denn auf ihren Köpfen gestalten sie die Schleier mit einer gewissen Kunst und nicht ohne große Mühe, so daß mindestens drei Hörner, eins über der Stirn, die anderen auf dem Scheitel des Hauptes emporragen.« Sie sahen schon monströs aus, diese Kopfbedeckungen. Doch damit nicht genug. Über die Hauben wurden zusätzlich Drahtgestelle gespannt, damit darüber ein Schleier getragen werden konnte, was zur Folge hatte, daß die Damen kaum noch ungehindert durch die Tür kamen. Nicht umsonst verglich man diese überdimensionalen Kopfbedeckungen spottend mit Segelschiffen.

Der typische Hut der burgundischen Damen, den man auf vielen zeitgenössischen Gemälden sieht, war freilich der *Hennin*, eine zuckerhutförmige Haube. Über dieser Haube schwebte ein langer, von der Spitze bis auf die Schleppe herabfallender hauchdünner Schleier. Was für eine Anmut!

Wie oft haben die flämischen Maler, voran die Brüder van Eyck, bevorzugte Hofmaler der burgundischen Herzöge, diese zarten entrückten Wesen gemalt? Und welchen Prunk haben sie kennengelernt? Prunk, der sogar auf die Schlachtfelder mitgeführt wurde, wie die Chronisten zu berichten wußten.

Welsche Pracht und Übermaß?

Diese Kultur und ihre modischen Attribute bestimmten eine ganze Epoche, und zwar weit über die burgundischen Landesgrenzen hinaus. In Deutschland soll, wie Erika Thiel in ihrer »Geschichte des Kostüms« schreibt, die Jugend die von Burgund überlieferten modischen Tendenzen so sehr übertrieben haben, »daß hier die spätmittelalterliche Mode, losgelöst von burgundischer Kultur und Diziplin, ihre wohl seltsamste und bizarrste Spätlese erlebte. In keinem anderen Lande dürften die Männer so tief dekolletiert, ihre Hosen so knapp und die Schnäbel der Schuhe so lang und spitz gewesen sein, und nirgends sonst wurde die Kleidung am Ende des 15. Jahrhunderts so gespreizt und exaltiert getragen.«

Regensburg

Barbara Blomberg
Die Mutter
von Juan d'Austria

Man könnte ihn die »Straße der Kaiser und Könige« nennen, den Weg von den Niederlanden aus über Aachen, Köln und Frankfurt bis nach Wien, diese Stadt weit im Osten, die mit den Habsburgern im 15. und 16. Jahrhundert zum neuen Zentrum des Reiches geworden war.

Die noblen Herrschaften zogen mit ihrem Gefolge durch ein wohlbestelltes Land über eine rege Handelsroute, vorbei an mittelalterlichen Klöstern und Burgen, stillen Dörfern und Einöden, neuen Marktplätzen, emporstrebenden Städten und prachtvollen Residenzen. Hoch zu Roß in Eile trabend, in der Sänfte getragen oder später noch behaglich schaukelnd in der Kutsche, das ganze kostbare Gepäck im Schlepptau. Flüsse und Felder, Felsen und Auen, Wälder und Wiesen, Schluchten, Moor, blühende Obstbäume in der Rheinebene und im Süden satte Weinberge. Eine Augenweide, wohin man nur schaute.

Es hat sich nichts Entscheidendes verändert.

Über die weiche Weite des Gäubodens, das fruchtbare Ackerland mit der Stadt Straubing, die sanfte Hügelwelt, die Hopfengärten an der Mutter Donau und ihren Seitenflüßen entlang, ging es nach Regensburg, von Karl V. mehrfach für die Zusammenkunft der Reichstage auserwählt und damals eine der bedeutenden Städte im deutschen Südosten. In der Reichsstadt regierte die stolze Regensburger Bürgerschaft sich selbst. Eine freie Kommune. Bis zum Jahre 1810 gehörte diese Stadt nicht dem Kurfürstentum bzw. Königreich Bayern an. Auch heute noch spricht der redselige Regensburger vom bayerischen »Feindesland« von hier aus sollte man über die mehr als achthundert Jahre alte »Steinerne Brücke« mit den prächtigen Bögen, in die alte Reichsstadt reisen. So, wie es bereits im Mittelalter die betuchten Bürger taten, die durch den regen Nord-Ost-Verkehr mit dem Böhmischen eng verbunden waren. Nach der beschwerlichen Reise gönnten sie sich vom Stadtamhof aus, am jenseitigen Ufer der Donau gelegen, den berauschenden Blick auf die tanzenden Dächer, ihre zahlreichen stolzen Bürgertürme, Kirchen, Tore, Stadtburgen und auf ihren gotischen Dom, wo bereits seit über tausend Jahren die »Regensburger Domspatzen« ihre klaren Knabenstimmen erheben. Über Jahrhunderte führte dieses Wunder der mittelalterlichen Baukunst als einzige Brücke über die Donau in das Herz der stolzen Freien Reichsstadt.

Regensburg blieb von der Zerstörung des letzten Weltkrieges fast verschont, und man staunt über soviel intakt gebliebenes Mittelalter. Historische Architektur, Patrizierhäuser und Kirchen aus dem 13. und 14. Jahrhundert lehnen sich ans Ufer des Flusses, Lebensader und Schicksalsstrom der Region, nicht museal, sondern erfüllt von Leben.

Die Stadt mit den einmaligen Patrizierburgen und den zahlreichen, aus Italien übernommenen Geschlechtertürmen, altrosa, ockergelb, lindgrün geschlemmt, Visitenkarte der eigenwilligen Bürger, die hier vor mehr als sechshundert Jahren ihre riesigen Festsäle für die üppigen Empfänge schmückten, hat sich ein besonderes Flair erhalten.

Mittelalterlicher Luxus pur. Vielleicht weil der Dunst der Industrie und die Hektik der Geschäftswelt in den letzten hundert Jahren hier nur bedingt ihre Spuren hinterließen? Oder weil hier, mitten in der Altstadt, im historischen Zentrum, jung und alt bis heute die Wohnungen erhalten?

In den zahlreichen Gäßchen strömt, wenn das Wetter es zuläßt, das bunte Volk zusammen und schwadroniert an langen Tafeln unter ausladenden Kastanien in den lauwarmen Abend hinein. Ganz in der Tradition der Stadt, wo die Namen der Gassen – Pfauengasse, Weiße-Liliengasse, fröhliche Türkenstraße, Weißbräuhausgasse, Schwarze Bären Straße, Hinter der Grieb und Silberne Fischgasse, um nur ein paar zu nennen – an die zahlreichen Wirtshäuser erinnern. Ein Hauch von südlicher Lebensart – *Laisser-faire, laisser-aller.*

»Statt achtzig Kneipen haben wir jetzt fünfhundert«, seufzt ein Taxifahrer und spielt damit auf das rege Studentenleben an. Denn seit den sechziger Jahren ist Regensburg auch Universitätsstadt. Das hat die Innenstadt erst recht auf Trab gebracht. In den versteckten Innenhöfen der Altstadt wird musiziert, und so mancher Gastprofessor staunt über seine Unterkunft in einem geschichtsträchtigen Patrizierpalais, wo soeben freigelegte mittelalterliche Fresken Decken und Wände zieren. Wo gibt es das schon?

In Regensburg ist das nichts Ungewöhnliches. Wenn ein Investor im historischen Kern ans Umbauen denkt, steht umgehend das Denkmalsamt vor seiner Tür. Vorsichtshalber buddeln die Archäologen zunächst einmal mit, denn in der alten Reichsstadt hat jeder Keller seine eigenen

Geheimnisse. Nicht selten entdeckt man Reste einer römischen Mauer oder stößt auf jüdische Vergangenheit. Bis 1519 lebte hier eine der traditionsreichsten Judengemeinden Deutschlands.

Sonst halten es die handfesten Regensburger nicht so mit der Pietät. In den historischen Gewölben und in ehemaligen Hauskapellen der mittelalterlichen Patrizierhäuser werden heute modische Fummel angeboten, Dirndl und Lederhosen, Reizwäsche, Dampfnudeln, Fritten und Pizzas. Und auch Galerien und Kunstwerkstätten gibt es in großer Zahl. Modernes Leben und mittelalterliche Substanz unkompliziert, aber innig miteinander verknüpft, und immer wieder Geschichte und Tradition auf Schritt und Tritt.

Als Kaiser Karl V. im Februar 1532 zum ersten Mal in den Süden Deutschlands reiste, fühlte er sich nicht gerade wohl in seiner Haut. Es hatte tüchtig gefroren, und die Wege waren glatt. Seiner Schwester Maria in den Niederlanden schrieb er: »Ich bin vor acht Tagen gefallen und verletzte mein Bein. Es ist nicht gebrochen, aber arg verstaucht. Ich habe mir zwar deswegen meine Laune nicht verderben lassen, obwohl ich fast in Begleitung meines Neffen (Johann von Dänemark) in der Sänfte platznehmen mußte.«

Der stolze Habsburger, der während der Reichstage der Jahre 1532, 1541 und 1546 immer Quartier nahm im »Goldenen Kreuz«, damals schon die Regensburger Nobelherberge für Kaiser und Könige, Fürsten und hochgestellte Diplomaten, mußte fünf Tage lang das Bett hüten. In weiteren langen Briefen nach Brüssel berichtete er verzweifelt von seinem Unwohlsein, seinem entstellten, pickligen Gesicht und der Tatsache, daß er sich nicht kratzen dürfe und das Fieber partout nicht sinken wolle.

Zu seiner großen Trauer starb in seinem Hoflager der gerade erst zwölf Jahre alte Johann, der Sohn seiner Schwester Isabella. Der Kaiser liebte den kleinen dänischen Prinzen sehr und ließ Maria von Ungarn betrübt wissen: »Er war der netteste Junge, den ich kannte. Ich habe seinen Tod empfunden wie denjenigen eines eigenen Sohnes. Denn ich hielt ihn so, und er war ja auch schon groß und mir sehr vertraut. Gottes Wille konnte es gewiß an jedem Ort so fügen, aber mir ist es nun doch sehr leid, daß ich ihn hierhin mitgenommen habe.«

Karls erster Reichstag in Regensburg fiel mitten in die Fastenzeit. Da es der noblen Gesellschaft an nichts fehlen sollte, sorgte des Kaisers Schwester, die rührige Statthalterin der Niederlande, für Delikatessen aus der Nordsee. Denn Fisch sollte es schon sein.

Kuriere aus dem brabantischen Mecheln trabten in Windeseile mit 138 Pfund gesalzenem Thunfisch, einer Tonne (1000 Stück) Salm, 1000 Heringen, 1000 Fischen aus Dünkirchen, 1000 Stockfischen, 1000 getrockneten Seezungen, frischen Austern und Erbsenschoten nach Regensburg.

Auch der Reichstag im Jahre 1541 verlangte vom Kaiser starke Nerven. Beansprucht von den kriegerischen Auseinandersetzungen mit Frankreich und den Türken, war er mehr denn je auf die tatkräftige Unterstützung der deutschen Fürsten und Reichsstädte angewiesen. Aber hier schlug das Herz für die Reformation. Man zeigte ihm die kalte Schulter und setzte auf Unabhängigkeit. Das Religionsgespräch in der *Neuen Waag* in Regensburg zwischen Melanchthon und Eck unter seinem kaiserlichen Vorsitz blieb, trotz großer Hoffnungen, ergebnislos. Karl V. mußte gezwungenermaßen die protestantischen Landeskirchen und die verweltlichten Bistümer anerkennen. Das ist ihm sicher nicht leichtgefallen.

Die Zeichen der Zeit waren gegen ihn. Die protestantischen Fürsten ließen sich nicht beirren, und in Regensburg hing ein Großteil der reichsstädtischen Bürgerschaft der neuen Lehre an.

Am 18. Februar 1546 starb in Eisleben des Kaisers wortgewaltigster Gegner, Martin Luther. Die Atmosphäre war angespannt.

Im Frühjahr 1546 kam Karl aus Brüssel. Ein neuer Reichstag stand ins Haus.

Der Kaiser hatte den Winter in den Niederlanden verbracht, in warme Tücher gewickelt, denn dort hatte ihn der – nach eigener Zählung – elfte starke Gichtanfall erwischt. Am 10. April 1546, zwei Wochen vor Ostern, traf er in Regensburg ein. Die Stadtväter hatten zwar einen feierlichen Empfang organisiert, aber die Stimmung war trotzdem gereizt. Die Theologen zeigten sich mürrisch und reisten vorzeitig ab, während die Fürsten durch Abwesenheit glänzten.

Also frönte der Kaiser zunächst einmal in Straubing der Jagd, unterzog sich, zum Wohle seiner angeschlagenen Gesundheit, einer Holzkur und beschäftigte sich mit der Vorbereitung einer militärischen Lösung des Konfessionskonfliktes. Was blieb ihm anderes übrig?

Er war 46 Jahre alt, bereits seit sieben Jahren Witwer und ein einsamer Mann. Isabella, die zarte Portugiesin und wohl einzige echte Liebe seines Lebens, war 1539 in Toledo gestorben. Trotz vehementen Drängens, vor allem seitens der französischen Königsfamilie, lehnte Karl eine Wiederverheiratung immer wieder energisch ab.

Das Leben hatte ihn bereits arg gezeichnet. Karl Brandi schreibt: »Er war von Jahr zu Jahr reizbarer geworden. Die ungeheuren Anstrengungen,

Kaiser Karls späterer Leibarzt, der berühmte Vesalius, verschrieb ihm gegen zunehmende Malaisen und Schmerzen Chinawurzel und gab ihm Diätratschläge. Aber der Herrscher war nicht zur Vernunft zu bringen. Er aß und trank am liebsten das, was ihm am wenigsten bekam, liebte schwerverdauliche Fleischgerichte, die er ohnehin wegen seines verwachsenen Unterkiefers nur schlecht kauen konnte, und trank trotz aller Warnungen mit Vorliebe immer wieder kaltes Bier. Ob er sich in Regensburg das »Kneitinger« Bier gegönnt hat? Die Hausbrauerei am Arnulfplatz bestand schon im Jahre 1530 und zapft seit weit mehr als 450 Jahren ihr süffiges Bockbier.

An den blankgescheuerten Holztischen sitzt, seit eh und je, jeder neben jedem, der Fremde neben dem Einheimischen, ohne ihn freilich immer zu verstehen.

die innere Leidenschaft seiner Politik und Kriegführung durch so viele Jahre zehrten an seiner Kraft. Dazu kamen seine unverbesserlichen Diätfehler. Er aß und trank gerade das, was ihm am wenigsten zuträglich war, übernahm sich mittags an schweren Fleischgerichten und trank trotz aller Warnungen mit Vorliebe, aber stets zur Unzeit, kaltes Bier. Seine dadurch verschlimmerten Beschwerden, die oft schmerzhafte Krankheit quälten ihn und verschärften die Bitterkeit seiner Äußerungen. War sein Hochmut an sich nur die Übersteigerung seiner besten Eigenschaften, so lief er doch Gefahr, ihn in Menschenverachtung entarten zu lassen, je mehr sich seine Erfolge häuften und die Schwächen und Unzulänglichkeiten der Menschen noch größer erscheinen ließen, als sie ohnehin waren. Man begann aus seinen Worten und aus seinem Lachen gelegentlich schon den Hohn herauszuhören, die häßlichste aller Überheblichkeiten.« Der mächtige Kaiser: ein bitterer, alter Mann? Völlig isoliert vom normalen Alltagsleben?

Knapp zwei Jahre nach dem Reichstag in Regensburg malte Tizian das berühmte »Münchner Portrait«, das heute im Besitz der Bayerischen Staatsgemäldesammlung ist. »Es zeigt einen skeptisch blickenden, rotbärtigen Herrn in schwarzer spanischer Tracht«, schrieb Gerhard Herm in seinem Buch »Der Aufstieg des Hauses Habsburg«, »auf wenig prunkvollem Stuhle sitzend. Die stark entwickelte Unterlippe wirkt nicht mehr – wie bei Ambergers früherer Darstellung – fast grotesk, sie scheint vielmehr einem Trunk entgegenzulechzen. Die linke Hand steckt im Handschuh, als habe der Maler verbergen wollen, wie sehr sie von der Gicht geschwollen war. Daß im Reich dieses Herrschers die Sonne nie unterging, ist nicht zu erkennen, vielmehr drängt sich der Eindruck auf, der sitzende Mann mißtraue einer von ihm beherrschten Welt zutiefst. Und wiederum war Tizian Prophet genug, um auch anzudeuten, wozu Karl im Notfall fähig sei: Er würde sich trennen von dem, was er besaß, nicht anders als ein Kaufmann, der verlorenes Kapital abschreibt. Was der Habsburger wirklich war, wird lediglich ausgewiesen durch den Orden, den er immer trug, das Goldene Vlies. Es dokumentiert bis zuletzt seine Herkunft, seine geheimen Träume und seine Auserwähltheit.«

Hat die unberührte Regensburgerin Barbara Blomberg Seine Majestät so, wie ihn die Künstler seiner Zeit sahen, kennengelernt? Hat sich diese junge Handwerkerstochter, ein 18jähriges Bürgermädchen, unbekümmert und kaum erwachsen, Hals über Kopf in diesen kränkelnden Mann verliebt? Erlag sie seinem Charisma? Oder war es die Aura der Macht? Die blinde Verehrung dem großen Herrscher gegenüber? Das Gefühl, auserwählt zu sein?

Ein Hauch Messina in der alten Reichsstadt?

Seit 1978 steht das überlebensgroße Standbild von Don Juan d' Austria, Sohn Kaiser Karls V. und der schönen Handwerkertochter Barbara Blomberg – als Kopie des Originals von der Piazza Catalani in Messina – auf dem Zieroldplatz in Regensburg.

Die sizilianische Hafenstadt war 1571 Sammelpunkt der Galeerenschiffe der »Heiligen Liga«, einer von Spanien, Venedig und dem Kirchenstaat ausgerüsteten Flotte unter dem Oberbefehl des gerade erst 23jährigen Habsburgers.

Mit dem Seesieg der Flotte der Heiligen Liga bei Lepanto, dem griechischen Naupaktos, wurde die türkische Herrschaft über das westliche Mittelmeer, die auch Italien bedrohte, beendet. Nicht zuletzt wegen der genialen strategischen Konzeption des jungen Fürsten. Der stolze Held wurde 1576 zum Generalstatthalter der Niederlande berufen.

Das Denkmal wurde anläßlich des 400. Todesjahres Don Juans errichtet und gehört fest zum Stadtbild von Regensburg.

Alter Sim

Sie soll »eine Jungfrau von sittsamem Lebenswandel und sehr kindlich« gewesen sein. Sonst weiß man über das junge Mädchen aus der Tändlerstraße Nr. 1 zu Regensburg nur recht wenig.

Eines steht fest: Die Begegnung mit dem großen Kaiser, der mehr als doppelt so alt war wie sie selbst, hat ihr Leben entscheidend verändert.

Für Karl V. aber bedeutete die Liebelei zunächst nur eine unbedeutende Episode. Das fröhliche Jagdtreiben, die wohltuende Kur und das Techtelmechtel mit der schönen jungen Frau hinderten den Kaiser nicht daran, seine politischen Ziele abzustecken.

Am 5. Juni 1546 wurde, in Abwesenheit der protestantischen Reichsfürsten und -städte – nur Moritz von Sachsen war zugegen –, nun endlich der Reichstag eröffnet. Bereits am 9. Juni, vier Tage nach der Eröffnung, berichtete der Kaiser seiner Schwester Maria in die Niederlande: »Meine Bemühungen unterwegs und das Kolloquium in Regensburg sind gescheitert. Die abgewichenen Kurfürsten und Fürsten haben beschlossen, nicht persönlich zum Reichstag zu kommen, sondern eher Protest einzulegen, um die geistlichen Fürsten zunichte zu machen und gegen den römischen König und mich vorzugehen. Wenn man also wartete, wäre alles verloren. So sahen wir, mein Bruder und der Herzog von Bayern, daß es nur die Gewalt gibt …«

Er setzte also auf Krieg. Für Karl, der päpstlichen Hilfe sicher, schien die Zeit reif. Er beorderte insgeheim spanische, italienische und niederländische Söldner ins Reich und beauftragte seine Schwester Maria mit der Organisation und Finanzierung der Truppen. Er schrieb ihr: »Wahret das Geheimnis und verständigt mich von allem.«

Am 24. Juli 1546 wurde in Regensburg der Reichstag verabschiedet. Aber Karl blieb noch. Wegen der kleinen Barbara?

»In Regensburg entzog er sich denn auch keineswegs dem ungebundenen Treiben, das sich nur zu leicht um den Hof entwickelte und dessen Versuchungen mit Glanz und Tand auch gute Bürgermädchen ergriffen«, schrieb des Kaisers Biograph Karl Brandi. Reichstage und fürstliche Versammlungen zogen festliche Bankette und pompöse Bälle nach sich. Das herrschaftliche Gefolge, die stolzen Bürger der überfüllten Stadt und das frivole Volk ließen sich die heitere Euphorie nicht nehmen. Feststimmung war angesagt, trotz angespannter Lage.

Wie hatte Karl V. Barbara Blomberg kennengelernt? Wie konnte ein Bürgermädchen überhaupt einem Kaiser begegnen? Während eines Jagdausfluges im bayerischen Vorwald? Ist das kokette junge Mädchen Seiner Majestät beim Servieren, beim Musizieren oder im Gasthof aufgefallen?

Oder sollte der Kaiser, incognito versteht sich, im Gürtlerbetrieb des Handwerkers Wolfgang Plumberger in der Tändlergasse zufällig von der ältesten Tochter des Meisters, Barbara, bedient worden sein?

Über den Beginn dieser kaiserlichen Affaire tappt man völlig im Dunkeln. Die Beziehung zwischen dem alternden Kaiser und dem Regensburger Mädchen verliert sich in den ungeschriebenen Geheimnissen der Geschichte. So trieb die Phantasie der Chronisten und Historiker die wildesten Blüten. Karl V. habe der Regensburgerin, die als Ersatz eines erkrankten Chorknaben auftrat, beim Gesang zugehört und sei sofort von ihrer Schönheit fasziniert gewesen, behauptet der eine. Ein anderer wiederum meint, Barbara sei ein leichtes Mädchen gewesen, eine berechnende Kokotte, und habe sich vom Kaiser verführen lassen.

Reine Spekulationen.

Die Regensburger Historikerin Marita A. Panzer ist in der von ihr geschriebenen, auf umfangreichen Recherchen im In- und Ausland beruhenden Biographie der Barbara Blomberg zu der Meinung gekommen, daß ein Zusammentreffen des Kaisers mit der jungen Frau im Gasthof »Zum Goldenen Kreuz« der Wahrheit wohl am ehesten nahekommt. In diesem traditionsreichen Haus am Regensburger Haidplatz – kaum ein Gasthof in Deutschland genoß eine ähnlich noble Reputation und beherbergte im Laufe der Jahrhunderte so viele vornehme Gäste – logierte der Kaiser 1546 vom Frühling bis in den Sommer hinein.

Auch im Vorspiel zu seinem Theaterstück »Barbara Blomberg« spielt Carl Zuckmayer auf diese eventuelle historische Gegebenheit an und läßt des Kaisers Kämmerer Don Luis Quijada über die Situation meditieren: »Die jungen Mädchen gingen damals gern, wenn Reichstag war, in so ein Wirtshaus, wo die Noblen wohnten. Und manche, die dort den Wein ausschenkte, verließ es mit einem Grafenkrönchen.« Und Quijada fährt fort, daß auch Barbara damals in der Kaiserherberge diente, wenn auch »wohl nur zur Aushilf«.

Wie konnte es wirklich gewesen sein? Barbaras Großeltern mütterlicherseits hatten nachweislich seit Anfang des 16. Jahrhunderts ein Haus an der Rückseite des Gasthofes »Zum Goldenen Kreuz«, und sowohl Barbaras Tante als auch ihre Großmutter sollen während des Reichstages noch dort gewohnt haben. Man schließt neben geschäftlichen auch verwandtschaftliche Beziehungen zwischen der Familie Plumberger und den Besitzern des Gasthofes nicht aus. Barbaras Großvater, der alte Lohmair, kaufte sich in der Nobelherberge seinen Wein und war über die Kinder mit der Wirtsfamilie innigst verbunden. Im Jahre 1533 lieh er dem

»Goldenen Kreuz« über 300 Gulden, die später Barbara und ihren Geschwistern als Erbschaft zufielen.

Sollte die hübsche Barbara, die während der Zeit des kaiserlichen Hoflagers bei ihrer Tante und in der Nachbarschaft sowieso ein- und ausging, den Wirtsleuten nicht ein wenig zur Hand gegangen sein? Könnte da nicht auch ein Kaiser schwach geworden sein?

Und war eine zarte Liebelei in der Verschwiegenheit der vertrauten Räumlichkeiten nicht am leichtesten zu verheimlichen? Das Mädchen konnte kommen und gehen, wann es wollte. Oder wann *er* wollte? Wen störte es? Wem fiel es auf?

Der einsame Kaiser und das deutsche Bürgermädchen. Wie sah sie überhaupt aus?

»Denn ihr Angesicht
gab Don Juans Zügen – Adel. Mehr
als des Vaters Stamm. Den Adel,
der in Bäumen und Quellen und gesunden
Tieren lebt. Den Adel
der ungebrochenen Jugend. Der Natur.
Der wachen, ahnungsvollen Menschenbrust.
Des starken, echten Volkes.«

So meint Zuckmayer in seinem Stück.

Kein einziges Bild, keine einzige Zeichnung, keine Beschreibung ihrer Anmut, ihres Wesens ist der Nachwelt erhalten geblieben. Auch der noble Liebhaber hat sie nicht malen lassen, sondern sie, nach seinem vorübergehenden Entzücken, der Vergessenheit preisgegeben.

Niemand kann sagen, wie sie ausgesehen hat. Vielleicht entsprach sie dem Frauentyp ihrer Zeit? Ein zartes, hellhäutiges Mädchen mit blondem gelocktem Haar, roten Lippen und Wangen und schwarzen Augenbrauen. Die schmalen Hände und der schlanke Hals, das kindliche Gesichtchen mit der modisch hohen Stirn, der sauber zurechtgezupften Frisur und den niedlichen Grübchen in eine Wolke von Duftwasser gehüllt. Kleine Füße, eine schmale Taille und feste weiße Brüstchen zum Liebkosen.

Vergängliche Schönheit, kokette Träume ... das ewige Wechselspiel.

Und die Moral von der Geschicht?

Der Reichstag von 1532 in Regensburg hatte die *Constitutio Criminalis Carolina*, die »Peinliche Gerichtsordnung« Karls V., als Reichsgesetz an-

Das berühmte »Münchner Portrait« Kaiser Karls V. wurde 1548, zwei Jahre nach dem Regensburger Reichstag, von Tizian gemalt. »Etwas müde, in sich zusammengesunken, doch mit angespanntem Blick, sitzt da der Kaiser in dem sammetüberzogenen Holzsessel vor einem Brokatteppich, wie in einer offenen Halle, mit dem Ausblick in eine überaus stimmungsvolle Landschaft, die zusammen mit den ganz klaren großen Linien des Vordergrundes die Vorstellung des Außerordentlichen erweckt. Das ist der weltbeherrschende Kaiser, der uns gleichwohl ganz schlicht, ganz menschlich nahe ist, einfach in Kleidung und Haltung, ohne jede Pose. Er ist einsam und nachdenklich«, schreibt sein Biograph Karl Brandi. Das Gemälde befindet sich in der Bayerischen Staatsgemäldesammlung.

genommen. Die *Carolina* diente als Vorbild für die Strafgesetze einzelner Territorien und bedeutete einen erheblichen Fortschritt, da statt der spätmittelalterlichen Härte der Strafen jetzt ein genaueres Abwägen der Schuldschwere des Täters angestrebt wurde und die altertümlichen Eidhelfer durch zwei Tatzeugen ersetzt wurden. Dieses Reichsgesetz hat das europäische Strafrecht fast drei Jahrhunderte lang entscheidend mitbestimmt.

Sexuelle Beziehungen waren außerhalb der Ehe nicht gestattet. Mit seiner »Peinlichen Gerichtsordnung« hatte Karl V. 1532 selbst den Ehebruch bei Mann und Frau gleichgestellt und bestrafte ihn mit dem Tode …

Theorie und Praxis?

Allerdings, nicht allzu drastisch urteilte man bei Geschlechtsverkehr zwischen Unverheirateten und nicht an ein Keuschheitsgelübde gebundenen Personen.

Sollte dieses Gesetz damals ein Versuch sein, mit drakonischen, kirchlichen und zivilrechtlichen Strafen die Geburt unehelicher Kinder zu verhindern? Oder war es schlicht und einfach nur die Angst vor tödlichen Krankheiten?

Die Zeiten waren ambivalent. Die Renaissancekunst, dem sinnlichen und verfeinerten Lebensgenuß zugetan, machte zwar Furore, aber gegenüber Sex, Begierde und Körperlichkeit hegte man großes Mißtrauen. Die Schreckgespenster Pest und Syphilis gingen um. Die ursprünglich von den Räten der Städte geförderten Freudenhäuser wurden verboten und die Prostituierten kriminalisiert. Prüderie war angesagt, nicht zuletzt auch ein Effekt der Reformationsprediger in Regensburg und anderswo.

Könige und Fürsten, Privilegierte und reiche Bürger suchten jetzt das sexuelle Vergnügen hinter verschlossener Tür.

Kaiser Karl V. fand es bei der kleinen Bürgerstochter Barbara Plumberger. Die junge Regensburgerin war das älteste der sechs Plumberger-Kinder und wurde wahrscheinlich im Jahre 1527 geboren. Sie wuchs bei ihren Eltern in der Tändlergasse wohlbehütet auf. In diesem westlichen Teil der ältesten Kernstadt von Regensburg boten Handwerker ihre Produkte feil, und Barbaras Vater betrieb, wie schon sein Vater, das Gürtlergewerbe. Barbaras Mutter führte den Haushalt, erzog die Kinder und ging, wie in kleinen Handwerksbetrieben durchaus üblich, ihrem Mann zur Hand. Die Plumberger oder Blumberger, je nach Akten, gehörten der städtischen Mittelschicht an und hatten es bestimmt nicht immer leicht.

Die Schreckgespenster Pest und Syphilis gingen um. Die Angst vor ansteckenden Krankheiten setzte dem geselligen Badeleben in den mittelalterlichen Städten ein jähes Ende.

Nacktheit galt plötzlich als vulgär, weshalb man die öffentlichen Bäder nur noch mit einem Hemd bekleidet besuchen durfte – über Nacht verordnete Prüderie. Die öffentlichen Freudenhäuser wurden geschlossen, in Regensburg offiziell im Jahre 1553. Die Reichen und der Adel gaben der »Liederlichkeit« einen exklusiveren Namen: Die käufliche Dame hieß jetzt Kurtisane.

In Regensburg, wo bereits in der ersten Hälfte des 14. Jahrhunderts acht öffentliche Badestuben namentlich bekannt waren, malte der berühmte Albrecht Altdorfer im Auftrag des pfälzischen Kurfürstensohns Johannes III. die Fresken der Badestube im Ostflügel seines Bischofshofes. Sie fielen wahrscheinlich der Schamhaftigkeit zum Opfer. Heute ist die Badeszene vom Meister der Donauschule, die erst nach einem Brand im Jahre 1887, dem der Abbruch eines Teils der Renaissance-Residenz des lebenslustigen Fürsten folgte, wiederentdeckt wurde, im Regensburger Historischen Museum zu bewundern.

Der Name Blomberg entstand wohl erst während Barbaras langjährigem Aufenthalt in Brüssel und entstammt der flämischen Sprache. Die Geliebte des Kaisers unterschrieb später ihre Schriftstücke mit Barbara Blombergh.

Im August 1546 verließ der große Kaiser Regensburg. Die junge Schwangere ließ er zurück. Er hatte Wichtigeres im Sinn.

Ein Jahr später, nach dem Sieg von Mühlberg, stand er auf der Höhe seiner Macht.

Karl sah Barbara Blomberg nie wieder.

Trotz fehlender zeitgenössischer Quellen geht man davon aus, daß am 47. Geburtstag Karls V., am 24. Februar 1547, sein unehelicher Sohn geboren wurde. Er bekam den Namen Hieronymus. Ein Zufall? Der Name kam in der Familie Plumberger häufig vor, aber auch Kaiser Karl V. verehrte den hl. Hieronymus sehr. Der spätere Ehemann der Barbara hieß ebenfalls Hieronymus. Ob er zur Zeit der Geburt bereits mit Barbara liiert war? Auch das bleibt ein Rätsel.

Die junge Mutter kam aller Wahrscheinlichkeit nach im elterlichen Haus in der Tändlergasse nieder. Der Kaiser soll in Ulm, wo er seit dem 8. Januar 1547 im Ehinger Hof sein herrschaftliches Lager aufgeschlagen hatte, die freudige Nachricht von der Geburt seines natürlichen Sohnes erhalten haben. Das Kind wurde weder in den Regensburger Kirchenbüchern noch in den Taufregistern eingetragen.

Karl V. leugnete seine Vaterschaft nicht. Doch er bekannte sich erst zu ihr wesentlich später in einem Kodizill zu seinem Testament.

Eine alleinstehende, junge Frau mit Kind hatte es im 16. Jahrhundert sowohl wirtschaftlich wie gesellschaftlich nicht leicht. Schwangerschaftsabbrüche, Früh- oder Fehlgeburten, heimliche Entbindungen und Kindesaussetzungen waren an der Tagesordnung.

Es mag Barbara Blomberg ähnlich ergangen sein. Die Tatsache, daß über die Geburt des natürlichen Kindes von Kaiser Karl V. nichts zu erfahren ist, weist stark darauf hin, daß Barbaras Schwangerschaft aus verständlichen Gründen geheimgehalten wurde. Die übliche Meldepflicht wurde eindeutig nicht erfüllt. Hatte der Kaiser diesen Fehltritt in den Mantel des Schweigens gehüllt?

Während seines Aufenthalts in Augsburg im Herbst des Jahres 1547 soll Karl V. Verfügungen bezüglich des kleinen Jungen getroffen haben. Das Baby Hieronymus, knapp sechs Monate alt, wurde der Liebe seiner Mutter entzogen. Er kam in die Obhut des kaiserlichen Kammerdieners Adrian du Bois, der wohl als einziger zusammen mit dem Kammerpförtner Ogier Bodart in das Geheimnis des Fürsten eingeweiht wurde. Ab dem Jahre 1550 kümmerten sich der Violinspieler Francisco Massi und seine Frau Aña um den blonden Knaben. Der Geiger hatte sich, nach anstrengendem Hofdienst, in dem kastilischen Dorf Leganes zur Ruhe gesetzt und erklärte sich bereit, das lebhafte Kind, angeblich ein außerehelicher Sohn des Adrian du Bois, wie sein eigenes zu erziehen. Am 13. Juni 1550 unterschrieb er in Brüssel einen Vertrag. Für die Pflege wurden fünfzig Dukaten jährlich gezahlt.

Als Massi starb, ließ der kaiserliche Hofmarschall Luis Quijada Hieronymus in Leganes abholen und ihn auf seinen Herrensitz nach Villagarcia bei Valladolid bringen. Seine kinderlose Frau, Magdalena de Ulloa, nahm den Jungen liebevoll auf, in dem Glauben, er sei das uneheliche Kind ihres Mannes, und die distinguierte, vornehme Dame, geistreich und herzlich zugleich, sorgte für eine standesgemäße Erziehung. Diese Lösung entsprach dem Wunsch des Kaisers.

Luis de Quijadas Vater, ein altkastilischer Grande, war engster Vertrauter Philipps des Schönen gewesen, und zwei seiner Brüder waren im Kampf für Karl V. gefallen. Luis selbst war ursprünglich Page beim Kaiser gewesen, aber nachdem er als Soldat an verschiedenen Fronten gedient hatte, wurde er unter Herzog Alba zum Vizekammerherr am kaiserlichen Hof ernannt. Quijada war von Anfang an eingeweiht in das Geheimnis um Geburt und Abstammung des späteren Don Juan d' Austria.

Erst 1554 gestand der müde Kaiser in einem Brief, den man bei seinem Tode versiegelt unter seinen Papieren vorfand, die Wahrheit über den blonden Knaben, den er in Yuste, am Ende seines Lebens, noch kurz kennengelernt hat. »Ich sage und erkläre, daß ich, während ich in Deutschland nach dem Tode der Kaiserin, meiner Gattin, weilte, von einer unverheirateten Frau einen natürlichen Sohn erhalten habe, der Hieronymus heißt.« Hieronymus, der Sohn der Barbara Blomberg, war zwölf Jahre alt, als er offiziell als Kaisersohn anerkannt wurde.

Bei der ersten Begegnung der beiden Halbbrüder am 28. September 1559 in der Nähe von Villagarcia soll Philipp II. zu Don Juan gesagt haben:

»Mut, mein Kind, du stammst von einem großen Manne ab. Kaiser Karl V., der jetzt im Himmel ist, ist dein und mein Vater.«

Don Juan d' Austria wurde zusammen mit dem Sohn der Margarete von Parma, Alexander Farnese, und dem Sohn Philipps II., Don Carlos, erzogen.

Und Barbara Blomberg? Was wurde aus ihr?

Auch wenn sich der Kaiser in Regensburg schon lange vor der Niederkunft seiner jungen Geliebten davongemacht hatte, hat er seine Vaterschaft wohl nie angezweifelt. Der kleine Hieronymus war sein Sohn. Karl vermachte seiner ehemaligen Geliebten eine jährliche Rente von 200 Florin. Eine relativ geringe Summe, aber immerhin bedeutete diese finanzielle Zuwendung, die der todkranke Kaiser der Mutter des Hieronymus auf dem Sterbebett in seinem letzten Testament zusicherte, einen handfesten Beweis seiner Vaterschaft, auch wenn zahlreiche Chronisten Barbara einen zweifelhaften Ruf andichteten und kein gutes Haar an ihr ließen. Zuckmayer läßt in seinem Schauspiel über Barbara Blomberg Quijada verärgert ausrufen: »Wenn Ihr glaubt, ein schändliches Geheimnis auszuscharren, wie man es in Gerüchten schon umhersprengt, dann irrt Ihr Euch. Der Kaiser hatte kein Verhältnis mit seiner Tochter Margarete. Auch nicht mit einer Nonne. Nicht mit einer Ketzerfürstin. Don Juans Abkunft ist unbefleckt von Laster und Verstrickung.«

Und Barbara Blomberg ging den Weg der meisten Mädchen aus einfacheren gesellschaftlichen Schichten, die damals von reichen Männern als Geliebte gehalten oder von ihren Dienstherren verführt worden waren. Sie wurden einem Mann verehelicht, der die dafür ausgesetzte Mitgift gerne einstrich und ihr eine einigermaßen gesicherte Existenz bieten konnte. So wurde ihre Entehrung gedeckt, die Sache vertuscht.

Also heiratete Barbara Plumberger den aus Kärnten stammenden kaiserlichen Offizier Hieronymus Kegel, der höchstwahrscheinlich bereits 1546 im kaiserlichen Gefolge nach Regensburg gekommen war. Sie zog mit ihm im Jahre 1551 nach Brüssel, wo er zum Inspektor der deutschen Regimenter in den Niederlanden ernannt wurde. Ihre Geburtsstadt Regensburg sollte sie niemals wiedersehen.

Die Position des Ehemannes war nicht sonderlich bedeutend, und die materielle Unterstützung des Kaisers fiel eher mager aus. Die Jahresrente soll nicht einmal regelmäßig und zuverlässig angewiesen worden sein, und die versprochene Mitgift in Höhe von 5000 Gulden erhielt Barbara angeblich erst nach dem Tod ihres Ehemannes.

Der große Kaiser ließ sich seine Reichstage im gotischen Rathaus zu Regensburg nicht nehmen. Seit dem Spätmittelalter war der würdige Reichssaal Treffpunkt für die Eröffnungs- und Schlußversammlungen. In dem hellen, geräumigen und nicht sehr hohen Raum mit der intakten dunklen Balkendecke aus dem Jahre 1408 thronte der Kaiser auf einem Podest. Zwei Stufen unter ihm saßen die Kurfürsten, noch etwas niedriger die Fürsten, und im hinteren Teil des Saales standen schließlich die Vertreter der Reichsstädte. Der Baldachin über dem Platz des Kaisers, mit dem großen Reichsadler geschmückt, hat sich wohl auch über alle Nachfolger gespannt.

Also lebte die bald auf fünf Köpfe angewachsene Familie – Barbara bekam noch zwei Söhne und eine Tochter – eher schlecht als recht. Der tägliche Lebensunterhalt mußte aus Kegels Einkommen bestritten werden. Das war bestimmt nicht üppig.

Im Jahre 1569 wurde die Regensburgerin Witwe. Die etwa vierzigjährige Barbara, die den Namen *Madame de Blombergh* führte, blieb mit ihren drei Kindern in bescheidenen Verhältnissen zurück. Am 20. Juni 1569, acht Tage nach dem Ableben ihres Mannes, verlor sie ihren zweiten Sohn. Er fiel, wie es heißt, in einen Brunnen. Es blieben ihr also nur noch der älteste Sohn Konrad, von ihr offensichtlich recht gut erzogen, und eine Tochter, die weiter bei ihr im Hause lebte.

Angeblich hatte ihr Mann eine Menge Schulden hinterlassen. Herzog Alba, Gouverneur der Niederlande, berichtete König Philipp II. nach Spanien: »Die hinterlassene Witwe ist vollkommen mittellos und hat viele Schulden.« Er war wohl reichlich besorgt über diese Situation.

Die Heldenmutter

Des Kaisers Sohn, Don Juan d' Austria, der 1571 den Seesieg bei Lepanto über die Türken erfocht, wurde inzwischen an allen europäischen Höfen herumgereicht. Der Venezianer Savorgnano schrieb im selben Jahr, nach einem rauschenden Fest im genuesischen Palazzo Doria, begeistert in seinem Tagebuch über »einen lebhaften und wohlgestalteten jungen Mann mit hellem Haar und einem sehr sympathischen und hübschen Gesicht«.

Es war nun an der Zeit, auch die Mutter der spanischen Exzellenz, Mitglied der königlichen Familie, angemessen zu versorgen und ihr eine standesgemäße Lebensführung zu ermöglichen.

Das war kein einfaches Unterfangen. Barbara hatte ihren eigenen Kopf. Ab jetzt bekam sie zwar eine jährliche Rente in Höhe von 4944 Gulden, pikanterweise aus Einnahmen der Konfiskationsgüter geflüchteter Niederländer, und siedelte auf Bitte des Gouverneurs im Spätherbst 1570 nach Gent um, wo ihr ein passender Haushalt eingerichtet worden war, aber sie hielt sich nicht an die vorgegebenen Spielregeln.

Herzog Alba, der sich im Auftrag des spanischen Königs Philipp II. höchstpersönlich um die widerspenstige Witwe kümmerte, schrieb verzweifelt nach Spanien: »Es hieß, sie gebe das Geld mit vollen Händen durch täglich veranstaltete Tänze und Bankette in ihrem Hause aus. Ihr Geld geben heißt, es ins Wasser werfen, denn in zwei Tagen hat sie es für Festgelage verschleudert.«

Das war nun reichlich übertrieben. Ein Zeitgenosse schrieb, die Blomberg sei zwar lebenslustig, aber keineswegs leichtfertig und verschwenderisch. Die spanischen Beamten hätten keinen Sinn für Lebenskunst.

War Barbara eine liederliche Lebedame oder einfach eine gesellige Frau, die sich in den burgundischen Niederlanden wohl fühlte?

Die Geschichtsschreiber können nur spekulieren. Ein einziger Brief von Catherine de Bousbecq an den königlichen Sekretär Alborñoz in Spanien, heute im Archiv von Simancas, verweist unmittelbar auf Barbaras damaligen Lebenswandel. Die junge Adlige machte eine Anspielung auf eine »unsittliche und nicht der Norm entsprechende Lebensführung«.

Barbara Blomberg, inzwischen 42 Jahre alt, dachte nicht daran, sich dem Leben zu verschließen. Es fehlte ihr wohl nicht an Verehrern, und diese Vorstellung war dem Herzog Alba ein Alptraum. Ob sie wohl eine Mesalliance eingehen würde, die dem spanischen Hof nicht genehm sein könnte? Nicht standesgemäß wäre? »... und ich weiß auch nicht, ob sie dazu nicht Lust hätte, denn sie hält sich noch für jung. Ich habe ihr aber sagen lassen, sie möge um alles in der Welt nicht daran denken, sich wieder zu verheiraten«, schrieb der spanische Grande seinem Herrn und Gebieter, Philipp II., verzweifelt nach Spanien. Wer war der Hand einer Heldenmutter schon würdig?

Nach den Vorstellungen Philipps II. käme als angemessener Alterssitz der Witwe nur ein Kloster in Spanien in Frage. Herzog Alba nahm diese Vorgabe seines Königs zwar zur Kenntnis, hielt das Anliegen jedoch für aussichtslos. Barbara wollte ihr großzügiges Leben in Gent und später in Brüssel, wo sie endlich, als ehemalige Kaisergeliebte und Mutter eines dem spanischen Königshaus verbundenen Sohnes, ein gewisses Ansehen genoß, nicht eintauschen gegen ein rigides spanisches Kloster. Verständlicherweise ...

Das Gerangel dauerte bis zum Jahre 1577. Philipp II. ließ nicht locker. Er war der Meinung, die Mutter des großen Helden von Lepanto gehöre unter Aufsicht. Da sie nicht zu bewegen war, sich in ein niederländisches Kloster zurückzuziehen, auch eine denkbare Lösung, müsse sie, mit Rücksicht auf die Ehre und Karriere ihres Heldensohnes, auf irgendeinem Weg nach Spanien gebracht werden. Die Ironie der Geschichte?

Barbara war ihrem großen Sohn, der mit 23 Jahren als Oberbefehlshaber einer spanischen und venezianischen Seeflotte am 6. Oktober 1571 im Eingang zum Golf von Lepanto die türkische Flotte schlug, seit er ihr als Baby weggenommen worden war, nicht wieder begegnet. Erst Ende des Jahres 1576 trafen Mutter und Sohn in Luxemburg zusammen. Die

Sie kamen aus allen Himmelsrichtungen. Aus Böhmen und Wien, Sachsen und Bayern, von der Maas, dem Rhein und der Elbe. Kaiser, Könige, Fürsten und Diplomaten. Im Gefolge brokatgewandete Damen, auserwählte Pagen

und Kokotten. Die Regensburger Patrizier stellten in ihren geräumigen Festsälen mit üppig gedeckten Tischen städtischen Reichtum zur Schau. Fürstliche Gelage und Bälle waren an der Tagesordnung. Noblesse oblige.

Kaiser Karl V. stieg im Gasthof *Zum Goldenen Kreuz* ab. Dieses ehemalige rosa geschlemmte, mittelalterliche Bürgerpalais beherrscht noch heute den Haidplatz, und man gewinnt den Eindruck, daß sich an der schlichten, etwas düsteren Fassade über Jahrhunderte nichts geändert hat. Turm und Zinnen ragen streng über den stattlichen Platz. Hier schrieb man Geschichte. Die Herberge aus der Mitte des 13. Jahrhunderts galt sechshundert Jahre als das beste Hotel der Stadt. Noch bis Anfang des 20. Jahrhunderts gab sich hier alles, was gesehen werden wollte, ein Stelldichein. Bis das Gebäude, mangels Komfort, kaum noch Beachtung fand.

Heute trifft sich im *Cafe Goldenes Kreuz* die Regensburger Hautevolee und die, die sich dafür halten. Nicht umsonst taufte es der Volksmund »Cafe Wichtig«.

In der *Neuen Waag* auf dem Haidplatz, dem ehemaligen Fest- und Turnierort, fand ein bedeutsames Ereignis der Reformationsgeschichte statt. Während des von Karl V. einberufenen Reichstages im Jahre 1541 trafen sich hier unter Vorsitz des Kaisers Philipp Melanchthon und Leonhard von Eck.

Das berühmte Religionsgespräch sollte der letzte Versuch sein, eine Einheit und Versöhnung zwischen den beiden Konfessionen zu erreichen.

Schaut man in den Innenhof des roten Hauses, kann man sinnieren über die für den Kaiser wohl sehr deprimierenden letzten Bemühungen.

Atmosphäre soll frostig gewesen sein, das Verhalten Barbara Blombergs unbeherrscht. Die beiden sahen einander nicht wieder.

Der stolze Don Juan d´ Austria, zu der Zeit gerade zum Generalstatthalter der Niederlande berufen, fühlte sich in dem Land, wo seine Mutter lebte, fehl am Platze. Er schimpfte über das Wetter, nannte die Flamen »herumwandelnde Weinschläuche« und bezeichnete das Land als »Babylon des Ekels«. Seinem Halbbruder Philipp II. schrieb er nach Spanien: »Ich versichere Eurer Majestät, daß die Arbeit hier genügt, um jede Konstitution und jedes Leben zu zerstören.« Aber die Niederlande galten nach wie vor als wichtigste Quelle der kaiserlichen Einkünfte. Die *pays de par deça* haben ihm kein Glück gebracht. Don Juan d' Austria, der Held von Lepanto, Sohn Barbara Blombergs und Kaiser Karls V., starb am 1. Oktober 1578 in der Nähe von Namur. Wahrscheinlich an Typhus.

Ob er bei dem einzigen Treffen in Luxemburg seine Mutter überredet hat, nach Spanien umzuziehen? Auch darüber kursieren nur Gerüchte.

Im März 1577 verließ Barbara Blomberg jedenfalls in Begleitung ihrer Tochter mit sechs Segelschiffen des Admirals Johann Andreas Doria die Niederlande. Sie ging im Hafen von Laredo am Golf von Biscaya an Land. Zwanzig Jahre zuvor hatte hier an der Küste Spaniens auch Karl V. seine letzte Seereise beendet.

Doña Magdalena de Ulloa, liebevolle Pflegemutter Don Juans d' Austria, erwartete sie bereits und brachte sie fürs erste in dem Dominikanerinnenkloster Santa Maria la Real in San Cebrian de Mazote, unweit von Valladolid, unter. Aber die altkastilische Abgeschiedenheit und das recht rauhe Klima bekamen der einsamen Witwe nicht besonders. Nach dem Tode von Juan d' Austria erlaubte Philipp II. Barbara Blomberg, in das kleine Städtchen Colindres am Golf von Biscaya in den Palast der Familie Escobedo umzuziehen.

Ihr finanzielles Auskommen blieb weiterhin ein Problem. Immer wieder mußte sie die ihr zugesagte finanzielle Unterstützung beim König anmahnen. Um ihre materielle Grundlage zu verbessern, verlegte sie 1584 ihren Wohnsitz nach Ambrosero, einem unscheinbaren Örtchen. Der Gutshof mit Herrenhaus und Nebengebäuden gehörte der Familie Mazatebe. Hier verbrachte die gebeutelte Frau die letzten 14 Jahre ihres unsteten Lebens, »nicht in Saus und Braus, sondern nach dem Standard der lokalen Adelsfamilien, in deren Gesellschaft sie sich befand. Ihr Nachlaßverzeichnis gibt uns Aufschluß und Einblick in ihre realen Lebensverhältnisse«, schreibt die Biographin Marita Panzer.

Barbara Blomberg, die am Ende ihres Lebens unter Arthrose, schmerzhaften Abnutzungserscheinungen der Gelenke und der Rückenwirbel litt, starb am 18. Dezember 1597 auf ihrem Landgut in Ambrosero. Sie war etwa siebzig Jahre alt.

In ihrem Testament, kurz vor ihrem Tod im Sommer 1597 in Colindres aufgesetzt, vermachte sie ihren gesamten Besitz König Philipp II.von Spanien, Sohn ihres Geliebten Kaiser Karl V. Als Dank für die Gnadenerweisungen, die sie und ihre Kinder von ihm erhalten hatten.

Ihr Grabmal in der Kirche von Montehaño geriet im Laufe der Zeit völlig in Vergessenheit. Per Zufall fanden im Jahre 1958 Bauarbeiter das Skelett einer Toten. Wissenschaftler identifizierten die sterblichen Überreste der Barbara Blomberg, und am 11. April 1977 wurden sie in einem Zinksarg wieder in der Seitenkapelle der Kirche von Montehaño beigesetzt.

»D. a. Barbara de Blombergh. Madre de Don Juan de Austria. Ano MDXCVII«, lautet die bescheidene Inschrift.

So fand die Regensburger Handwerkertochter, Geliebte des großen Kaisers und Heldenmutter, an einem stillen spanischen Ort, unweit der turbulenten Biscayaküste, ihren letzten Frieden. Meilenweit von der Heimat ihrer Kinder- und Jugendjahre entfernt.

Dort, in der stolzen Reichsstadt, ist auch nur noch ein Hauch Erinnerung an die verlorene Tochter geblieben. An der Fassade des »Goldenen Kreuzes«, der mittelalterlichen Nobelherberge am Haidplatz, kann man versuchen, die verwitterten Buchstaben eines Verses zu entziffern:

Ihr Stamm war bieder, schlicht und recht,
Plumberger schrieb sich das Geschlecht,
Dem bracht des Kaysers Lieb viel Leid,
Doch Trost und Heyl der Christenheit.

Wenn man durch die Altstadtgäßchen im Viertel der ehemals kleineren Händler geht und die gedrängten Häuschen mit den hochgotischen Stichbogenfenstern bewundert, hinter denen heute ausgefallene Mode angeboten wird, denkt man an das unberührte junge Mädchen von damals. In der Tändlergasse Nr. 1 oder in der Kramgasse 5, wohnte Wolfgang Plumberger mit seiner Frau und sechs Kindern. Hier erblickte nach aller Wahrscheinlichkeit Don Juan d' Austria das Licht der Welt.

Aber wer wird es genau sagen können? Den Regensburgern ist es einerlei. Die Liebesgeschichte von Kaiser Karl V. und Barbara Blomberg

In der Regensburger Tändlergasse soll das Elternhaus von Barbara Blomberg, der Geliebten Kaiser Karls V., gestanden haben. Hier betrieb ihr Vater Wolfgang Plumberger seine Gürtlerwerkstatt; die Mutter zog die sechs Kinder groß und half ihrem Mann bei seiner Arbeit.

Barbara Blomberg brachte 1547 den Sohn Karls zur Welt; er wurde auf den Namen Hieronymus getauft und erhielt später den Namen Juan d' Austria.

Holzstich »Karl V. und Barbara Blomberg« nach einem Gemälde von Willem Geets (1894).

ist zwar ein steter Bestandteil der Stadtführungen, aber nicht jeder Führer nimmt es mit der historischen Wahrheit so genau. Die Altstadt braucht keine Reklame. Sie spricht in ihrer Authentizität für sich. Und wer der Kunst und des Kaisers müde ist, bummelt an schmucken Modeboutiquen vorbei, an Dirndln, Lederhosen, Wanderschuhen, Antikem und Eleganz, oder mischt sich einfach unters schnatternde Volk.

An der Donauseite der alten Stadtmauer oder dem, was noch davon übrig ist, duftet es immer noch aus der »Historischen Wurstküche« nach Regensburger Bratwürsten vom Rost mit Sauerkraut und süßem Senf. Angeblich schon seit dem 12. Jahrhundert.

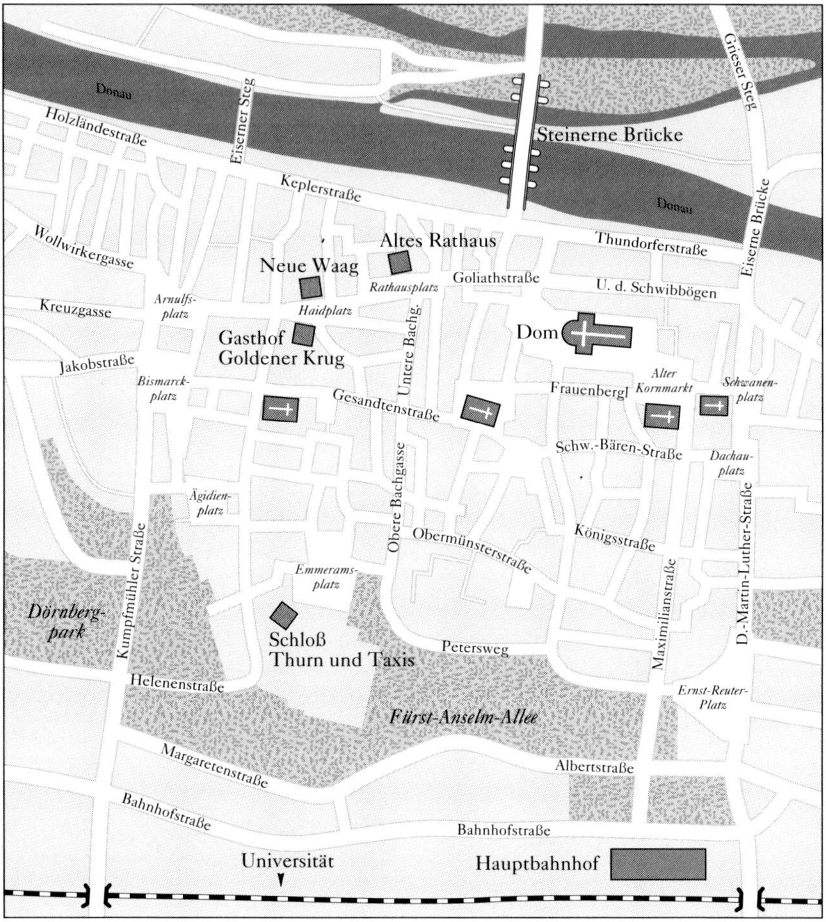

Wer aber an einem lauen Sommerabend über das schöne Panorama der Stadt blicken will, geht über die alte Steinerne Brücke Richtung »Feindesland« und kehrt, noch gerade der Reichsstadt zugehörig, in der »Alten Linde« ein.

Am Ufer wiegen sich die Vergnügungsboote in der ersten Dämmerung auf den Wellen, während in der Stadt nach und nach die Lichter angehen. Bis sich der Mond über die mittelalterlichen Dächer schiebt und die Nacht schlummert.

Wo sind des Kaisers Träume?

Tischsitten, Tafelfreuden – und eine gepfefferte Rechnung

Cherchez la femme. Als im späten 12. Jahrhundert die Minnesänger den hohen Damen huldigten und sie zu Tisch gebeten wurden, verfeinerten sich die Umgangssitten schlagartig. Die herrischen Ritter mit ihrem unmäßigen Hunger und Durst sollen nun vornehmer in die vollen Schüsseln gegriffen haben, nämlich mit drei Fingern und nicht, wie bis dahin üblich, mit der ganzen Hand. Von Besteck war weit und breit keine Spur, und anstelle eines Tellers wurde eine dicke Scheibe Brot gereicht. Erst ab dem 15. Jahrhundert kamen Zinnteller auf den Tisch und zu festlichen Gelegenheiten Silbergeschirr.

Mitte des 14. Jahrhunderts zählte das Inventar des prunksüchtigen französischen Königs nur ganze zwölf Gabeln. Und noch Generationen später schrieb der französische Philosoph Montaigne (1533–1592), der sich in seinen Reiseberichten bewundernd über das *Palatium*, die Bleibe Karls V. in Augsburg bei den Fuggern, äußerte: »Manchmal esse ich so hastig, daß ich mich in den Finger beiße.«

Wild, Fleisch und Wurst gehörten, je nach sozialem Rang, zum kulinarischen Angebot im 15. und 16. Jahrhundert.

Die Abbildung zeigt ein Detail aus dem Gemälde »Schlachterei« von Joachim Beukelaer, 1551.

Kein Geringerer als der berühmte Humanist Erasmus von Rotterdam (1469–1536) schrieb 1530 sein »De civilitate morum puerilium«, ein sogenanntes Anstandsbuch. »Man soll das Stück, das man schon im Munde gehabt hat, nicht wieder in die allgemeine Schüssel legen. Spucke nicht auf oder über die Tafel. Mache deine Zähne nicht mit dem Tischtuch sauber. Schlaf nicht bei Tisch ein. Es ist wenig schicklich, die gemeinsame Schüssel zu drehen, damit die besten Stücke an dich kommen. Die fettigen Finger abzulecken oder am Rock abzuwischen, ist unangebracht. Man nimmt dazu besser Tischtuch oder Serviette«, polterte er und ließ kein gutes Haar an den Tischmanieren seiner Umgebung.

Reinlichkeit sollte in gehobenen Kreisen oberstes Gebot sein. Das nahm sich mancher Hausherr zu Herzen und ließ vor jeder Mahlzeit zum Händewaschen blasen. Pagen knieten mit einer Schale vor den Gästen und gossen ihnen aus der Kanne Wasser über die Hände. Zum Abtrocknen trugen sie ein Tuch um den Hals, und selbstverständlich wurden jedem Gast während der Mahlzeit mehrmals Wasser und Handtücher gereicht.

Das Benutzen einer Gabel, bereits bei den Römern gang und gäbe und von den Italienern längst übernommen, wurde von der Kirche bis ins 17. Jahrhundert abgelehnt. Die Kultur des Menschen verlange nach der von Gott selbst geschaffenen »Fünf-Finger-Gabel«, lautete das Gebot. Sogar die gebildete Äbtissin Hildegard von Bingen verurteilte das Essen mit der Gabel aufs strengste und schrieb von der »Verhöhnung und Verärgerung Gottes durch die Benutzung des teuflischen Instrumentes statt der Finger, um die Mäuler zu stopfen«.

Aber es gab ja, Gott sei´s gelobt, wenigstens noch den Löffel: für den gewöhnlich Sterblichen den Holzlöffel, die langstielige Kelle, zum Topfrühren auf dem Herd, oder den eigenen, aus Buchenholz geschnitzten Löffel, den der Wandersmann immer bei sich trug, sei es am Gürtel oder an den Hut gesteckt, den Stiel auch schon einmal in Silber gefaßt. Es war damals noch nicht üblich, wertvoll verarbeitete Löffel als Reisebesteck mitzuführen oder an der Tafel zu benutzen. Das fromme Abendland hinkte hier deutlich dem arabisch-islamischen Mittelalter hinterher, das schon seit langem einen regelrechten Löffelkult pflegte.

Lange Zeit dienten Löffel fast ausschließlich sakralen Zwecken. Kostbare Eßlöffel blieben der reichen Oberschicht vorbehalten; bei den Festessen kostete man mit ihnen delikate Saucen. Diese wertvollen Einzelstücke wurden aus edlen Metallen in ausgesuchten Werkstätten berühmter Gold- und Silberschmiede hergestellt und aufwendig verziert. Doch längst nicht jeder bekam bei Tisch ein Besteck vorgelegt. So schrieb

Im 15. und 16. Jahrhundert wurde bei Hofe mit Prunk und Pracht repräsentiert. Allein, die Tischsitten ließen noch einiges zu wünschen übrig. Es gab noch kein Eßbesteck; man aß mit den Fingern.

Miniatur aus dem »Breviarium Grimani« (1510–1520) von Gerard Horenbout.

Michel de Montaigne, der am Hofe Marias von Medici ein- und ausging, nicht ohne Grund erstaunt in sein Reisetagebuch, bei den Schweizern gäbe es immer so viele Löffel wie Leute am Tisch.

Der Brauch, jedem Tischgenossen einen eigenen Löffel zu geben, verbreitete sich erst allmählich. Mit der Zeit bürgerte es sich ein, zumindest in vornehmen Kreisen, die Suppe nicht mehr aus der gemeinsamen Schüssel zu löffeln, sondern aus einem eigenen Teller mit dem eigenen Löffel zu essen. Und die Devise lautete: Gebrauchte Löffel sollte man nicht wieder in den gemeinsamen Topf legen, sondern entweder vorher säubern oder einen neuen nehmen.

Kultiviertes Verhalten war nunmehr angesagt.

Wer denkt schon über vergangene Zeiten nach, wenn heute der Herr des Hauses am Sonntag das Roastbeef schneidet, zu Weihnachten die knusprige Gans tranchiert oder zum Festessen das erlesene Wild zerlegt? Dieser Brauch beruht auf einem uralten Rollenmuster. Der Mann hat von jeher das Teilen übernommen, während die Frau das Brot in den Ofen schob, backte und anschnitt. Das Aufgehen des Brotlaibs im Ofen hat Assoziationen an das Aufgehen des mütterlichen Leibes hervorgerufen, und so sind Backen und Gebären bereits vor Jahrtausenden gedanklich miteinander verknüpft worden. Das Vorschneiden, Ehrensache jedes Ritters, wurde im Laufe der Zeit zur Zeremonie hochstilisiert und bei Hofe zum Kult. Die Römer hatten diesen Brauch bereits aus dem Orient übernommen und beeindruckten ihre Gäste mit raffinierten Vorführungen ihrer eleganten Vorschneider, die bei Tisch ganze gebratene Tiere, vor allem Wild und Geflügel, geschickt zerlegten. Reiche venezianische Kaufleute und Fürsten setzten die Tradition fort, und auch die Spanier übten sich recht früh in dieser – selbstverständlich dem Manne vorbehaltenen – Kunst. Scharfe Messer mit prachtvoll ziselierten Griffen gehörten zum Prestige, die *Fürschneyder* avancierten zu angesehenen und umworbenen Meistern. Sie zogen, nicht ohne die nötige Theatralik, das Messer feierlich aus dem Futteral, küßten vor dem ersten Schnitt das Heft, und es war eine Ehre, das Fleisch auf der Spitze des Messers vom Tranchiermeister gereicht zu bekommen.

Kulinarische Genüsse standen nun zunehmend hoch im Kurs. Wild gab es im Überfluß, denn der stolze Ritter, der seine Gäste hinter der Meute über Feld und Flur jagte, dem verschreckten Wild hinterher, ließ nach dem wilden Treiben zum Festmahl blasen und köstliches Wildbrett auftragen. Nur der Hochadel genoß dieses Privileg, dem Bauern und sei-

Eine fürstliche Mahlzeit bestand meist aus Brot, viel Fleisch, Wein oder Bier.

Miniatur aus »Livre des bonnes moeurs« von J. Le Grant aus dem 15. Jahrhundert.

nem Gesinde blieb das große Halali versagt. Allein im Schloß bogen sich die Tafeln mit Fasanen und Rebhühnern, Hasen, Rot- und Schwarzwild, auch wenn bei der gemeinen Landbevölkerung bereits längst Fleisch zum Gemüseeintopf, Hülsenfrüchtebrei und Brotpudding dazugehörte. Zumindest ein paarmal in der Woche. Der Fleischverbrauch pro Kopf soll im Spätmittelalter weit höher gewesen sein als heute und erst recht höher als zu Beginn des 19. Jahrhunderts.

Das Mahl war Symbol für den sozialen Rang, für Macht und Reichtum der Adligen und Bürger. Spätmittelalterliche Fürsten setzten sich nur allzugern selbst in Szene. Dazu schreibt Margarete Zimmermann in ihrem Buch »Essen und Trinken im Mittelalter und Neuzeit«: »Das Mahl, das in ausgefallenen Schauessen kulminiert, wird zum Gesamtkunstwerk, zu einer Verbindung des Kulinarischen mit musikalischen, akrobatischen und mimischen Darbietungen.« Tonangebend für diese höfische Lebens-

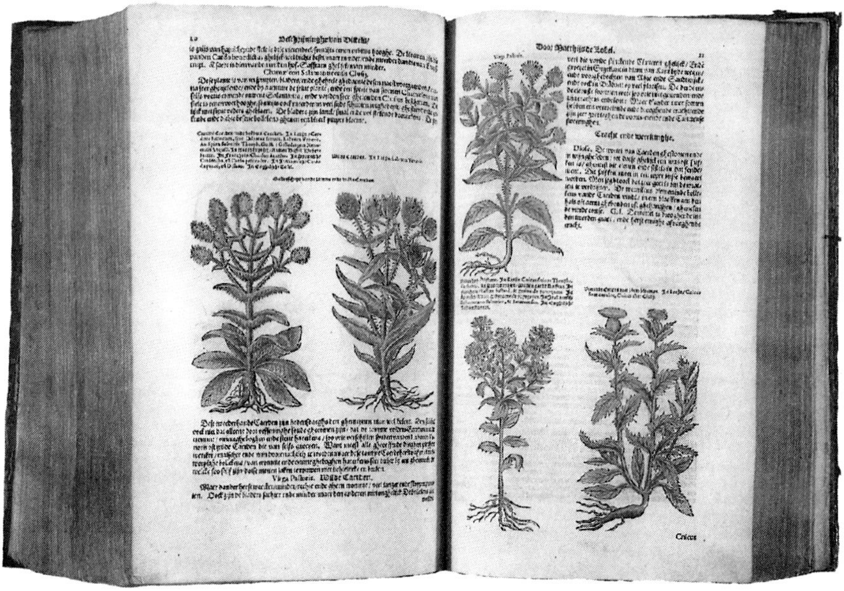

Gewürze und Kräuter fanden immer mehr Anklang in der Küche des frühen 16. Jahrhunderts. Besonders beliebt waren Pfeffer, Zimt, Ingwer, Senfkörner, Salz, Majoran, Salbei, Knoblauch, Minze, Zucker und Vanille. Die meisten waren sehr teuer und galten als ein Zeichen für Wohlstand. So kostete ein Pfund Safran soviel wie ein Pferd; dieselbe Menge Muskat war sieben fette Ochsen wert.

Der Buchdruck ermöglichte bald Darstellungen und botanische Abhandlungen, wie das Kräuterbuch von Mathias Lobelius, das bei Christoffel Plantin 1581 in Antwerpen gedruckt wurde.

art waren die Herzöge von Burgund, die im 15. und beginnenden 16. Jahrhundert nur wenig von Zurückhaltung und Bescheidenheit hielten. Böse Zungen behaupteten sogar, sie hätten in der Kultur des ausgehenden Mittelalters die Schönheit durch protzige Pracht verdrängt. Philipp der Gute, der 1429 seine Hochzeit mit Isabella von Portugal in Brügge pompös feiern ließ, soll damit angefangen haben. Der kunstliebende Herzog, der Jan van Eyck, den Meister des berühmten Altarbildes »Anbetung des Lamm Gottes«, zu seinen Freunden zählte, habe Frömmelei mit weltlichem Pomp verbunden.

Als Karl der Kühne, burgundischer Urgroßvater Karls V., im Juni 1468 in Damme bei Brügge in dritter Ehe Margarete von York, die Schwester König Edwards IV. von England, heiratete, war in Brügge das ganze Abendland zu Gast. Zu den Festmahlzeiten wurde auf dem burgundischen goldenen und silbernen Tafelservice in Gefäßen, die wie Boote geformt waren, serviert, und silberne Almosenschiffe, Sammelbecken für die Essensreste der übersatten Gäste des Herzogs, standen bereit für die »Brosamen von der Herren Tische«, Reste für die Armen, die sich vor dem Schloß drängten.

Auch was die Speisen anbelangte, ließen sich die Hochwohlgeborenen einiges einfallen. Storch und Reiher kamen in den Kochtopf, dagegen sollten die vornehme Schönheit des Schwans und die Federpracht des Pfaus die Gäste verzaubern. Die Zubereitung dieser stolzen Tiere verlangte ein hohes Maß an Geschicklichkeit und Erfahrung. Schwan und Pfau wurden enthäutet, ohne die Federn zu beschädigen, dann an der Bauchseite aufgeschlitzt und am Flügelansatz mit Luft aufgeblasen. Der buchstäblich nackte Vogel wurde anschließend am Spieß gebraten und dann wieder in sein Federkleid gedrückt. Den Schwanenhals stützte man mit Holzstöckchen ab, so daß der Vogel Haltung bewahrte. Das Rad des Pfaus wurde hoch aufgebunden.

Der Phantasie schienen keine Grenzen gesetzt zu sein.

Gastlichkeit stand hoch im Kurs. Wer »Le Ménagier de Paris«, dem bedeutendsten mittelalterlichen Hausbuch eines anonymen französischen Autors, Glauben schenkt, weiß, daß der Wochenbedarf einer königlichen Hofhaltung beträchtlich war. Nicht weniger als 496 Schafe, 70 Stück Großvieh, 70 Kälber, 63 Schweine, 17 Pökelschweine, 1511 Ziegen, 14900 Hühner, 12390 Tauben und 1511 Junggänse wurden durch die Küche geschleust.

Das aufschlußreiche Lehrbuch wurde Ende des 14. Jahrhunderts wahrscheinlich von einem bereits älteren Großbürger für seine fünfzehnjährige Ehefrau geschrieben, damit sie sich in ihrem neuen Haushalt zurechtfände. Er gibt seiner jungen unerfahrenen Frau, die ihre Dienstboten in ihr Tagewerk einzuweisen hatte, handfeste Ratschläge, zahlreiche präzise Hinweise zur Beschaffung von Lebensmitteln, zu ihrer Konservierung, zur Zubereitung und Kombination der Speisen. So manche Empfehlung könnte noch heute hilfreich sein. Dabei geht es nicht nur um das Kulinarische, auch wenn dieses mittelalterliche Buch über 380 Rezepte enthält – es ist gleichzeitig eine Einführung in den Gartenbau, beschreibt etwa 1400 gebräuchliche Kräuter, Gemüse- und Obstarten und vermittelt Grundprinzipien der Warenkunde. Der anonyme Verfasser erteilt Ratschläge zur Vermeidung und Behebung »häuslicher Katastrophen« und macht Vorschläge für die Krankenkost. Vergleicht man die Ausführungen mit unseren heutigen Kochbüchern, stellt man mit Verblüffung fest, wie modern dieses fünfhundert Jahre alte Buch ist. Es gibt genügend Rezepte, die bis heute nachgekocht werden und schon zur Zeit Karls V. auf den Tisch kamen. Sei es der Aal in Grün, das *Coq-au-vin*, ein Huhn in Rotwein, die *Bouillabaisse*, eine herrliche Fischsuppe, die *Soupe au pistou*, ebenfalls eine würzige Suppe, das pikante Huhn mit Knoblauch, die köstliche Gänseleberpastete, die deftige Karbonade, das Siedfleisch und viele Würste, Schinken und Puddings. Und auch die Brioche mit vierzig Eiern zu Ehren der vierzig Fastentage vor Ostern und das Brot zum Soßenbinden seien nicht vergessen.

Besonders gern verwendete man Gewürze und Kräuter: Pfeffer, Zimt, Ingwer, Kurkuma, Senfkörner, Safran, Salz, Majoran, Salbei und Knoblauch, Minze und Rosmarin, Zucker und Vanille. Sie galten als Wundermittel gegen alle nur denkbaren Qualen der Welt. Teure Gewürze wie Ingwer, Zimt, Safran, Pfeffer und Muskatnuß waren ein Zeichen für Wohlstand. Wer sie sich leisten konnte, genoß Ansehen. Ein Pfund Safran kostete soviel wie ein Pferd. Dieselbe Menge Muskat war sieben fette Ochsen wert. Wer wollte schon einen wohlsituierten Kaufmann, geschweige denn einen Fürsten daran hindern, Geflügel und Suppen, Wild und Süßspeisen mit diesem Nobelgewürz reichlich abzuschmecken und sein Ansehen aufzupolieren?

Nicht umsonst spricht man noch heute von einer gepfefferten Rechnung ...

Tordesillas

Johanna die Wahnsinnige
Die Mutter

»Kaufen Sie die *amarguillos*, die schmecken am besten«, rät die Führerin des *Monasterio de Santa Clara* in Tordesillas. *Gloria bendita* nennen die Spanier das köstlich süße Gebäck, das aus den Backöfen der Klosterschwestern kommt, überall im Land, damit die frommen Frauen überleben können. Gesegnete Wonne …

Das Kloster ist ein ehemaliger Palast des legendären Pedro I., genannt *El Cruel*, der Grausame, in den Volksballaden aber immer noch als Peter der Gerechte besungen. Bereits 1363 wurde es von zweien seiner Töchter aus einer illegitimen Ehe, Doña Beatriz und der berühmten Maria de Padilla, dreißig Klarissen gestiftet, »damit sie für sie, ihren Vater, ihre Mutter und ihren Bruder beteten«. Heute leben hier immer noch 14 *clarisas*, wie damals in strengster Klausur hinter den verschwiegenen, kühlen Mauern des *Monasterio* von Tordesillas. Der einzige Kontakt zur Außenwelt sind die besagten *gloria bendita*.

Am Vormittag und am späten Nachmittag steht die Tür zum neuen Klostertrakt am Ende des Innenhofes für ein paar Stunden einen Spaltbreit offen. Wärmende Sonnenstrahlen fließen fast indiskret hinein. Stille scheint greifbar.

Auf einer Tafel kann man das Angebot lesen: *amarguillos, isabeles, charina* … Weit und breit kein Mensch aus Fleisch und Blut. Nur eine Klingel. Drückt man sie, ertönt hinter der stummen Wand eine fragende Stimme.

»500 g amarguillos, por favor!« Man hört Schritte, dann bewegt sich geräuschlos das kleine Drehschränkchen. In der Öffnung liegt einsam das süße Päckchen. Geld und Wechselgeld nehmen denselben Weg. Die Frau auf der anderen Seite bleibt unsichtbar. Freiwillig.

Anders als Johanna die Wahnsinnige, *Juana la Loca*, die umstrittene Königin ohne Macht und Mutter Karls V., die wohl eher, wie die Geschichtsschreiber meinen, dazu gezwungen wurde, 46 Jahre ihres Lebens an diesem heute so friedlichen Ort hinter den unüberwindlichen Palast-

und Klostermauern mit den schönsten Mudejar-Elementen Kastiliens zu verbringen.

Der Duero, jahrhundertelang die Grenze zwischen Mauren und Christen, bildet in der Bucht vor Tordesillas ein kleines Gefälle. Dann fließt dieser legendäre Strom Altkastiliens, der im portugiesischen Porto in den Atlantischen Ozean mündet, wieder friedlich dahin unter der bogenreichen, von den Katholischen Königen gestifteten Brücke am Fuße des Hügels, wo das geschichtsträchtige, heute aber völlig verschlafene Provinznest Tordesillas über dem Fluß thront.

Störche nisten auf den Kirchtürmen von *San Juan* und auf dem Turm der *Casas del Tratado*. In diesem Gebäude wurden 1493 die für die ganze Welt folgenträchtigen Verträge von Tordesillas ausgehandelt, von spanischen Gesandten und Kartographen begutachtet und von den Katholischen Königen sowie Papst Alexander VI. unterschrieben. Sie bestimmten die Aufteilung der Neuen Welt zwischen Spanien und Portugal. Portugal fielen Afrika und große Teile Brasiliens zu. Die gesamte westlich des 60. Längengrads liegende und damals noch nicht einmal entdeckte Neue Welt wurde Spanien zugesprochen.

Stoisch schauen die stolzen Störche aus luftiger Höhe über die kastilische Weite. Am Himmel, im weißen Licht der Frühjahrssonne, zeichnen sich ihre kräftigen Flügel ab. Eine entrückte Idylle. Weit weg vom Trubel der bekannten Touristenzentren.

Der Rebell Don Juan de Padilla zog mit den *comuneros*, Führern des Städtebundes, aus Protest gegen die Mißwirtschaft Karls V. und dessen burgundische Minister, 1520 festentschlossen nach Tordesillas, »um ihre Hoheit Königin Johanna die Hände zu küssen und sie im Namen der Gemeinden zu besuchen ...« Die verärgerten *Cortes* wollten die angeblich verwirrte Fürstin dazu bewegen, ihre Regierungsgeschäfte wieder aufzunehmen, und lautstark gegen ihren Sohn, den jungen Kaiser aus den ungeliebten Niederlanden, Front beziehen.

Fast wäre der stille Ort Regierungssitz Kastiliens geworden. Wer kann sich das heute noch vorstellen?

Siebenhundert Meter liegt das Städtchen über dem Meeresspiegel. Hier können die Winter bitterkalt und die Sommer unbarmherzig heiß sein. Dann verharrt die ganze Landschaft in karger Reglosigkeit.

Wer aber an einem verträumten Frühjahrstag in Tordesillas ankommt, kann sich der Beschaulichkeit des Kleinstädtischen hingeben und von der Treppenanlage um das *Monasterio* die frische Brise, die über das Land weht, genießen.

Im Jahre 1497 stach die Tochter Maximilians von Österreich und Marias von Burgund, Margarete, vom niederländischen Vlissingen aus in See, um in Spanien zu heiraten. An Bord befand sich auch Juan de Flandes, »einer der größten Botschafter flämischer Kunst auf der Iberischen Halbinsel«. Flandes wurde Hofmaler von Isabella der Katholischen, und noch heute kann man einen Teil der erlesenen Sammlung der spanischen Fürstin in der Schatzkammer der *Capilla Real* in Granada bewundern.

Ist es verwunderlich, daß auch die beiden Töchter der Katholischen Königin von Juan de Flandes portraitiert wurden? Die Kunsthistoriker wollen sich allerdings nicht ganz festlegen, wer nun wer ist. Man geht davon aus, daß das Bild im Thyssen-Bornemisza-Museum in Madrid Katharina von Aragón, zunächst Ehefrau des Prinzen Arthur von Wales und spätere Frau Heinrichs VIII., darstellt. Sie hält eine Rose in der Hand, Symbol der Tudors. Ihr Hemd schimmert hellblau, wie auch das kunstvoll in ihr rotes Haar gebundene Band. Das junge Mädchen mit dem schönen weichen Mund schaut schüchtern an dem Künstler vorbei. Nicht ein einziges Schmuckstück ziert die kleine Prinzessin.

Das Portrait der verträumten Infantin Katharina hängt neben dem berühmten Holbein-Portrait ihres zweiten Ehemanns Heinrich VIII. und in der Nähe eines wunderbaren Stillebens des flämischen Malers Hans Memling, der so einfühlsam ihre Schwiegermutter, Maria von Burgund, als hl. Katharina in Brügge dargestellt hat.

Das Portrait der jungen Johanna von Kastilien, »der Wahnsinnigen«, ebenfalls von Juan de Flandes gemalt und im Kunsthistorischen Museum in Wien ausgestellt, sieht dem Bild der Katharina auffallend ähnlich. Auch sie trägt ein Band im Haar und nur wenig Schmuck. Schüchtern, unsicher schaut das junge Mädchen über die Schulter des Malers in die Ferne. Eine gewisse Traurigkeit umspielt ihre Gesichtszüge.

Im April herrscht ein mildes Klima, Reisende machen sich noch rar, und die Einheimischen verstecken sich hinter den Fassaden ihrer Häuser. Die Gäßchen sind menschenleer. Nur ein einsames Liebespaar verliert sich unten am Flußhang unentwegt in Umarmungen. Kaum einer schaut hin.

Von der Anhöhe aus verschwindet das Tal des Duero am dunstverschleierten Horizont. Wehmut schwingt mit. Gedanken an andere Zeiten. Hier, an den Südhängen des altkastilischen Flusses, wächst der *Ribera del Duero*, ein betörender, weit über die Landesgrenzen gerühmter Rotwein.

Ob man bei klarer Sicht Valladolid sehen kann? Kaum dreißig Kilometer entfernt? Dort, wo sich die Katholischen Könige Isabella und Ferdinand das Jawort gaben, wo Kolumbus, von der Welt verschmäht und vergessen, starb, Cervantes das erste Kapitel seines *Don Quijote* beendete und der Stammhalter Karls V., Philipp II., geboren wurde.

Ein Landstrich mit den bedeutendsten *Castillos*, Trutzburgen der Region. Das backsteinerne *Coca* aus dem 15. Jahrhundert, das *Peñafiel*, jahrhundertelang abwechselnd Grenzfestung der Mauren und der Christen, und *La Mota* aus dem 13. Jahrhundert, eine imponierende Festungsanlage, die von Isabella der Katholischen vergrößert und verstärkt wurde, thronen hoch über der mittelalterlichen Messestadt Medina del Campo. Hier, in der für die damals herrschenden spanischen Bräuche recht luxuriös eingerichteten Unterkunft, starb im Jahre 1504 die stark vom Leben gezeichnete Mutter Johannas der Wahnsinnigen.

Und, nicht zu vergessen: Durch diese Landschaft und vorbei an diesen eindrucksvollen Bauwerken ritten die Königskinder Karl und Eleonore im Winter 1517 ihrer zurückgezogen lebenden Mutter Johanna entgegen. Sie waren jung, ahnungslos, voller Neugier und Erwartungen.

Aber diese erste Reise in das ihnen völlig unbekannte Land Spanien stand zunächst unter keinem guten Stern. Nicht nur daß die 18jährige Eleonore, noch bevor sie überhaupt die Seereise vom holländischen Vlissingen aus antrat, von ihrem jüngeren Bruder Karl aus dynastischen Gründen massiv zum Verzicht auf eine große Liebe gedrängt wurde und ihren Kummer mit sich allein ausmachen mußte – die zwölftägige Überfahrt selbst war für alle Beteiligten ein einziger Schrecken. Die vierzig stolzen Segelschiffe hatten alle Not, der rauhen See zu trotzen. Über 150 Mann Besatzung, mehrere Freudenmädchen und zahlreiche wertvolle Pferde wurden von den übermächtigen Wellen verschlungen. Zu allem Überfluß verfehlte das Paradeschiff mit den zwei Königskindern an Bord wegen des schlechten Wetters den Hafen von Santander und landete an der rauhen

Ein Bild, das dem Vernehmen nach vom Hofmaler Königin Johannas gemalt wurde, als ihr jugendlicher Liebreiz durch das über sie gekommene tragische Leid von einem poetischen Hauch überzogen worden war. »Es zeigt uns«, schreibt der niederländische Biograph Johan Brouwer in seinem Buch »Glanz und Elend einer spanischen Königin«, »eine anmutige junge Frau in stattlicher, wenn auch einfacher burgundischer Tracht. Das beinahe noch kindliche Gesicht hat einen matten, trübseligen Ausdruck. Die keineswegs schöne, etwas stumpf auslaufende Nase verleiht dem schmollend zusammengezogenen Mund etwas Pathetisches, und die Augen starren gerade und untröstlich vor sich hin. Die feinen, weißen Hände liegen müde ineinander. Die linke Hand hält den Daumen umklammert, eine Gebärde der Verlegenheit und Hilflosigkeit. Das Ganze macht den Eindruck von jemand, der keinen Ausweg mehr weiß, ein großes Leid mit stummer Ergebung trägt.«

Küste Asturiens. Ahnungslose Küstenbewohner griffen bereits nach ihren Waffen. Denn wer waren diese Fremden mit dem unbekannten Banner am Mast?

Das erschöpfte königliche Gefolge, an verschiedenen Stellen der spanischen Küste angekommen, mußte sich wieder zusammenfinden, die Gesundheit des jungen Fürsten war sichtlich angeschlagen, in der steilen Küstenlandschaft entlang den Klippen mangelte es an brauchbaren Quartieren, und der mühsame Marsch durch das unwirtliche karge Hochland Altkastiliens schien schier endlos. Sechs Wochen brauchten Karl und seine Schwester mit Gefolge, um von Villaviciosa, dem asturischen Küstenstädtchen, bis nach Tordesillas zu ihrer Mutter zu gelangen.

Es war kalt, die klimatischen Verhältnisse mehr als unwirtlich. Eine schwere Prüfung für verwöhnte Sprößlinge, aufgewachsen am luxuriösen burgundischen Hof zu Brüssel. Dieses erste spanische Abenteuer muß für den 17jährigen Thronfolger, dessen Leben bis jetzt im Land von Milch und Honig, den wohlhabenden Niederlanden, ziemlich behütet verlaufen war, recht prägend gewirkt haben. Spanien war für den Prinzen aus dem Norden und sein Gefolge Terra incognita, ein kaum erforschtes Anhängsel des burgundischen Machtgebietes. Flandern, auf dem wirtschaftlichen und kulturellen Höhepunkt, war Karls blühende Heimat. In *les pays de pardeca*, den »Ländern diesseits«, wie man die Niederlande in Spanien damals nannte, fand man nur herablassende Worte für das arme Spanien, wenn auch rege Handelsbeziehungen gepflegt wurden und bereits unter der Regierung von Ferdinand und Isabella viele niederländische Künstler und Handwerker auf die Iberische Halbinsel zogen, um dort eine reiche Existenz zu gründen und zu Ruhm zu gelangen.

Der mächtige und ehrgeizige Chièvres, Karls weltgewandter Ratgeber, war ein geschickter Diplomat. Er bestand darauf, die Königskinder zunächst der Mutter und rechtmäßigen Königin von Kastilien vorzustellen und ihr die nötige Ehrerbietung entgegenzubringen.

Am 4. November 1517 trafen die fürstlichen Kinder endlich auf dem hochgelegenen Schloß bei Johanna ein. Mutter und Kinder hatten sich zwölf Jahre nicht mehr gesehen, denn die spanische Königin hatte 1505 zusammen mit ihrem Mann Philipp dem Schönen Brüssel für immer verlassen. Es müssen Welten zwischen diesen Menschen gelegen haben.

Die Mutter, von Gott und aller Welt verlassen und vergessen im einsamen Schloß auf der Anhöhe von Tordesillas, nur umgeben von ihrer kleinen Tochter Katharina, soll bei der ersten Begegnung mit ihrer ältesten

Nur noch der Turm, im Volksmund *Torre de Juana* genannt, lehnt sich an die *San Antolinkirche* in Tordesillas, heute ein sakrales Museum. Die Burg, die zwischen dieser ehemaligen Kirche und dem *Monasterio de Santa Clara* stand, wurde abgerissen und war dem Vernehmen nach ein recht abweisender Palast. Hier lebte Kaiser Karls Mutter, Johanna die Wahnsinnige, von 1509 bis zu ihrem Tod im Jahre 1555. Ganz oben, in einer steinernen Nische des Turmes, hinter einem strengen Gitterchen, soll die depressive »Königin ohne Macht« das Wechselspiel von Licht und Schatten beobachtet und über die altkastilische Landschaft geschaut haben. Die Neugierde treibt den Fremden auf den unseligen Turm. Aber dort oben ist es friedlich und beschaulich, die weite Landschaft fließt nahtlos über in den Horizont, und Störche schweben über die Dächer der kleinen Stadt.

Tochter und dem großen Sohn erstaunt gefragt haben: »Seid ihr wirklich meine Kinder? Was seid ihr gewachsen ...«

Der Historiker Johan Brouwer schreibt in seinem Buch »Johanna die Wahnsinnige. Glanz und Elend einer spanischen Königin« über das Städtchen Tordesillas: »... es gleicht selbst einem Abbild Spaniens samt seiner dramatischen Geschichte. Allein schon der Name des kleinen Ortes ist ebenso rätselhaft und ebenso suggestiv wie Spanien selbst. Ist die Vermutung richtig, daß Tordesillas eine Verballhornung von zwei hebräischen Worten, nämlich Thor-Silah, ist, dann würden wir in diesem Namen ebenso wie in den Wörtern Spanien, Toledo u. a. eine Spur der ursprünglichen, hebräischen Bewohner der Iberischen Halbinsel gefunden haben, einen Beweis, daß Spanien die Wiege sein würde der Iberim, der Ebräer oder Hebräer, wie alte Sagen erzählen und moderne Theorien vermuten.«

Eine umstrittene These, denn andere glauben, der Name Tordesillas sei zwar semitischen Ursprungs, datiere aber nicht aus grauer Vorzeit, sondern bezeichne nur einen befestigten Platz einer der zahlreichen Banden der *shilahes*, die im 8. Jahrhundert durch das eroberte Spanien zogen.

Im Mittelalter hieß das Städtchen *Otero de Siellas*. *Otero* ist der Aussichtsposten, von dem aus man die Umgebung überblickt, und *siellas* sind breite, sattelförmig ausgewaschene Granitbrocken. Und tatsächlich, fährt man durch das jahrhundertelang umkämpfte bizarre Tal, schaut man überall auf kleine tafelbergartige Hügel. Man könnte überall einen Wachsoldaten vermuten, versteckt hinter einem trockenen Busch, hinter zusammengewehten weißen Sandbergen auf den kleinen Anhöhen, die wie Schaumkronen auf unruhigem Meer anmuten.

Tordesillas taucht bereits im 12. Jahrhundert häufiger in historischen Dokumenten auf. Die kastilischen Könige verweilten hier ausgesprochen gerne, ließen den Ort befestigen, feierten ausschweifende Feste, organisierten ritterliche Schauspiele und gewährten den Bewohnern Privilegien. Von hier aus konnte man den Mauren erfolgreich die Stirn bieten.

Auch Isabella und Ferdinand kamen des öfteren nach Tordesillas. Hier erhielten sie 1496 die Nachricht von ihrem Sieg in der Schlacht bei Toro. Endlich sahen sie ihre königliche Macht gefestigt. Wie die Legende will, nahm daraufhin die stolze Königin Isabella, die gerade eine Fehlgeburt erlitten hatte, mit der gesamten Bevölkerung zu Gottes Ehren barfuß an einer Dankprozession für den Sieg teil.

Konnte die ehrgeizige Herrscherin ahnen, daß Tordesillas für ihre Tochter und Thronfolgerin Johanna zum bitteren Schicksal werden sollte?

Chronisten, Biographen, Prälaten und Bischöfe, Historiker und Politiker, Feministinnen, Neurologen und Psychiater, Intriganten und Weltverbesserer, alle haben sich über die Frage gestritten, ob die dritte Tochter der Katholischen Könige wahnsinnig war oder nicht. Wahnsinnig vor Liebe, schizophren oder depressiv? Selbstzerstörerisch oder einfach nur uneinsichtig, ein Opfer ihrer machtbesessenen männlichen Umgebung? Opfer ihres Vaters, ihres Mannes und schließlich ihres Sohnes?

Der zeitgenössische Historiker Lucio Marineo Siculo schildert die damalige Situation recht drastisch: »Viele Städte und Ortschaften in Spanien waren zermürbt von zahlreichen grausamen Dieben, Mördern, Ehebrechern, durch ständige Angriffe und Frevel und alle möglichen Verbrechen ... Manche rissen unter Mißachtung der menschlichen und göttlichen Gesetze das Recht an sich. Andere gaben sich der Völlerei und Nichtstuerei hin und taten verheirateten Frauen ebenso wie Jungfrauen und Nonnen schamlos Gewalt an ... Wieder andere überfielen Händler, Reisende und Jahrmarktbesucher und beraubten sie auf grausame Weise ihrer Habe. Andere wiederum, die mächtiger und dreister waren, bemächtigten sich einiger Ländereien und Burgen der Krone, um von dort aus die Felder ihrer Nachbarn zu plündern.«

Das Europa des 15. Jahrhunderts war von Gewalt gezeichnet.

Isabella von Kastilien und Ferdinand von Aragón, vom Papst aufgrund ihrer großen Verdienste um Kirche und Christenheit zu *Katholischen Königen* ernannt, machten Spanien zu einem vereinigten Königreich. Sie hatten sämtliche maurischen Gebiete erobert und die Macht der verhaßten Eindringlinge der vergangenen acht Jahrhunderte gebrochen. Sie zentralisierten ihre Autorität gegen den rebellischen Feudaladel, verbesserten die Verwaltung und die Lebensbedingungen im Lande und förderten Handel und Verkehr. Akademische Ausbildung und humanistische Studien wurden gefördert. Und nicht zuletzt machte der Genuese Kolumbus Spanien zur ersten kolonialen Weltmacht. Über die niemals wieder gutzumachenden Folgen der Vertreibung von kommerziell und gewerblich erfolgreichen Mauren und Juden im Jahre 1492, die über Jahrhunderte auch das geistige und kulturelle Leben entscheidend beeinflußten und mitbestimmten, machte man sich damals noch keine Gedanken.

Ferdinand und Isabella hatten fünf Kinder. Das war ihr wertvollstes Unterpfand für die Zukunft. Mit ihnen konnte das große, dynastisch ange-

Das *Monasterio de Santa Clara* ist ein ehemaliger Palast aus dem 14. Jahrhundert. Der legendäre Pedro el Cruel, Peter der Grausame, ließ die luxuriösen Umbauten seines Refugiums nach dem Vorbild des Alcazar von Sevilla vornehmen. Die andächtige Stille des intakten Klosters im allerprächtigsten Mudejarstil zaubert den Besucher in eine andere Zeit. Ist die eigenbrötlerische und autistische Johanna hier wirklich so unglücklich gewesen? Wer wird es sagen können?

legte Werk fortgesetzt werden. Und die ehrgeizigen Eltern stellten jedes Kind vor eine besondere Aufgabe.

An erster Stelle stand die Schwächung Frankreichs. Dasselbe Ziel verfolgte der selbstbewußte Herrscher Maximilian I. von Österreich, Kaiser des Heiligen Römischen Reiches Deutscher Nation und Gatte der verstorbenen Maria von Burgund, der schönen und reichen Tochter Karls des Kühnen. Er hatte zwei Kinder zu vergeben: einen Sohn und eine Tochter. Die sicherste Strategie war eine Doppelhochzeit. Johann, Kronprinz von Kastilien und Aragón, sollte Margarete von Österreich, heiraten und Johanna, das dritte Kind der Katholischen Könige, den Sohn des römischen Kaisers, Philipp. Die spanischen Könige ließen sich nicht lumpen. Über die Hochzeit ihrer Kinder sollte das ganze Abendland reden. Eine bis dahin nie gesehene Flotte von 130 prachtvoll ausgestatteten Schiffen segelte im August 1495 vom spanischen Laredo aus mit 25000 Soldaten an Bord gen Flandern, um die junge Johanna in ihre neue Heimat zu bringen und die burgundische Prinzessin Margarete abzuholen.

Böse Zungen behaupteten, die Katholischen Könige hätten Christoph Kolumbus keine Beachtung mehr geschenkt und seinen Antrag auf eine weitere Entdeckungsreise hinausgeschoben, weil ihre Aufmerksamkeit nicht so sehr dem Zustand Indiens, sondern vielmehr dem Zustand Europas und den geschickt eingefädelten königlichen Eheschließungen galt. Der ungeduldige Entdecker mußte lange feilschen und verhandeln, bevor die königlichen Schatzkammern für seine neuen Abenteuer über die Weltmeere endlich wieder Geld locker machten.

Im niederländischen Arnemuiden wartete die kleine Spanierin, deren Schönheit von Chronisten nicht hoch gepriesen wurde, zunächst vergebens auf ihren Traumprinzen. Eine einfache Frau, *simplex foemina*, nannte sie der berühmte Humanist Petrus Martyr Anglerius, der 1487 wie so viele italienische Gelehrte zur Unterweisung der aristokratischen Jugend nach Spanien gekommen war und wunderbare Briefe über das Spanien seiner Zeit geschrieben hat.

Der »schöne« Philipp hielt sich zu jener Zeit in Tirol auf. War es Mangel an Höflichkeit, wie das spanische Gefolge grollte? Oder nur Ungeschicklichkeit und widrige Umstände?

Im November 1496 wurde das Heiratsversprechen endlich eingelöst. Philipp, gerade 17 Jahre alt, Erzherzog von Österreich und Herzog von Burgund, der Schöne genannt und den weiblichen Reizen nicht abgeneigt, bezeichnete seine 16jährige Braut zärtlich als *coniux carissima*, Innigstgeliebte.

Aber wie lange? Vorerst wurde dem jungen Burgunder von Zeitgenossen alles nachgesagt, was sich eine Frau von einem Mann nur wünschen könnte. Man lobte »seine kraftvolle Gestalt, sein anmutiges Auftreten und seine vornehmen Manieren«. Das muß auch die kleine Spanierin auf Anhieb fasziniert haben, denn bei der ersten Begegnung mit ihrem Zukünftigen in Flandern soll der Liebesblitz angeblich so eingeschlagen haben, daß die junge, unerfahrene Prinzessin sich sofort dem Minnespiel hingab, ohne den offiziellen Hochzeitstermin abzuwarten.

Eine Erfindung der damaligen Chronisten? Swantje Koch-Kanz meint in ihrem Beitrag in dem Buch »Wahnsinns Frauen«: »Die Glaubwürdigkeit dieser und ähnlicher Schilderungen scheint uns zweifelhaft (...) weil die Begegnungen anderer Paare, seien es Margareta und Juan oder Maximilian I. und Maria von Burgund, genau gleich verlaufen sein sollen, es scheint sich also um einen literarischen Topos zu handeln. Und außerdem, wenn es so leidenschaftlich zuging in dieser allerersten Zeit, so bleibt es verwunderlich, daß Juana, die pflichtbewußte Tochter und Gattin, die offenbar mit Schwangerschaften und Geburten kaum Probleme hatte, ihr erstes Kind nicht neun, sondern erst 25 Monate später zur Welt brachte.«

Die schüchterne Kastilierin muß sich in den Niederlanden nicht besonders wohlgefühlt haben. Das kühle, nicht selten recht regnerische Nordseeklima machte ihr zu schaffen. Aber auch die leutselige burgundische Lebensart war ihr zuwider. Sie verachtete Pracht und Pomp des Brüsseler Hofes. Die einnehmende Mentalität der Niederländer und deren sinnliche Ausschweifungen waren ihr fremd. Johanna kapselte sich ab. »Ihr Haus gleicht einem streng asketischen Kloster«, berichtete Pater Matienzo der Königin Isabella nach Spanien, und er meinte, die junge Frau leide an einer *turbacion*, einer Gemütsverwirrung. Die Beziehung zu ihrem Mann, der als Schürzenjäger verschrien war, wurde immer problematischer. Es gab entsetzliche Eifersuchtsszenen und heftige Auseinandersetzungen bis zu Handgreiflichkeiten. Petrus Martyr schrieb der fernen Königin Isabella, er hielte ihre Tochter nicht mehr für ganz klar im Geist – *sui non bene compos*.

Zwischen 1498 und 1501 gebar Johanna in den Niederlanden drei Kinder: Eleonore, Karl, den ersehnten Thronerben, und Isabella. 1503 kam in Spanien der kleine Fernando zur Welt, und zwei Jahre später wurde, wiederum in Flandern, Maria geboren. Ihr sechstes Kind, das Nesthäkchen Katharina, bekam Johanna im Jahre 1507 in Torquemada, kurz nach dem Tod ihres Mannes Philipp. Das Mädchen sollte als einzige die Kinderjahre an der Seite der Mutter verbringen.

In Spanien, dem Land ihrer Geburt und Kindheit, nahm das Schicksal seinen Lauf. Nicht nur ihr Bruder Johann und ihre Schwester Isabella waren inzwischen verstorben, auch der heißgeliebte portugiesische Enkel Miguel wurde den katholischen Königen genommen. Er starb in Granada in den Armen der verzweifelten Großmutter. So wurde Johanna im Jahre 1500 zur legitimen spanischen Thronfolgerin. Die weise Isabella allerdings bestimmte zwar in ihrem Testament die Tochter Johanna zu ihrer Nachfolgerin, machte aber eine Einschränkung. Sollte sie »abwesend, nicht Willens oder unfähig sein«, so müßte Ferdinand, der Vater, vorübergehend die Regentschaft übernehmen, und zwar bis zur Volljährigkeit des in den Niederlanden lebenden Erbprinzen Karl.

Damit waren Schwierigkeiten vorprogrammiert.

Als Isabella 1504 starb, standen sich Ferdinand und Philipp, Vater des Kronprinzen Karl, feindselig gegenüber. Ferdinand hatte sämtliche Mittel durchdacht, um seinen Schwiegersohn und seine Tochter von der Regierung auszuschließen. Die beiden Männer führten einen erbitterten Kampf um die Macht. Die Frage ist, ob der raffinierte Vater das angeblich gestörte geistige Gleichgewicht Johannas als Mittel zum Zweck nutzte. Denn wenn er ihr Wahnsinn unterstellen und sie für unmündig erklären würde, so könnte er schalten und walten, wie er wollte. Aber Philipp beharrte darauf, daß die kastilischen und aragónesischen Cortes zwei Jahre vor Isabellas Tod ihren Treueid auf Johanna *und* Philipp geleistet hatten. Und er bestand ebenso nachdrücklich auf der Macht im Staate wie sein Schwiegervater. So wurde Johanna zum Spielball.

Aber das Schicksal bereitete diesem unwürdigen Kampf ein abruptes Ende. Am 25. September 1506 starb im vornehmen Adelshaus *Casa del Cordon*, einem noch heute existierenden Palais aus dem 15. Jahrhundert in Burgos, nach einwöchigem Krankenlager der strahlende Jüngling aus den Niederlanden, wegen seiner Eleganz und Lebensart hoch gelobt und dem höfischen Leben und den charmanten Frauen maßlos zugetan. Die Ärzte diagnostizierten eine Infektion nach unvorsichtigem Wassertrinken. Das Volk jedoch munkelte, der ehrgeizige junge Prinz sei vergiftet worden, und Ferdinand hätte dabei seine Hände im Spiel gehabt. Diese Anschuldigung blieb aber unbewiesen.

Johannas Trauer war grenzenlos. Petrus Martyr, ihr Biograph, schrieb: »Als schwangere Witwe zurückgelassen sitzt sie da, ihr Kinn auf die Hand gestützt, schweigsam, am liebsten in der Düsterkeit und in der Abgeschiedenheit verweilend.« Und während ganz Spanien wegen der verworrenen Situation in Unruhe geriet, die kastilischen Granden in Burgos sich nicht einig waren und der spanische Primas der Sache kaum Herr wurde, versank die leidgeprüfte Johanna in Lethargie. Die Königin rührte kein Aktenstück an. Die Staatsgeschäfte ruhten.

Es kam freilich noch schlimmer. Die junge vom Schicksal gebeutelte Witwe lieferte ihren Feinden und Kritikern den unwiderlegbaren Beweis für ihren Wahnsinn – wie sie es sahen. Denn nachdem – ohne Wissen Johannas und sicher, um sie zu schonen – die sterblichen Überreste Philipps vorläufig im Kartäuserkloster von Miraflores, ein paar Kilometer von Burgos entfernt, in Erwartung der endgültigen Beisetzung in die Kathedrale von Granada überführt worden waren, brach die trauernde junge Frau endgültig zusammen und war nicht mehr Herr ihrer Sinne. An Allerheiligen, nach einem Trauergottesdienst, stieg die Königin hinab in das Grabgewölbe der Klosterkirche mit dem wunderbaren goldverzierten Altar aus dem 15. Jahrhundert und ließ den Sarg ihres geliebten Mannes öffnen. Nur unter Gewaltanwendung konnte man Johanna schließlich von der bereits im Verwesungsprozeß begriffenen Leiche fortziehen.

Aber damit nicht genug. Mitte Dezember 1506 beschloß die vor Trauer verwirrte und hochschwangere Witwe, Burgos zu verlassen und, zum großen Entsetzen ihrer Umgebung, den Leichnam ihres Mannes mitzunehmen. Eine Legende erzählt, eine alte Frau habe dem selbstbewußten Burgunder Philipp bereits kurz nach seiner Rückkehr aus Flandern im Jahre 1506 eine lange Reise durch Kastilien prophezeit, die er aber erst *nach* seinem Tode antreten würde.

Zunächst verweigerten die Mönche die Herausgabe des Toten. Der Bischof von Burgos versuchte zu vermitteln. Vergebens. Johanna reagierte dermaßen heftig auf alle Gegenargumente, daß man befürchten mußte, sie würde eine Fehlgeburt erleiden. Sie kam nicht zur Vernunft. Also wurde der Bleisarg geöffnet, dann identifizierten die anwesenden Autoritäten, den Sitten entsprechend, die sterblichen Überreste. Schließlich wurde der Sarg auf einen von vier prächtig aufgezäumten friesischen Pferden gezogenen Wagen geladen, und Johanna verschwand, von Mönchen und ihren brennenden Fackeln begleitet, mit dem gespenstischen Gespann in die Nacht. »Infolge dieser Torheit, die die Königin begangen hat, sind sich groß und klein darüber einig, daß sie ihren Verstand und ihre Besinnung verloren hat«, schrieb der Zeitgenosse Rodriguez Villa.

Da diese Irrfahrt nur nachts stattfand, wurde der Sarg am Tage in einer Kirche oder Kapelle abgestellt. Die von Trübsinn und Angstvisionen geplagte junge Königin ließ den Leichnam keinen Moment aus den Augen. Eine bewaffnete Garde sollte zusätzlich dafür Sorge tragen, daß keine

Von Mönchen mit brennenden Fackeln begleitet, zog Johanna die Wahnsinnige mit ihrem verstorbenen Gatten Philipp dem Schönen im Sarg durch die kastilischen Nächte. Tagsüber wurde der Sarg in einer Kirche abgestellt. Über zweieinhalb Jahre führte der bizarre Leichenzug durch das Land bis nach Tordesillas. Dort wurde der Sarg in der Kirche des *Real Monasterio de Santa Clara* vorläufig aufgebahrt.

Gemälde von Francisco Pradilla y Ortiz (1877).

einzige Frau in die Nähe kam. Bereits in den Niederlanden hatte Johanna ihrem Mann das Leben schwergemacht mit ihrer *rage d'amours* und sich geweigert, flämische Hofdamen oder weibliches Gefolge zu beschäftigen. Als sie 1506 nach Spanien zurückkehrte, ließ sie nicht locker, bis das gesamte weibliche Hofpersonal bis auf eine Waschfrau weggeschickt worden war. Sie reiste ohne weibliche Gesellschaft und sorgte für sich selbst »wie eine arme Sklavin«.

Diese pathologische Eifersucht sollte sich im Laufe ihres Lebens immer mehr verstärken. Die Psychoanalyse setzt heute Frauenhaß mit Selbsthaß gleich oder sieht darin eine Identifikation mit dem Aggressor.

Die Reise des bizarren Leichenzugs nahm kein Ende. Eine völlig irre Frau, der Verwahrlosung preisgegeben, und ihr toter Mann zogen ziellos durch die kastilischen Nächte. Über zweieinhalb Jahre von Burgos aus nach Torquemada, dann nach Hornillos und Tortoles; über Santa Maria del Campo nach Arcos und schließlich nach Tordesillas. Phantasten und

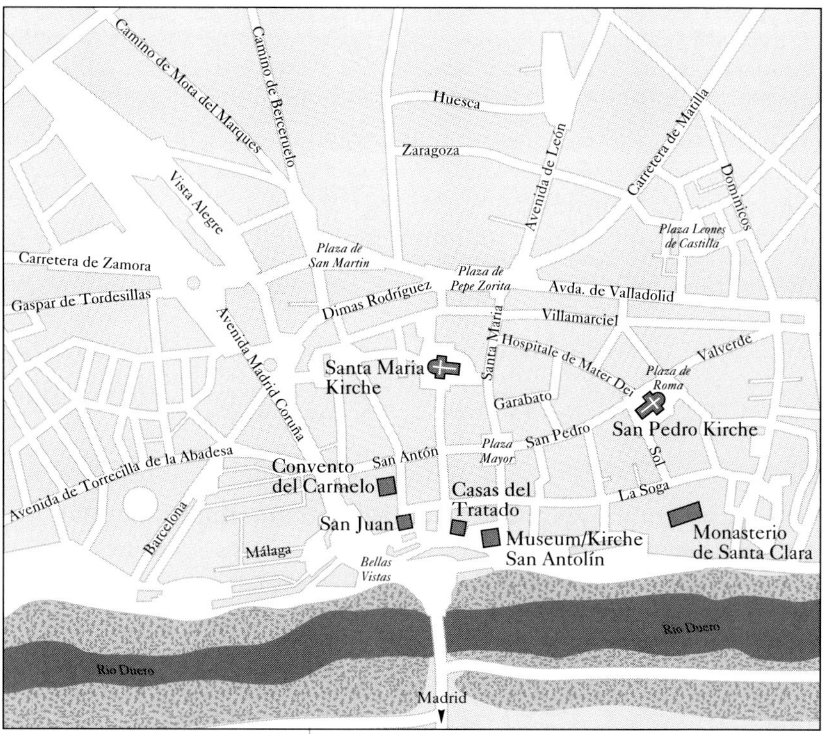

Dramaturgen, Dichter und Maler haben sich der ergreifenden Geschichte angenommen und ihr im Laufe der Zeit eine ganz eigene, wirklichkeitsfremde Dramatik verliehen.

Unterwegs, während eines kurzen Aufenthalts in Arcos, bekam Johanna am 14. Januar 1507 ihr sechstes Kind. Die kleine Katharina sollte ihrer Mutter in der Einsamkeit Gesellschaft leisten, bis ihr ältester Bruder, Karl V., sie aus dynastischen Gründen nach Portugal verheiratete.

Was wurde aus Spanien?

Manch verzweifelter kastilischer Edelmann glaubte, Johanna sei nur vorübergehend in ihrem Schmerz versunken und würde sich im Laufe der Zeit erholen. Ferdinand gegenüber blieben sie reserviert.

Phasenweise zeigte sich Johanna wieder völlig souverän. Sie ließ sich Unterlagen über das Finanzgebaren der überseeischen Gebiete vorlegen, und das Gerücht ging um, sie wolle Kronprinz Karl nach Spanien kommen lassen und mit Hilfe niederländischer Berater das Heft in die Hand nehmen.

Weit gefehlt. Die labile junge Witwe verfiel immer wieder in Lethargie und Gleichgültigkeit, die Regierungsgeschäfte waren ihr schließlich einerlei. In Kastilien wurden gleichzeitig Stimmen laut, manche hätten sich zum Ziel gesetzt, Ferdinand zum Regenten und selbständigen Herrscher des Landes auszurufen. Hatte Ferdinand, der von ihr so geliebte Vater, tatsächlich freie Bahn?

Der gewiefte Taktiker liebäugelte sogar damit, seine kranke Tochter nochmals unter die Haube zu bringen und fädelte Verhandlungen mit dem englischen König ein. Worauf dieser in der Tat um ihre Hand anhielt. »Wohl hatten die Gerüchte von Johannas Geistesgestörtheit auch ihn erreicht, aber eine Vermählung mit der anerkannten Königin von Kastilien, León und Granada, Herrscherin über ausgedehnte überseeische Gebiete, Kronprinzessin von Aragón und Herzogin von Burgund, wäre von einer derartigen politischen Tragweite gewesen, daß der König bereit gewesen wäre, sich mit einer persönlichen Unbequemlichkeit abzufinden.«

Das waren die Sitten der Zeit: Macht und Willkür über alles!

Aber der Bischof von Malaga, der auf Bitten König Ferdinands bei Johanna in Arcos weilte, berichtete im Sommer 1508 König Ferdinand aus Kastilien:

»Ich habe Ihnen bereits mitgeteilt, daß die Königin seit Ihrer Abreise ruhig ist … Ich habe versäumt, Ihnen zu sagen, daß sie seitdem noch kein sauberes Hemd angezogen hat, und ich glaube, daß sie ebensowenig ihr Haar in Ordnung gebracht oder ihr Gesicht gewaschen hat. Man behauptet auch, daß sie stets auf dem Fußboden schläft, wie früher. Man hat mir gesagt, daß sie sehr oft Wasser läßt, so oft, wie man es bei niemand anders bemerkt hat. Einige dieser Erscheinungen weisen darauf hin, daß ihr Leben rasch verläuft, andere werden die Ursache eines schnellen Todes sein. Ich hoffe, daß Eure Hoheit für alles Vorsorge treffen wird, denn meines Erachtens läuft ihre Gesundheit ernsthaft Gefahr. Es würde nicht richtig sein, ihr die Sorge für ihre Person allein zu überlassen, denn man sieht ja, wie schlecht sie für ihre eigene Gesundheit sorgt. Der Mangel an Reinlichkeit in ihrem Gesicht und, wie man sagt, auch an anderen Stellen ihres Körpers ist sehr groß. Sie ißt mit den Tellern auf dem Fußboden, ohne Tischtuch oder Schüsseln ...«

Daraufhin ergriff König Ferdinand gegenüber seiner Tochter wirksame Maßnahmen. Im Januar 1509 fuhr er nach Arcos, besuchte die völlig in sich verlorene Frau und konnte sie dazu bewegen, nach Tordesillas zu ziehen.

Das leidige Umherziehen nahm endgültig ein Ende. Johanna machte sich auf zu ihrer letzten Reise bei Lebzeiten. Die Tore der kleinen Stadt Tordesillas und die schweren Pforten des ehemaligen Palastes von Pedro el Cruel schlossen sich für immer hinter der bedauernswerten, legitimen Königin Spaniens.

Philipp der Schöne, der Sohn der Niederlande, Lebemann und Liebling der Damen, der in Brügge, Lier und Antwerpen zu Hause gewesen war, wurde vorläufig unter der prachtvollen Mudejar-Decke in der Kirche des *Real Monasterio de Santa Clara* aufgebahrt. Die von Zweifeln, Wahn und Liebeskummer gebeutelte junge Königin spielte keine Rolle mehr im Weltgeschehen. Ihr blieb nur noch die Abgeschiedenheit des Klosterlebens und die Gruft ihres heißgeliebten Gemahls. Von nun an war sie nur noch eine einsame Königin ohne Macht.

Briefe und Zeitdokumente berichten nur wenig über Johannas trauriges Dasein im abweisenden Gebäude am Ufer des Duero.

Von der Burg, in der Kaiser Karls Mutter von 1509 bis zu ihrem Tod im Jahre 1555 gelebt hat, steht heute nur noch ein Turm. Er lehnt sich an die *San Antolinkirche*, die heute ein sakrales Museum beherbergt. Zwischen dieser ehemaligen Kirche und dem *Monasterio de Santa Clara* stand früher der angeblich verschanzte Palast mit dem *Torre de Juana*, wie er im Volksmund genannt wird.

Die Stadtväter von Tordesillas tauften den gepflegten Platz und die kleinen Gärten, die anstelle des geschleiften historischen Gebäudes angelegt wurden, den *Palacio*. Auch wenn weit und breit nichts mehr von der einstigen Herrlichkeit zu sehen ist und sich in der entrückten Kleinstadt am Ufer des Duero kaum noch ein Mensch mit der sagenumwobenen Lebensgeschichte der unglücklichen Johanna auseinanderzusetzen scheint. Ein paar Rentner sitzen morgens in den ersten warmen Sonnenstrahlen auf den Bänken der neuen Anlage und reden von ganz normalen Alltagsdingen. Und junge Mütter lassen ihre Kinder toben. Hier trifft man sich. Zu jeder Tageszeit. Nur der Blick auf den Fluß ist noch immer derselbe.

Juana la Loca? Sie hat für die Einheimischen keinerlei Bedeutung. Nur Touristen schauen gebannt hoch auf das Fenster im Turm mit der kleinen Balustrade. Dort soll die verbannte Königin stundenlang verharrt und stoisch über ihr endloses Kastilien geschaut haben. Die kleine Prinzessin Katharina habe von hier aus Münzen auf die Straße geworfen. Ein einsamer Gruß an die Außenwelt.

Die Neugier treibt den Fremden auf den Turm. Dort oben ist es in der milden Sonne erstaunlich friedlich. Tauben gurren vor sich hin, bis Schritte sie aufschrecken. Dann flattern sie nervös über die Dächer hinweg. Auf dem steinernen Bänkchen der Johanna, ganz oben in der Nische des Turmes, tanzt das Wechselspiel von Licht und Schatten. Ein meditatives Plätzchen. Sollte sie wirklich hier gesessen haben? Auf der angrenzenden Dachterrasse weht eine wohltuende Brise. Rote Ziegeldächer, wo man hinschaut, und ganz unten der Duero. Jetzt sind einem die Störche auf den umliegenden Türmen fast zum Greifen nahe. Hier scheint die Welt in Ordnung, still und beschaulich.

Vom *Palacio* läuft es sich geruhsam bis zum *Real Monasterio de Santa Clara*. Schlendert man durch die frühlingshaften, menschenleeren Gassen, ahnt man schon die besinnliche Ruhe, die einem nach dem Durchschreiten des großen offenen Torbogens buchstäblich entgegenschlägt. Licht liegt weiß über der Kirche, und an den Säulen des Innenhofes knospt das erste Grün der Kletterpflanzen. Andächtige Stimmung erfüllt den kleinen Mudejar-Patio, mit seinen filigranen Hufeisen- und Vielpaßbögen das besterhaltene Beispiel dieses wunderbaren Stiles in Kastilien. Pedro el Cruel ließ die aufwendigen Umbauten seines Palastes nach dem Vorbild des Alcazar von Sevilla vornehmen. Der legendäre Fürst residierte hier im 14. Jahrhundert. Die intime Stille des gesamten *Monasterio* verzaubert den Besucher. Ist die eigenbrötlerische und autistische Johanna hier wirklich so unglücklich gewesen? Oder hat sie sich doch vom

Rausch der kontemplativen Schönheit ihrer Umgebung beeindrucken lassen?

Wohl kaum. Denn ihr unerbittlicher Schloßvogt hielt sich damals, gemäß den Überlieferungen, an einen äußerst rigiden Tagesablauf. Ohne Pardon. Nach den allerstrengsten Klosterregeln. Ferdinand ließ seine Tochter genauestens beobachten und ständig bewachen. Nur ein einziges Mal hat er sie, und zwar in Begleitung spanischer Granden, in Tordesillas besucht.

Und ihr Sohn Karl?

Die Biographen sind unterschiedlicher Meinung. Ein Chronist behauptete, Karl V. habe seiner Mutter in Tordesillas das nur wenige verbliebene Geschmeide, wie kostbare Steine und Perlen, weggenommen. Die Tat eines sich ewig in Geldverlegenheit befindenden Kaisers? Oder nur üble Nachrede?

Sein Biograph Karl Brandi dagegen schreibt, der Kaiser habe Johanna ein Leben lang respektiert und mit Fürsorge umgeben. Eines Tages konnte er sie sogar dazu bewegen, nun endlich den Sarkophag mit den sterblichen Überresten seines Vaters herauszugeben, um ihn in Würde neben den Katholischen Königen, Isabella und Ferdinand, in Granada bestatten zu können. Knapp ein Jahr später entzog er ihr dann allerdings die 16jährige Katharina, das Nesthäkchen, an dem sie so sehr hing. Da siegte wiederum die Staatsräson. Katharina wurde als Braut nach Portugal geschickt. Um jedoch seine Mutter über diesen härtesten Verlust hinwegzutrösten, verbrachte Karl anschließend höchstpersönlich einen ganzen Monat im Schloß an der Seite der kranken alten Frau. Übrigens pflegte sich der große Kaiser vor Antritt einer längeren Reise immer von seiner Mutter zu verabschieden.

Wäre Johanna von Kastilien eine selbstbewußte, charakterstarke und zielstrebige Frau gewesen, dann hätte man die Geschichte Spaniens anders schreiben müssen, das Leben des Erstgeborenen und Thronfolgers hätte unter einem völlig anderen Stern gestanden, und das Schicksal Europas wäre entschieden anders verlaufen. Aber es ist müßig, darüber zu spekulieren.

Waren familiäre Gründe, unter anderem der tragische frühe Tod seines Vaters und die Unfähigkeit seiner labilen Mutter, dafür maßgeblich, daß der kleine Karl mit dreien seiner Geschwister nicht in Spanien, sondern bei der Tante Margarete im brabantischen Mecheln aufwuchs?

Der berühmte italienische Humanist Petrus Martyr Anglerius (1457–1526), der die aristokratische *jeunesse doré* des spanischen 15. Jahrhunderts unterrichten sollte, schrieb über Philipp von Burgund, er habe alles, was sich eine Frau von einem Mann nur wünschen könne.

Bildnis aus der Flämischen Schule, um 1496.

Auf jeden Fall war es eine bedauerliche Tatsache, daß Aragón, Kastilien, Andalusien, Barcelona, Sevilla, Salamanca und wie die klangvollen Länder und Orte auch alle heißen mögen, ihm zunächst sehr fremd waren. Nicht nur, daß er aus diesem Grunde beim ersten Aufenthalt in Spanien grobe diplomatische Fehler beging; er schickte auch niederländische Berater ohne Einfühlungsvermögen dorthin. Als Karl spanischen Boden betrat, machten er und sein selbstgefälliges Gefolge sich nicht die geringsten Gedanken über eingegangene Verpflichtungen, und sie mißachteten die Spielregeln, besetzten wichtige Posten mit Burgundern und gaben mit großer Geste eine Menge Geld aus.

Die Spanier fürchteten anfänglich, nicht zu Unrecht, ihr junger König könnte seine Aufmerksamkeit nur auf die niederländischen und deutschen Staatsinteressen richten. Als er, mit knapp 19 Jahren zum deutschen Kaiser gewählt, eine kastilische Staatsakte mit »Kaiser von Deutschland« unterzeichnete und erst darunter die vom Gesetz vorgeschriebene Unterschrift seiner Mutter, der legitimen Königin von Kastilien, setzte, war die Empörung groß. Eine Anekdote mit symbolischem Gehalt? Oder nur eine Ungeschicklichkeit?

Adrian von Utrecht, der spätere Papst Hadrian VI., von Karl als Statthalter auf der Iberischen Halbinsel eingesetzt, sollte die Suppe auslöffeln, kam aber gegen die Macht der stolzen Städte nicht an. Der Städtebund, die legendäre *Santa Junta de las Comunidades* wehrte sich. Verbittert wollten die Kommunen das Rad der Geschichte zurückdrehen und sahen in Johanna der Wahnsinnigen ihre letzte Hoffnung. In den Augen der Rebellen war sie die rechtmäßige Königin Spaniens.

Ende August 1520 eroberten die Aufsässigen Tordesillas und verneigten sich vor der kranken Fürstin. Johanna, damals bereits seit Jahren von allen Staatsgeschäften ferngehalten und noch nicht einmal vom Tod ihres Vaters unterrichtet, der inzwischen vier Jahre zurücklag, sah sich plötzlich wieder als rechtmäßige Monarchin verehrt. Aber letztlich war die depressive Frau restlos überfordert, wenn auch zeitgenössische Chronisten eifrig berichten, sie habe recht klug auf die schwierige Situation reagiert.

Im Dezember des gleichen Jahres brachten die kaiserlichen Truppen Karls V. Tordesillas wieder in ihre Gewalt. Der spanische Traum war ausgeträumt. Tordesillas versank ein für allemal in der Bedeutungslosigkeit.

Johanna ist über 75 Jahre alt geworden. 46 Jahre lang, fast ein halbes Jahrhundert, lebte die »Stammutter fast aller Fürstenhäuser Europas« in der Dämmerung des Wahnsinns, umgetrieben vom *chagrin d'amour* und einem pathologischen Frauenhaß. Sie starb am 12. April 1555. Knapp drei Jahre vor ihrem berühmten Sohn.

Johannas Leibarzt berichtete Karl V. ausführlich über den Tod seiner Mutter. Der sei letztlich wegen der Unaufmerksamkeit des Personals eingetreten. Die verwirrte Monarchin habe das ihr verordnete Bad zu heiß genommen, wodurch es auf Rücken und Gesäß zu schmerzhaften Brandblasen gekommen sei. Nachdem einige Zeit verstrichen war, habe sie um laues Wasser gebeten, um die entzündeten Wunden zu reinigen. Anschließend lebte die verwirrte »Königin ohne Macht« noch zwei lange Jahre mit offenen Wunden an beiden Beinen und wollte partout nicht, daß man sie säuberte oder ihr Bett wieder in Ordnung brachte. Tragischer Lauf der Dinge.

In seiner Abdankungsurkunde im Oktober 1555 im niederländischen Brüssel erwähnt Karl V. seine Mutter zweimal. »Gelegentlich wurde das als eine besondere Anhänglichkeit gedeutet«, schreibt der Historiker Ferdinand Seibt in seinem Buch »Karl V. Der Kaiser und die Reformation«. »Dazu gibt der spröde Stil seiner Ansprache keinen Anlaß. Es ist wohl ein anderer Grund, der Karl dazu bewegt, wiederholt von seiner Mutter zu sprechen, die Gott nun zu sich gerufen habe, im April nämlich, nur ein halbes Jahr zuvor: Sie war ja doch nach kastilischem Recht zu Lebzeiten die Königin und Karl nur ihr Stellvertreter, wie die Urkunden ausweisen und woran niemand der Sachkundigen zweifelte. Wäre er zu ihren Lebzeiten zurückgetreten, so hätte er nicht ohne weiteres über die spanische Nachfolge verfügen können. Nun entschuldigte er sich wiederholt dafür, daß er trotz der überbordenden Mühen und seiner Hinfälligkeit nicht früher zurückgetreten sei.«

Die sterbliche Hülle von Johanna der Wahnsinnigen befand sich bis 1574 unter einem kargen Stein in der Seitenkapelle der Kirche des *Monasterio de Santa Clara* in Tordesillas. Nur wer neugierig nachfragt, bekommt vom örtlichen Führer die bescheidene Stelle gezeigt.

Ihr Enkel Philipp II. verfügte schließlich die Verlegung ihrer letzten Ruhestätte an die Seite ihres Mannes. Philipp der Schöne war auf Anordnung Karls V. in Granada beigesetzt worden.

So trat auch sie, die unglückliche, geistesschwache Königin, wie damals ihr so heißgeliebter Gemahl, in einem Bleisarg, begleitet von Prälaten und Granden, Jahre nach ihrem Tod den letzten Weg nach Granada an. Die Reise des Trauerzugs dauerte neunzehn Tage.

Wir werden das Geheimnis dieser Frau nie lüften. Petrus Martyr, der große Humanist, der sie in der Jugend begleitet hat, schrieb: *»Nemini datur intelligere«* – die rechte Einsicht ist keinem gewährt.

Die Leute in Tordesillas nehmen es gelassen. Das Provinzstädtchen lebt seinen Alltag. Frauen laufen noch schnell vor der Siesta, wenn alle Geschäfte erbarmungslos ihre Läden hinunterrasseln lassen, zum Fischhändler oder Fleischer und tauschen die letzten Neuigkeiten aus. Männer stehen sich die Beine in den Bauch, grüppchenweise, der Eintönigkeit und Langeweile trotzend. Hier passiert nicht viel. Auswärtige und Touristen gibt es nicht viele. Wie wohltuend.

Den Dingen entrückt und zufrieden, setzt man sich auf die weißen Steine vor dem *Monasterio* und schaut über die Landschaft. In der Ferne ahnt man Valladolid, Medina del Campo … Zeit zur Besinnung auf die Geschichte.

Der Duero fließt in die Unendlichkeit, verliert sich am Horizont. Unterhalb Portos, im fernen Portugal, mündet der Fluß in den Atlantischen Ozean. Noch ist er weit davon entfernt.

An seinen Südhängen wächst einer der besten Weine Spaniens. Ein Genuß für Liebhaber? Angeblich weiß ihn das englische Königshaus zu schätzen. Was auch immer dies bedeuten mag …

Granada

Isabella die Katholische
Die spanische Großmutter

Winter in der Sierra Nevada.

Im ersten blassen Licht des 2. Januar 1492 ritt die in kostbares Goldlamé gekleidete Isabella *la Catolica* hoch zu Roß ihrer prachtvoll ausgerüsteten Armee voraus. Dem eroberten Paradies entgegen.Granada, diese letzte Enklave der Mauren lag ihr zu Füßen. Die stolze Königin wird von der Ebene aus den Anblick der Silhouette des *Alcazaba*, der Alhambra mit ihren über zwei Kilometer langen Mauern, vor dem majestätischen Hochgebirge mit den »Diademen aus Schnee« in ihrer euphorischen Siegesstimmung gewiß genossen haben.

Nicht einmal der Schatten dieser Mauern
wird vielleicht überstehen;
aber deren Erinnerung
wird als einziger Zufluchtsort für Traum
und Kunst unvergänglich sein.
Die letzte Nachtigall auf der Welt wird dann
zwischen den glorreichen Ruinen der Alhambra
ihr Nest bauen und
als Abschied ihre Lieder singen.

Dieses Poem widmete der spanische Dichter Villaespesa der maurischen Pracht. Seine *Tristesse* war unbegründet. Der Zauber hat die Jahrhunderte überlebt.

Im Januar kann es empfindlich kalt sein in der siebenhundert Meter hoch gelegenen andalusischen Stadt. Dafür strahlt das Licht um so heller über das weite Tal. Wenn sich nicht der weiche Nebel zwischen die weite Ebene und die entrückten weißen Berge schiebt.

Iberer, Karthager, Römer, Westgoten, Sarazenen, Juden und Araber ließen sich hier nieder, schufen sich ein neues Zuhause. Sie kamen aus den Weiten des trockenen Hochlands, über die weiße, ockerfarbige und rote Erde. Über diesen kargen Boden, der nur wenig Ertrag bringt und in dem die knorrigen Olivenbäume Generationen überleben. Deren erste Früchte wurden der Legende nach einst den Göttern geweiht, und mit ihrem Saft, dem Öl, salbte man Hohepriester und Könige.

Vereinzelte Schafsherden weiden auch heute noch dort oben im einsamen Bergland und geben sich mit den schütteren Grashalmen zufrieden. Rustikale Romantik für den gedankenlosen Besucher? Für den schweigsamen Hirten eher karge Armut.

Am Fuße dieser Ödnis, in den breiten Auen vor Granada, den *Vegas*, die dem Gebiet den Namen gaben, legten die Siedler fruchtbare Felder und prächtige Gärten an. Sie pflügten und säten, bewässerten unentwegt und kümmerten sich um die Pflanzen. Alsbald wiegte sich das Getreide im Wind, Mandel- und Feigenbäume blühten, Pfirsich- und Orangenhaine betörten die Betrachter.

Der Venezianer Andrea Navagiero, Diplomat am Hofe Karls V., berichtete im Jahre 1526 vom Obstgarten Granadas. Von den Bauernhäusern in der *vega* aus könne man die rote Alhambra im Abendlicht leuchten sehen »wie einen goldenen Lichtstrahl über dem terrassenförmigen Garten des Generalife, mit dem Schnee der Sierra Nevada und dem blauen Himmel im Hintergrund«.

So öffnete sich dieses Granada der Königin von Kastilien und Aragón.

Fast zehn Jahre hatten die Katholischen Könige nach der Wiederaufnahme der *Reconquista*, der Zurückdrängung der arabischen Herrschaft auf der Iberischen Halbinsel, zur endgültigen Eroberung dieser legendären maurischen Stadt gebraucht, »nicht um sie zu zerstören, sondern um sie zu beherrschen«. Die Perle Andalusiens, Symbol der Macht und Schönheit. Noch heute läuten alljährlich am 2. Januar zur Erinnerung an diesen glorreichen Triumph die Glocken der *Torre de la vela*, jenes Wachturms, der in der Nacht die Öffnungen der Schleusen zur Bewässerung der *Vega* regulierte. Inzwischen werden freilich Stimmen laut, man solle nicht vergessen, welche Kultur damals von den rigiden Vorstellungen und dem Machtstreben der Aragónesen und Kastilier erstickt wurde. Man vertritt mittlerweile überwiegend die Meinung, es sei endlich an der Zeit, einen Versöhnungstag zwischen den verschiedenen Kulturen und Religionen einzuführen.

Vom Wachturm aus, hoch oben auf dem Alhambra-Hügel, schaut man in die unendliche Weite bis über die Ebene von Santa Fé. Dort brachten sich damals die ungeduldigen, angriffslustigen Truppen der Spanier in Stellung. Auf dem Mittelmeer zeigten spanische Flotten Flagge, berühmte Waffenschmiede und Ingenieure aus Kastilien waren zur heiligen

Schlacht, der *Cruzada*, eingezogen. Kreuzfahrer aus England, Deutschland, Polen und Frankreich und die später auf allen Schlachtfeldern Europas gefürchtete spanische Infanterie standen Gewehr bei Fuß.

Unter dem Banner des Christentums wurden die blühenden Felder der *vega* und das von vielen Kulturen geprägte Leben des *Al-Andalus*, wie die Araber Spanien nannten, verwüstet.

Im Jahre 1486 beherrschte Ferdinand II. von Aragón, der Ehemann Isabellas, bereits den ganzen westlichen Teil des maurischen Königreiches. An der Spitze seiner 50 000 Mann zählenden, bestens ausgerüsteten Armee gelang ihm schließlich dieser letzte große Sieg.

Isabella, auf dem Höhepunkt ihrer Macht, hielt am 6. Januar 1492 Einzug in die Alhambra. Boabdil, der glücklose Maure und letzte König dieser Stadt, öffnete ihr demütig die Tore seines Reiches. Alles, was ihm lieb war, durfte er auf Maultieren und Pferden hinter sich hertragen lassen: seine Familie, seine Schätze und die Särge seiner Ahnen. »Nehmt, Euer Gnaden, diese Schlüssel Eurer Stadt und Euer Alhambra zu eigen. Tretet ein, sie sind Euer Besitz, so lautet der Wille Allahs.«

Heinrich Heine schreibt in seinem »Mohrenkönig«:

»Berg des letzten Mohrenseufzers« (»El suspiro del moro«)
Heißt bis auf den heut´gen Tag
Jene Höhe, wo der König
Sah zum letztenmal Granada.

Lieblich hat die Zeit erfüllet,
Seiner Liebsten Prophezeiung,
Und des Mohrenkönigs Name
Ward verherrlicht und gefeiert.

Nimmer wird sein Ruhm verhallen,
Ehe nicht die letzte Saite
Schnarrend losspringt von der letzten
Andalusischen Gitarre.

Fast achthundert Jahre maurische Sinnesfreuden, Hochkultur und Toleranz erstarrten im Schoß der katholischen Kirche. Aber die Einnahme Granadas war die Erfüllung des spanischen Traums. Die gesamte Christenheit triumphierte.

Wie mag Isabella, diese stolze Kastilierin mit dem unerschütterlichen Gottesglauben, der eiserne Intoleranz nachgesagt wurde – sie führte die Inquisition wieder ein – und die am Ende ihres Lebens die Tracht der

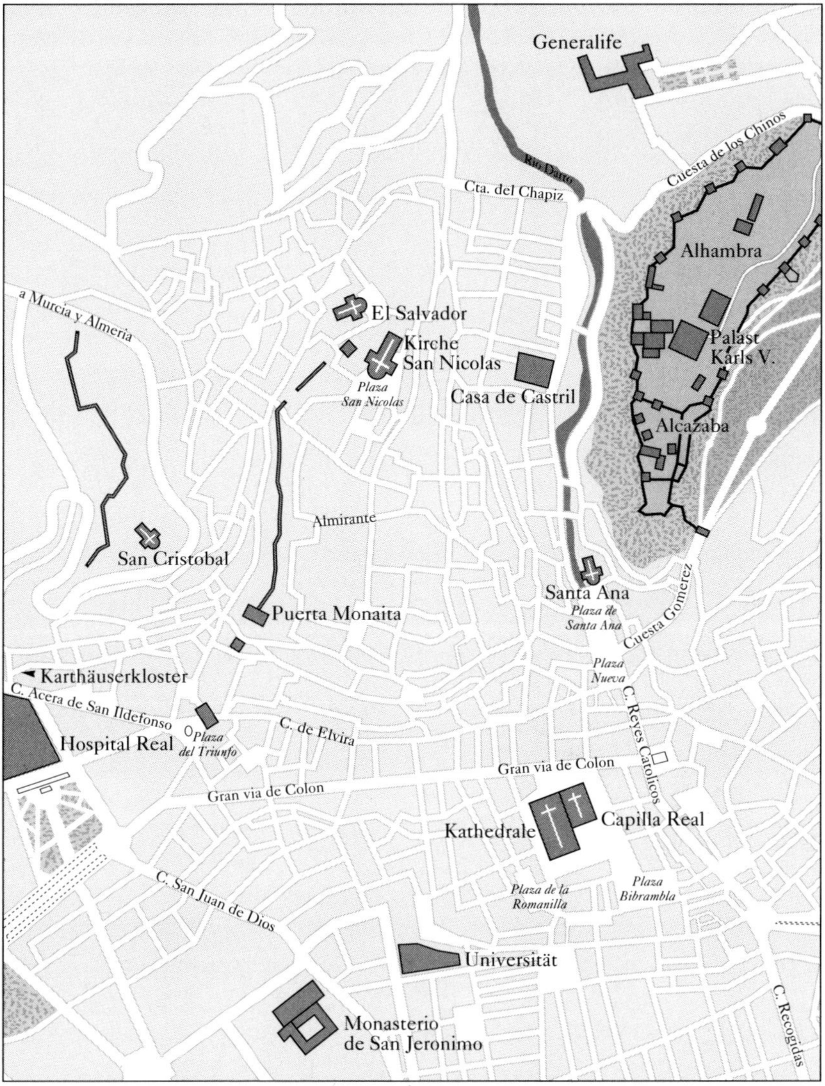

Franziskanerinnen anlegte, auf die poetischen Schwingungen im Herzen der Alhambra reagiert haben?

Dieser maurische Palast mit den prachtvollen Marmorsälen, der verspielten Architektur einer völlig anderen Kultur, den verträumten Ecken unter den goldschimmernden Decken, dem kühlenden Wasser in den *Patios*, dem betörenden Duft von Jasmin und Zimt, Zitrus und Lorbeer, Feigen, Myrte und Muskat, wo heiße Dampfbäder erotischen Genuß ver-

sprechen. Wie hat sie die Lebensart dieser Menschen aufgenommen, die das meditative Spiel lieben und bereit sind, die Hälfte ihres Vermögens für die vergängliche Pracht einer Blume auszugeben nach dem Motto: »Hast du zwei Dirham, kaufe dir mit dem einen Brot für den Magen und mit dem anderen Hyazinthen für die Seele.«

Diese ehemaligen Nomaden, in ihrer Seele zutiefst mit den heißen Südwinden der afrikanischen Wüste verbunden, die das Wasser, rarer Reichtum ihrer Heimat, verehrten und es in den Innenhöfen ihrer Paläste zum Tanzen brachten, zu leisen Melodien verzauberten inmitten von Oleander und Rosen. Sie nannten ihr neues Land *Al-Andalus*. Und die bezaubernde Stadt nannten sie *Granata*. Angeblich weil sich die weißen Häuser so dicht aneinanderschmiegten wie die Kerne eines Granatapfels ...

Haben die fremdartigen Düfte und Gewürze die gottesfürchtige Königin neugierig gemacht? Oder sogar betört?

Isabella kannte diese Welt. Aus Sevilla und Córdoba und aus ihrer Heimat Kastilien, wo sie mit dem Mudejarstil vertraut war, dieser Melange maurischer und europäisch-gotischer Elemente, eine wunderbare Verschmelzung der Kulturen. Nun wurde die Alhambra zu ihrem Haus. Ob es in ihrem Innern Glück gebracht hat?

Die Königin muß sich hier im maurischen Schloß wohl gefühlt haben, denn Ende des Winters 1500 zog sie sich in die andalusische Stadt zurück, um ein wenig Ruhe zu finden. Sie war gerade 49 Jahre alt. Ihre Gesundheit war stark angeschlagen, und sie wollte bei ihrem Lieblingsenkel Miguel sein.

Während dieses Aufenthalts erhielt die Katholische Königin die Nachricht, daß ihre Tochter Johanna am 24. Februar im Schloß Prinzenhof im flandrischen Gent von einem Stammhalter entbunden worden sei. Die Geburt des neuen Enkels fand sozusagen nebenbei statt, im Laufe eines Festes. Man hatte der Prinzessin gerade noch in aller Eile beistehen können. Der ferne Enkel wurde Karl getauft, nach seinem Urgroßvater Karl dem Kühnen, dem letzten großen Herzog von Burgund. Die Flamen gerieten in einen Freudentaumel, wogegen in Spanien die Nachricht kaum zur Kenntnis genommen wurde. Wer ahnte schon, daß der älteste Sohn Johannas, die man später die Wahnsinnige nennen sollte, einst Weltgeschichte schreiben würde?

Die Königin Isabella, die Kolumbus über die Weltmeere schickte und mit ihrem religiösen Übereifer das ganze Abendland im Zaum hielt, hat den Sohn ihrer zweiten Tochter und Philipps des Schönen nie gesehen. Er war ihr fremd. Und sehr weit weg.

In der maurischen Pracht Granadas starb, knapp fünf Monate nach der Geburt des kleinen Karls in fernen Gent, am 20. Juli 1500, ihr heißgeliebter Enkel Miguel, Sohn der in Portugal verheirateten Tochter Isabella, in ihren Armen. Er war ihre letzte große Hoffnung auf einen männlichen Thronfolger nach ihrem Herzen.

Isabella war untröstlich. Nach dem Tod des Kindes erlosch ihr Lebensmut. Müde, deprimiert und ratlos schaute sie in die Zukunft. Nun blieb ihr nur noch der Erstgeborene Johannas, der problematischen Tochter in den fernen Niederlanden.

Der geliebte Enkel Miguel wurde später in der Krypta der *Capilla Real* in der Kathedrale von Granada, an ihrer Seite bestattet. Der winzige Bleisarg in der von Touristen völlig überlaufenen Grabstätte vermittelt dem besonnenen Betrachter einen Hauch Wehmut und Ohnmacht. Gekrönte Häupter? Auch sie müssen sich ihrer Bestimmung beugen.

Staatsraison geht über alles

Isabella, Tochter des hochgebildeten, feingeistigen Königs Juan II. von Kastilien, hatte keine glückliche Jugend verbracht. Nach dem Tod ihres Vaters lebte sie mit ihrer geistesverwirrten Mutter, der schönen Portugiesin Isabella, und ihrem Bruder Alfonso im tristen altkastilischen Schloß von Arévalo. Dort vertiefte sie sich in die kostbaren Manuskripte der väterlichen Bibliothek und beschäftigte sich mit Homer und Vergil, Plutarch und den alten Sagen und Heldengedichten ihrer Heimat. Sie war ein energisches Mädchen mit einem schon damals unerschütterlichen Gottesglauben, willens- und geistesstark. Die *Melancholia*, das schleichende Erbe des portugiesischen Familienzweiges, blieb Isabella der Katholischen erspart, trat aber später bei ihrer Tochter Johanna wieder auf.

Und die Zufälle der Geschichte? Die Zufälle im Leben dieser so zielstrebigen Frau?

Isabellas Halbbruder Heinrich IV., genannt »der Impotente«, wurde nachgesagt, seine Tochter Juana sei nicht von ihm. Die spanischen Granden spalteten sich in unterschiedliche Lager. Die an allem unschuldige Prinzessin – das angeblich nicht von Heinrich IV. erweckte Mädchen – geriet zwischen sämtliche Fronten. Sie ging als *»la Beltraneja«*, der Bastard, in die Geschichte ein und ebnete schließlich nach vielen politischen Machtkämpfen und Intrigen den Weg zu Isabellas Regierungsantritt. Zufall, gewiß. Und es war selbstverständlich auch nur Zufall, daß ihr Bruder Don Alfonso, der bereits zu Lebzeiten Heinrichs IV. von Ka-

Über seinen spanischen Großvater Ferdinand von Aragón sagte Karl V. später, »ihm verdanken wir alles«, obwohl der Aragónese ihn nicht ausstehen konnte und alles daransetzte, ihn von der Thronfolge auszuschließen. Ferdinand wurde Hinterlistigkeit, Grausamkeit und Doppelzüngigkeit nachgesagt. Er spielte mit dem Gedanken, das Großreich aufzuteilen: einerseits in die Niederlande mit seinem Enkel Karl als kaiserlichem Erbe und andererseits in den Süden mit Spanien, Italien, den Ländern jenseits des Meeres für seinen Lieblingsenkel Ferdinand, den jüngeren Bruder Karls, der als Infant bei ihm in Spanien erzogen wurde.

Als 17jährige soll Isabella von Kastilien dem Chronisten Pulgar zufolge »von mittlerer Größe, in jeder Hinsicht wohlgestaltet und gut proportioniert« gewesen sein. »Ihre Haut war sehr hell, ihre Haare leuchtend blond, ihre Augen von grünblauer Farbe. Ihre ebenmäßigen Gesichtszüge strahlten Anmut, Ehrlichkeit und Frohsinn aus.« Und nach ihrem Tode schrieb der Höfling und Humanist Petrus Martyr dem einflußreichen Kardinal Cisneros: »Ich kenne niemanden ihres Geschlechts, weder in vergangenen Zeiten noch heute, der im gleichen Atemzug mit dieser unvergleichlichen Frau genannt werden könnte.«

Ferdinand von Aragón und Isabella von Kastilien. Miniatur aus dem Gebetbuch ihrer Tochter, Johanna der Wahnsinnigen.

stilien zum König ernannt worden war, am 5. Juli 1468 im Alter von 14 Jahren starb und seine Schwester, die kaum 17 Jahre alte Isabella, von einem Augenblick auf den anderen die Zukunft Kastiliens und Spaniens bestimmen sollte. Letztlich sogar die Zukunft ganz Europas.

Auch das ein Zufall, gut und schön. Aber die ehrgeizige, nach höheren Weihen strebende Kastilierin verfügte über einen selten klugen Kopf, und so konnte man es bestimmt keinen Zufall mehr nennen, daß sie, der man Selbstbewußtsein, Autorität und Pragmatismus nachsagte, sich entschloß, Ferdinand von Aragón zu heiraten. Das war ihre ureigene Entscheidung. Und eine solche Heiratsverbindung hatte man auf beiden Seiten schon seit Generationen angestrebt.

Sie hatte mit Hilfe der Städte dem Adel die Flügel gestutzt und ihn entmachtet. Die Heiratsanwärter hatten ihr zu Füßen gelegen.

Juan II., der furchtlose Herrscher von Aragón, hatte nicht locker gelassen. Ferdinand, sein Lieblingssohn aus zweiter Ehe mit Joana Enriquez, sollte die stolze Kastilierin zum Altar führen. Doña Joana war die Tochter eines berüchtigten Admirals jüdischer Abstammung. Daher stammt übrigens die spätere Behauptung, in den Adern der Habsburger und Bourbonen würde jüdisches Blut fließen.

Isabella glaubte, »einzig das Wohl des Königreiches im Auge, sowohl dem Wunsche der Granden, der ganz offensichtlich Gottes Wohlgefallen errege, als auch dem Willen und der Meinung der Allgemeinheit« nachzukommen und entschied sich dementsprechend. Für sie galt die Staatsräson, ein damals noch unbekannter Begriff, den Machiavelli erst im 16. Jahrhundert entwickelte.

Kandidaten wie der König von Portugal, Wiege einer uralten, atlantischen Zivilisation mit dem weit nach Afrika und Übersee reichenden Weltreich, oder der Herzog von Berry, Bruder des französischen Königs, blieben dagegen auf der Strecke.

Man kann sich als Gedankenspiel einmal die Frage stellen, wie die Geschichte verlaufen wäre, wenn Leidenschaft und Schicksal anderes bewirkt hätten. Wenn statt Kastilien und Aragón die Königreiche von Kastilien und Portugal wieder ineinander aufgegangen wären, die doch erst im 14. Jahrhundert auseinandergebrochen waren? Eine Verschmelzung zweier Länder, deren Herrschaftsgebiete sich von Amerika bis Indien ausgedehnt hätten. Ein Jahrhundert später als Karl V. am 10. März 1526 seine schöne portugiesische Braut Isabella zum Altar führte, begannen dynastische Spekulationen, wie sie Ferdinand Seibt formuliert. »Im spanischen Interesse ebenso wie im portugiesischen, noch dazu in der Hoffnung Karls auf eine reiche Mitgift aus dem damals schon weltumspannenden, namentlich den Gewürzhandel beherrschenden Portugal, das wird zum Ursprung einer glücklichen Ehe.«

Das Glück währte nicht lange. Es blieb eine unerfüllte Illusion.

Am 14. Oktober 1469 trafen sich Isabella von Kastilien und Ferdinand von Aragón in Valladolid zum erstenmal. Am 18. Oktober 1469 wurde geheiratet, und der junge Aragónese verpflichtete sich, in Kastilien zu residieren. Im Jahre 1470 wurde das erste Kind, ein Mädchen, geboren und auf den Namen seiner Mutter, Isabella, getauft.

Noch waren die Würfel der Macht nicht endgültig gefallen, auch wenn im Dezember 1474 Heinrich IV., König von Kastilien und Halbbruder der jungen Mutter, starb, die energische Kastilierin ihre Nichte Juana einfach ausbootete und die Kastilier damit vor vollendete Tatsachen stellte.

Alle Granden aus Burgos, León, Madrid, Toledo, Alcalá und Sevilla widersetzten sich der ehrgeizigen Kastilierin und solidarisierten sich mit der kleinen *Beltraneja*, die sich auch schon Königin von Kastilien nannte. Aber die 23jährige Isabella war fest entschlossen, selbst Königin von Kastilien zu werden. Unermüdlich zog sie, mit der kastilischen Volksseele nur zu vertraut, in eigener Sache hochschwanger übers Land. Die Menschen landauf, landab bewunderten ihren Einsatz. In Tordesillas kam sie, völlig erschöpft, mit einem totgeborenen Kind nieder, erfuhr aber dort, nach langem Bangen, am 1. März 1476 zu ihrer großen Freude vom Sieg in der Schlacht vor Toro gegen den Portugiesen Alfons V., den Großvater und Verbündeten der *Beltraneja*.

Während sie stolzen Hauptes in der Stadt oberhalb des Duero an einer Dankprozession teilnahm, hatte sich der König von Portugal, psychisch und physisch am Ende seiner Kräfte, aus dem Kampf zurückgezogen. Von nun an stand Isabella nichts mehr im Wege.

Im Jahre 1478 wurde ihr Sohn Johann geboren. Zur Aussöhnung mit dem portugiesischen Königshaus bot sie der Ex-Rivalin um den Thron die standesgemäße Ehe mit ihrem kleinen Sohn, dem Infanten Don Juan, an – den dynastischen Sitten der damaligen Zeit entsprechend. Aber die Räte lehnten Juana ab, und sie trat 1480 als Nonne in den Orden der Santa Clara ein.

Die Geschichte trieb später noch bizarrere Blüten. Nach dem Tod seiner Frau Isabella im Jahre 1504 hielt der schlaue, alte Ferdinand von Aragón noch einmal um die Hand der leidgeprüften Juana an. Mit dieser Verbindung wollte der umsichtige Aragónese verhindern, daß seine Toch-

In der 1504 unterzeichneten Gründungsurkunde der auf Wunsch der Königin Isabella recht prunklosen Kapelle, entworfen von Enrique Egas, steht: »Dreizehn Kapläne sollen dafür sorgen, daß jeden Tag drei Messen gefeiert werden, zu Ehren der Könige, ihrer Vorfahren und ihrer Nachkommen ... vor dem Allerheiligsten sollen in dieser Kapelle Tag und Nacht eine sechs Pfund schwere Kerze und zwei Öllampen brennen.«

Karl V. fand während seines Aufenthalts in Granada im Jahre 1526 die Ausstattung des stillen Ortes zu bescheiden und dem Andenken seiner Großeltern nicht gerecht, weshalb er bauliche Veränderungen und neue Kunstwerke in Auftrag gab. Ursprünglich wurde das Grabmal der Katholischen Könige, von dem Genuesen Fancelli 1522 im schönsten Carraramarmor gemeißelt, in der Mitte der Kapelle aufgestellt.

Karl hat 1519, zu Lebzeiten seiner Mutter, den spanischen Bildhauer Bartolome Ordoñez damit beauftragt, ein Grabmal für die sterblichen Überreste seiner Eltern, Johanna der Wahnsinnigen und Philipps des Schönen, zu errichten. Das Schicksal wollte es, daß Johannas erst 1555 in Tordesillas starb, 35 Jahre nach der Fertigstellung des Grabmonuments. Erst 1603 wurde es dann schließlich neben dem Mausoleum der Katholischen Könige Isabella und Ferdinand in der *Capilla Real* installiert.

Steigt man bis in die Krypta hinunter, ist einem der letzte Wunsch der frommen Isabella allgegenwärtig. Unter dem steinernen Gewölbe sind die bescheidenen Bleisärge aufgereiht, die vor fünfhundert Jahren ihre lange Reise von Altkastilien aus antraten, des Nachts über Berg und Tal in Trauer – gefolgt von Fackelträgern, betenden Mönchen, Granden, Höflingen und einer kleinen Schar Getreuer –, um hier ihre letzte Ruhe zu finden.

Auch Isabella von Portugal, die Gemahlin Karls V., trat 1539 ihre letzte Reise zur Beisetzung nach Granada an. An der Spitze des Trauerzugs ritt protokollgerecht ihr zwölfjähriger Sohn, der spätere Philipp II., wenn dies auch heutige Historiker für eine Legende halten.

Die frühverstorbenen Kinder des Kaiserpaars, Ferdinand und Juan, wurden ebenfalls in dieser Krypta bestattet. Philipp II. ließ jedoch im Jahre 1574 die Gebeine seiner Mutter und Brüder in den Escorial überführen.

Damit war die *Capilla Real* kein königliches Pantheon mehr.

Karls Anwesenheit im Jahre 1526 ging nicht spurlos an Granada vorbei. Nicht nur die Universität, sondern auch der Bau des neuen Gerichtsgebäudes, der *Audiencia*, von den Katholischen Königen aus Ciudad Real um 1500 nach Granada verlegt, wurde von dem großen Habsburger an der *Plaza Nueva* in Auftrag gegeben. Die Fassade dieses Appellationsgerichts wurde aber erst unter Philipp II. fertiggestellt.

Heute ist in seinen Räumen das Oberlandesgericht von Andalusien untergebracht.

sen und mit ihm wieder in der Alhambra residierte. Diese familiären Zwistigkeiten konnten den spanischen Königen nur nützen. Die Königsstadt war zerrissen, die Atmosphäre gespannt.

Nun sah Ferdinand seine Chance. Bereits seit Frühjahr 1486 beherrschte er ja den gesamten westlichen Teil des maurischen Königreiches. Nun zwang er den geschwächten Boabdil am 29. Mai 1486 endgültig in die Knie. Noch war der Sieg freilich nicht endgültig errungen. Erst im Frühling 1491 – fast zehn Jahre nach der Wiederaufnahme der *Reconquista* – rüstete Ferdinand an der Spitze seiner Armee von 50000 Mann zur endgültigen Eroberung Granadas. Der Traum von einer gemeinsamen Welt der Mauren, Juden und Christen, geprägt von gegenseitiger Toleranz und geistiger Befruchtung, ging nicht in Erfüllung. Auch wenn den Bewohnern der letzten maurischen Bastion zunächst die Ausweisung nach Nordafrika oder die Versklavung erspart blieb und es so aussah, als ob die Spanier bereit wären, die fleißige Landbevölkerung in Ruhe zu lassen und ihr ein Leben zu ermöglichen, wie es die Mudejaren im christlichen Norden bereits seit Jahrzehnten führten. Die politische und geistige Elite des besiegten Volkes sollte jedoch auf Wunsch der kastilischen Eroberer in den Maghreb auswandern, obwohl die Kapitulationsbedingungen den Mauren eigentlich die Beibehaltung ihres Rechtswesens, ihrer Lebensweise sowie Religionsfreiheit garantierten.

Der Teufel steckte freilich im Detail: Um in Granada bleiben zu können und der Sklaverei zu entkommen, sollten die Mauren ein horrendes Lösegeld bezahlen. Angeblich haben elftausend Mauren die Summe nicht zahlen können. Sie wurden von den Katholischen Königen einfach verkauft oder Privatleuten zugesprochen. Wie es heißt, schenkten Isabella und Ferdinand dem Papst hundert schwarze Sklaven …

Der Emir Boabdil von Granada wanderte 1493 nach Afrika aus. Er starb vierzig Jahre später in Fes.

Den Juden erging es nicht anders, auch wenn sie von den maurischen Kalifen und den ersten Königen von Kastilien und Aragón im 12., 13. und 14. Jahrhundert respektiert wurden und unter deren Herrschaft zu hochgeschätzten Gelehrten, Ärzten, Professoren, geschäftstüchtigen Händlern und Finanziers avancierten. Nachdem die Kirche ihren Angehörigen untersagt hatte, den Beruf des Pfandleihers oder Wechslers auszuüben, war das wirtschaftliche und intellektuelle Leben des Landes fast ausschließlich in jüdischer Hand. Das konnte nicht gutgehen. Und bereits Anfang des 14. Jahrhunderts trieben Neid, Vorurteile und Greuelmärchen ihre ersten Blüten. Mitte des 14. Jahrhunderts, als die schwarze Pest ausbrach, diese fürchterliche Epidemie, die die Hälfte der europäischen Bevölkerung dahinraffte, brauchte man einen Sündenbock. Es kam zu den ersten Pogromen.

Unaufhaltsam griff ein grausamer Fanatismus um sich.

Auch in Granada schlug das Schicksal zu. Am 31. März 1492 hieß es in dem Verbannungsedikt der Stadt am Fuße der Sierra Nevada: »Sämtliche Juden, Männer, Frauen und Kinder, mit Ausnahme derer, die sich taufen ließen, haben die Königreiche bis zum 1. Juli 1492 zu verlassen. Kämen sie zurück, so erwartete sie das Todesurteil.« Geld, Gold, Silber und Edelsteine durften sie nicht mitnehmen, hatten aber theoretisch das Recht, ihren Besitz zu verkaufen. »Ein Haus gegen einen Esel oder einen Weinberg gegen ein Stück Stoff«? Ein bitterer Hohn.

Spanische Siedler aus Andalusien, Neu-Kastilien und Murcia bekamen die von Mauren und Juden verlassenen Häuser und das Land zum Bewirtschaften. Zunächst konnten sie damit steuerfrei arbeiten. Bauern zogen in die ehemalige Medina.

Eine Geschichte, die sich in der einen oder anderen Form immer und überall bis in unsere heutige Zeit wiederholt.

Jahrhundertelang waren Abendland und Morgenland im Süden Spaniens zu einer fruchtbaren, einmaligen Symbiose verschmolzen. Die Mauren waren als Eroberer gekommen, hatten spanische Mädchen geheiratet und bescherten dem Land fast achthundert Jahre lang blühende Landschaften und Kultur, Handel und Betriebsamkeit, Wissen und Wohlstand. Ihre Bildung war unerschöpflich, ihre Leidenschaft für das geschriebene Wort eine ewige Quelle und der Schlüssel zur griechischen Philosophie. Ihr profundes Wissen gründete auf bis dahin unzugänglichen griechischen, indischen und persischen Überlieferungen, die sie in ihre Sprache übersetzt oder darin zusammengefaßt hatten. Ihr Einfluß auf das Abendland ist nicht zu unterschätzen.

Isabella die Katholische wußte um diese Schätze. Sie ließ nach der Eroberung die zurückgebliebenen medizinischen Lehrbücher der Araber vor dem Scheiterhaufen retten und brachte sie in Alcalá in Sicherheit. In ihrem Auftrag übersetzten drei *Conversos*, zum katholischen Glauben übergetretene Juden, die hebräischen und drei Hellenisten die griechischen Texte. Später ließ Cisneros, der fanatische Erzbischof von Toledo, die Heilige Schrift ins Arabische übertragen.

Trotz allem Übereifer gilt: Isabella öffnete in Granada Tür und Tor für Geist, Kultur und Studium. Wenn auch nur für Glaubensgenossen.

Die Familie und der Abschied

Isabella wurden Willensstärke, Starrsinn, aber auch Mut und Unerschrokkenheit nachgesagt. Ferdinand, ihren Mann, beschrieb man dagegen eher als sanftmütig und nachdenklich. In Wirklichkeit soll der Aragónese alles andere als sanft gewesen sein, sondern verschlagen und hinterlistig, doppelzüngig, rücksichtslos, intrigant und grausam. Eines steht indessen fest: Die beiden außergewöhnlich starken Persönlichkeiten lenkten im ausgehenden Mittelalter, in dem das Bürgertum zunehmend an Einfluß gewann, das Schicksal der Iberischen Halbinsel und weit darüber hinaus.

Isabella die Katholische, 1451 geboren, also im selben Jahr wie Christoph Kolumbus, führte ein unstetes Leben. Trotz der Unruhen und der Jahre des Umherirrens brachte sie fünf Kinder zur Welt.

1470 wurde die kleine Infantin Isabella geboren. Dieses Mädchen heiratete 1490 Don Alfonso, den portugiesischen Thronfolger. Acht Monate nach der Hochzeit stürzte der vielversprechende Gemahl Alfons vom Pferd, worauf die junge Witwe 1497 seinen Nachfolger, Emanuel, heiratete. Aus dieser Ehe stammt der kleine Miguel, der in der Alhambra zu Granada bei seiner verzweifelten Großmutter starb.

1478 gebar Johanna den langersehnten Sohn und Thronfolger Johann (Juan). Der von seiner Mutter heißgeliebte Knabe heiratete die Burgunderin Margarete von Österreich, Tochter der Maria von Burgund und Schwester Philipps des Schönen. Er starb jedoch, nur wenige Monate nach der Hochzeit, in den Armen seiner jungen flämischen Frau. Angeblich infolge seiner maßlosen Leidenschaft.

Das dritte Kind, Johanna, heiratete Philipp den Schönen, trug aber den Keim des Wahnsinns in sich, dieses Erbe der portugiesischen Verwandtschaft. Sie sollte die letzten vierzig Jahre ihres Lebens in Tordesillas dahindämmern. Nur der zweitjüngsten Tochter, Maria, war ein besseres Schicksal beschert. Sie heiratete 1500 den Witwer ihrer Schwester, Emanuel von Portugal, und wurde die Mutter der späteren Kaiserin Isabella, der geliebten Frau Karls V.

Die jüngste Tochter, Katharina, nahm mit 15 Jahren Abschied von ihrer leidgeprüften Mutter, die zu der Zeit bereits zwei Kinder verloren hatte, und segelte nach England, um dort Prinz Arthur zu heiraten. Als der englische Thronfolger im März 1502 an Tuberkulose starb, wurde die junge Katharina mit dem legendären Heinrich VIII. verehelicht und bald von dem brutalen Genußmenschen zur Seite geschoben. Eine endlose Kette von Dramen. Arme Königskinder …

Isabella, inzwischen 53 Jahre alt, dem Kummer über Abschied und Tod nicht mehr gewachsen, fühlte sich psychisch und physisch entkräftet. Weder die Politik noch das Leben und Gedeihen ihrer Enkel in den Niederlanden konnten sie trösten, geschweige denn motivieren.

Am 23. Oktober 1504 diktierte Isabella ihr Testament. Zwar setzte sie ihre Tochter Johanna als ihre Nachfolgerin und somit als Königin ein, wußte aber zugleich um deren Labilität. So übertrug sie die Regentschaft ihrem Mann Ferdinand. Zudem verlangte sie ein neues Gesetzbuch und bestimmte in ihrem religiösen Übereifer, die Bekehrung der Indios in der Neuen Welt um jeden Preis durchzuführen.

Dann zog sie sich in meditative Einsamkeit zurück. Sie legte ihr königliches Gewand ab und kleidete sich in schlichte Franziskanerinnentracht. Ganz ihren Maximen entsprechend, verbrachte sie die letzten Tage ihres Lebens in Buße und Gebet.

Isabella starb am 26. November 1504 in der altkastilischen Stadt Medina del Campo. Friedlich und gottergeben, versöhnt mit ihrem Schicksal, von ihrer Umgebung verehrt wie eine Heilige.

In ihrer letztwilligen Verfügung bestand sie auf einem schlichten Holzsarg und untersagte die Einbalsamierung ihres Leichnams.

So ging sie auf die letzte Reise: nach Granada. Dort hatte sie ihren größten Sieg davongetragen. Dort wollte sie endgültig zur Ruhe kommen.

Drei Wochen lang dauerte die Überführung. Der rauhe Winter fegte über das altkastilische Hochplateau. Der Geisterzug mit den vornehmen spanischen Granden, geistlichen Würdenträgern, Höflingen, Mönchen und Offizieren auf ihren schwarzverhängten Pferden zog über Berg und Tal, Klippen und Felsen und kämpfte gegen das apokalyptische Unwetter. Bis er die Alhambra erreichte.

Auch dort wehte Kälte und Schnee von der Sierra Nevada über Land und Stadt. Wie am 2. Januar 1492, jenem Tag, an dem die stolze Monarchin ihrem eroberten Paradies entgegengeritten war.

Da die Grabstätte in der *Capilla Real*, die königliche Grabkapelle in der Kathedrale von Granada, noch nicht fertiggestellt war, wurde Isabella zunächst auf dem Alhambrahügel im Kloster San Francisco beigesetzt. Dort findet man, abseits vom Massentourismus, im Nordwestteil eines auf den Mauern des maurischen Palastes gebauten ehemaligen Klosters und heutigen – immer ausgebuchten – spanischen Hotels, einen schlichten weißen Marmorstein mit den Namen *Isabel* und *Fernando*. Hier ruhten die sterblichen Überreste der Katholischen Könige, bis sie ihre endgültige Ruhestätte in der Hauptkirche Granadas einnehmen konnten. Isabella die Katholische fand also zunächst ihre Ruhestätte in dem kleinen *Mirador* eines arabischen Herrenhauses.

Kaum war die imponierende Regentin beerdigt, entfachte sich in voller Wucht der Streit um ihr politisches Erbe.

Der Enkel aus dem Norden

Nur zögerlich gewöhnte sich der in Flandern geborene und auch dort aufgewachsene erste Sohn Johannas von Kastilien an seine neue Heimat Spanien. Zu groß waren die Mentalitätsunterschiede, zu rigide und unsensibel seine Ratgeber, zu burgundisch seine Wurzeln.

Aber 1526 heiratete Isabellas unbekannter Enkel aus den Niederlanden die zarte Prinzessin Isabella von Portugal. Sie verführte ihn in das Paradies der Sonne und der Sinne.

Karl Brandi schreibt in seiner Biographie über Kaiser Karl: »Als die Sommerhitze heraufzog, siedelte das junge Paar von Sevilla über Córdoba nach dem kühleren Granada hinüber, und Karl selbst mag in der paradiesischen Alhambra erst begriffen haben, welche Herrlichkeiten ihm das Leben bis dahin aufgespart hatte. Sein Wesen innerer Beharrung, äußerer Zurückhaltung und ehrerbietiger Scheu mochten der Infantin zugleich kaiserlich und liebenswert erscheinen ...«

Die beiden Jungvermählten, die bezaubernde Portugiesin und der introvertierte Niederländer, verbrachten zwischen Anfang Juni und Mitte Dezember 1526 verlängerte Flitterwochen in Granada. Eine Zeit des unbeschwerten Lebens? Ob Karl, verliebt in seine schöne Isabella, inspiriert vom kontemplativen Geplätscher der Brunnen in den kühlen Patios der Alhambra, dort seine niederländische Seele verlor? Wer vermag es zu beurteilen?

Begeistert von den sonnenbeschienenen Hügeln, den blühenden Gärten, den gen Himmel ragenden Zypressen, der Pracht des alten Nasridenschlosses und eingedenk der Tatsache, daß seine Vorfahren, die Katholischen Könige, an diesem Ort ihre ewige Ruhestätte gefunden hatten, fühlte sich der vom jungen Glück beflügelte Monarch der Stadt Granada und ihrer Atmosphäre zutiefst verbunden. Er beauftragte Künstler und Architekten, ließ manche Räume in der Alhambra vergrößern, seinen Wünschen entsprechend ausstatten und zur Luxusbleibe für sich und sein Gefolge ausbauen. Im *Mexuar*, der alten maurischen Audienzhalle, wurden neben dem Wappen der Nasriden, mit dem Motto »Es gibt keinen Sieger außer Allah«, das Wappen Karls V., mit seinem Leitspruch *Plus Ultra* angebracht und die Säulen des Herkules aufgestellt. Und an einem Ende des zauberhaften arabischen Raumes richtete sich der Katholische Kaiser im kleinen rechteckigen Hof eine Kapelle ein.

Zwei Welten?

Auch das nach antikem Vorbild gebaute *Baño Real*, das königliche Bad, ließ der noch ungekrönte Kaiser restaurieren und mit Kacheln schmücken, und seine elegante Frau Isabella bekam ihre Ankleide. Noch heute kann man in dem königlichen Bad die sechzehnfach durchlöcherten Marmorplatten im Fußboden bewundern, wo während des entspannenden Bads, dieser genußvollen arabischen Sitte, die auch bei den Römern bekannt war, betörende Düfte durch die Löcher von unten in den Raum strömten.

Bis ins 14. Jahrhundert besuchten auch die spanischen Christen öffentliche Bäder, bis verklemmte Theologen und fanatische Maurenfeinde die heilsame Wirkung und den sinnlichen Genuß der Dampfbäder prüde verschmähten. Bermudez de Pedraza vermerkte seinerzeit entrüstet: »Sie waschen sich auch im Dezember.« Schließlich wurde den Muslimen in einer königlichen Verordnung vom 17. November 1566 der Gebrauch der Bäder untersagt. Nach des Kaisers Zeiten. Arme Christen …

Die Anwesenheit der hohen kaiserlichen Gäste im Jahre 1526 blieb für die andalusische Stadt Granada nicht ohne Folgen. Das gesamte noble Volk, die Oberschicht der damaligen spanischen und internationalen Adligen, zahlreiche Intellektuelle und Künstler begleiteten den Kaiser und seine Frau. Ein halbes Jahr lang traf sich in Granada Gott und die Welt.

Nicht nur der Privatsekretär und Botschafter des französischen Königs verbrachte den Sommer im Schatten der Sierra Nevada, auch der Nuntius des Heiligen Stuhls verkehrte in den Salons des Kaisers. Baldassare Castiglione, Humanist und Autor des berühmten »*Il Cortegiano*« (Der Hofmann), damals ein Standardwerk für die Erziehung von Diplomaten und Fürsten, gehörte zum Gefolge des Habsburgers.

Johannes Dantiscus aus Danzig, polnischer Humanist, hielt Vorträge, Andrea Navagiero, Lyriker aus Venedig, veranstaltete poetische Spaziergänge durch die Alhambra und führte den spanischen Poeten Juan Boscan in die Lyrik der italienischen Renaissance ein.

Francisco Borja, der spätere Jesuit und Vertrauter Karls, verheiratet mit einer Freundin Isabellas, gehörte ebenfalls der noblen Gesellschaft an, wie auch Leonore de Mascarenas, die spätere Amme des erstgeborenen

Kaisersohns Philipp II. Auch die hübsche Muse Isabel de Freire genoß das wunderbare Klima der andalusischen Stadt, und Germaine de Foix, die zweite Frau des Katholischen Königs Ferdinand, hielt Hof in der Alhambra. Neben Karls Schwester Eleonore waren auch zahlreiche Erasmus-Anhänger, die später von der Inquisition verfolgt wurden, aus den Niederlanden angereist.

Ohne Zweifel: Sechs Monate lang war Granada der Nabel der Welt. In seiner überschwenglichen Begeisterung für diese stolze Stadt gab der verliebte Kaiser neben der Erweiterung des Nasridenschlosses seinem Vertrauensmann Marqués de Mondejar, Vogt der Alhambra, den Bau eines neuen Palastes in Auftrag: des *Palacio de Carlos V.* Der Entwurf stammte von dem berühmten Spanier Pedro Machuca, einem Mitarbeiter Michelangelos und Raffaels. Der Geist der Renaissance eroberte Granada.

Und die zarte Isabella?

Es geht die Mär, sie habe sich in der Alhambra nicht besonders wohl gefühlt. Das Paradies der Muslime – die *Paradeisos*, die ewigen Gärten, wie es der 57. Vers der 4. Sure des Korans beschreibt – war ihr fremd.

Während ihres Aufenthaltes wohnte sie, wohl auch weil die notwendigen Umbauten in der Alhambra nicht abgeschlossen waren, vorübergehend im *Monasterio de San Jerónimo*. Die Abgeschiedenheit des damals gerade neu gebauten wunderbaren Renaissance-Konvents muß der frommen und stillen Frau mehr zugesagt haben. Man munkelt aber auch, da Granada in einem Erdbebengebiet liegt, Isabella hätte es vorgezogen, festen Grund unter den Füßen zu haben. Sie habe den Alhambrahügel wegen der Bebengefahr gemieden.

Inmitten des heutigen Studentenviertels mit seinem brodelnden Leben versteckt sich das *Monasterio de San Jerónimo* hinter einem maroden Tor, nur ein paar Straßenecken von der Kathedrale entfernt, aber doch jenseits des Bustourismus. Hierher, in die Oase inmitten des Alltagsgetöses der emsig-hektischen Stadt, verirren sich nur wenige.

Zwischen Gemüsehändlern, Buch- und Handwerkerlädchen findet das Leben der Einheimischen statt. Studenten stehen, in Erwartung einer Vorlesung, traubenweise und lässig rauchend vor den Toren des *Colegio*, und im *Real Conservatorio superior de música Victoria Eugenia* quält hinter offenem Fenster ein einsamer Studiosus sein Cello.

Toledo

Isabella von Portugal
Die Gemahlin

Von der Höhe aus gesehen hält die Tajoschleife den Felsen inmitten der kahlen Landschaft fest umklammert. Hier muß auch der aus Kreta stammende Maler Domenikos Theotokopulos, genannt *El Greco*, gestanden haben, als er in der zweiten Hälfte des 16. Jahrhunderts an seinem berühmten Toledobild mit dem von Gewitterwolken bedrohten Panorama arbeitete. Das Erscheinungbild dieser charismatischen Stadt, Schmelztiegel christlicher, jüdischer und muslimischer Kultur, hat sich über Jahrhunderte kaum verändert.

Der längste Strom der Iberischen Halbinsel, der sich um die Stadt windet, quält sich, wasserarm in seinem Flußbett zwischen dem rauhen Gebirge Kastiliens und den *Montes de Toledo* gen Westen und schwillt erst allmählich an, bis er schließlich Lissabon erreicht – die Stadt, in der Isabella, die Frau Karls V., geboren wurde und aufwuchs. Hat auch sie hier in Toledo, wo sie Königs- und Kaiserwürde trug und ihr letztes Kind verlor, mit Wehmut über die Flußschleife geschaut und ihre Gedanken bis in ihre portugiesische Heimat schweifen lassen?

So muß auch damals schon, zu Zeiten von Ruy Diaz de Vivar die Landschaft angemutet haben. Damals, als der Kämpfer, kastilische Ritter und Nationalheld, den die Spanier *El Campeador* nennen und der unter seinem maurischen Beinamen *El Cid* legendär geworden ist, hier lebte. Er war um das Jahr 1072 Vasall des kastilischen Königs Sancho II. gewesen, der von seinen hinterlistigen Geschwistern Alfonso VI. und Urraca hintergangen wurde und vor den Toren von Zamora fiel. Oder wurde er, wie man heute meint, ermordet? Hier, im Angesicht von Toledo, der ältesten Hauptstadt des gotischen Spanien, kämpfte die mythische Gestalt des Epos *Cantar de mio Cid* für Gerechtigkeit und trug einen ersten Sieg über die Mauren davon.

Geschichte und Schicksal.

Wer neugierig ist und einen Hauch der Tragik, die über dieser trockenen Öde schwebt, einfangen will, sollte in einer stillen Stunde die mittelalterlichen Verse lesen. Fast zehn Jahrhunderte liegt das Ereignis zurück. Fast ein Jahrtausend.

Auf der Hochebene zwischen Madrid und Toledo währt, in den eintönigen Monaten, immer noch, der heiße Sommer. Mitten in Spaniens Mitte. Während dieser Jahreszeit ist die Mittagshitze unbarmherzig, der trockene Wind streift über den dünnen Staub und färbt die Hügel rot. Gegen den Himmel schimmert im flirrenden Licht das prächtige Farbenspiel zwischen Ocker, Vermeil, Karminrot und sattem Orange. Aufgerissene Erde und graue Grasbüschel auf den langgestreckten Hügelrücken. Dazwischen, irgendwo am Horizont, Zypressen und Ölbäume. In kleinen Gruppen. Dann wieder Felsen. Kahl und stumm. Hier duftet es nach Rosmarin, Thymian und Jasmin, man atmet den trockenen Staub.

Manche mutet die Gegend biblisch an. Eine Landschaft wie aus dem Alten Testament. Bis in die letzten Monate des Jahres hinein, bleibt es hier wohlig warm.

Irgendwo südöstlich von Toledo, in der Mancha, kämpfte Don Quichote gegen Windmühlen. Und Cervantes lebte hier in der Kühle der kleinen Gassen des vom bizarren Fluß umklammerten, verwinkelten Ortes. In dieser mittelalterlich-islamischen Stadt, dem Mekka des freien Geistes, dichtete im 13. Jahrhundert König Alfons X., der Weise, dieser universelle Geist und Meister der kastilischen Sprache, die er zur spanischen Hochsprache machte. Ein weiser Schöngeist, der gewaltige enzyklopädische Arbeit leistete, eine Übersetzerschule gründete und die erste allgemeine Weltgeschichte hinterließ, von Adam bis zum Jahre 1284 …

Durch diese Landschaft ritt Philipp, der zwölfjährige Infant und Stammhalter Karls V., protokollgerecht dem Trauerzug voraus, der die junge Kaiserin Isabella, seine zarte Mutter, von Toledo aus nach Granada in die Familiengruft überführen sollte. Auch wenn heute manche Historiker es für eine Mär halten.

Man schrieb den Monat Mai 1539. Die spanische Sonne glühte bereits gnadenlos. Der Kaiser hatte sich nach dem Ableben seiner Frau, zutiefst deprimiert, in das Kloster von *La Sisla*, vor den Toren Toledos, zu den Hieronymiten zurückgezogen. Der religiöse Orden stand ihm sein Leben lang nahe, und in dessen Schoß sollte er zwanzig Jahre später auch seinen eigenen Tod erwarten.

Der junge Prinz Philipp, fast noch ein Kind, wurde auf diesem letzten Weg seiner Mutter von Francisco Borja, Marqués de Lombay, begleitet.

Dieser enge Vertraute Isabellas, der mit ihrer besten Freundin verheiratet war, sollte, wie es seinerzeit üblich war, die Tote in der Grabkapelle der Katholischen Könige in Granada identifizieren. Aber beim Öffnen des Sargs verstummte der spanische Grande. Die anwesenden Zeugen und der Protokollant warteten vergebens auf seinen Eid. Der grauenvolle Anblick des bereits bis zur Unkenntlichkeit verwesten Leichnams muß den Marqués zutiefst erschüttert haben, hatte er doch die junge Frau noch lebhaft in schönster Erinnerung.

Der Schock saß tief. Immer wieder stellte er sich die Frage: »Wo sind, Heilige Majestät, der Glanz und die Freude Eures Gesichts? Wo jener Anstand und jene Schönheit, die nicht ihresgleichen hatten? Seid ihr jene Doña Isabel? Seid Ihr meine Kaiserin und meine Herrin? Was tun wir, meine Seele? Was suchen wir? Welchen Dingen gehen wir nach? Wenn der Tod auf solche Weise mit der Majestät verfährt und den Höchsten der Erde: welche Herren werden sich ihm dann stellen, welche Macht bietet ihm die Stirn? Wäre es nicht gut, im Leben der Welt zu sterben, um Gott zu leben im Tod?«

Zur Zeit dieses traumatischen Erlebnisses war der Herr von Lombay knapp dreißig Jahre alt, verheiratet mit Leonore de Castro und Vater von acht Kindern. Von nun an gab es für ihn keine andere Wahl mehr. Er verließ Haus und Hof, trat in die Gesellschaft Jesu ein und bekleidete nach dem Tode des Gründers, Ignatius von Loyola, und dessen Nachfolger das höchste Amt als ihr dritter General.

Karl V. bestellte später diesen Jugendfreund, den Jesuitenpater, zu seinem Testamentsvollstrecker nach Yuste. Er ging als Heiliger Franziskus von Borja in die Geschichte ein.

So setzte Isabella von Portugal, erste und einzige Ehefrau Karls V., von ihm innigst verehrt, bis über den Tod hinaus mythische Zeichen.

Losgelöst von Toledo. Von dieser Stadt, »deren Geschichte zurückreicht bis in den Zeitenschoß«, da laut Anton Dieterich in ihrem Mörser sechs Kulturen zerrieben wurden. »Kein anderer Ort Spaniens hat je so viele Ruhmestitel in sich vereint: Summe von sechs Zivilisationen, Kreuzungspunkt der Kulturen, Brücke zwischen Orient und Okzident, Herberge der Religionen.«

Mehr als eine Reise wert.

Es ist höchst erstaunlich, wie wenig die vornehme Kaiserin Isabella, von Tizian so einfühlsam gemalt, greifbar ist in dieser königlichen Stadt, von der aus Karl V. zeitweise sein Weltreich regierte und wo man den Habsburgern auf Schritt und Tritt begegnet. Der Doppeladler ist allgegenwärtig. Auf Packpapier und Postkarten, in bunten Schaufenstern und an Tavernen, auf den Straßengullis und den Hausnummernschildern aus Keramik, in den winzigen, steilen Gassen, wo die Einheimischen hinter ihren hohen, fast fensterlosen Fassaden verschwinden und sich der wechselvolle Alltag nur in den Innenhöfen abspielt. Jenseits aller neugierigen Blicke.

Man findet ihn auf unzähligen, prunkvollen Gebäuden. Auf *Hospital, Museo, Alcázar, Casa* und *Puerta, Castillo* und *Iglesia*. Auf dem berühmten schmiedeeisernen Gitter von Francisco Villalpando mit dem *Plus Ultra,* Karls Wahlspruch, in der Kathedrale und auf der ebenso berühmten *Puerta Nueva de Bisagra,* einem arabischen Stadttor, dessen Umbau von Karl V. 1550 selbst in Auftrag gegeben wurde. In dessen Innenhof ließ Philipp II. die Statue seines Vaters aufstellen. Keiner kommt an dieser burgartigen *Puerta* vorbei, wo in der Mitte das riesige Wappenemblem prangt mit dem Habsburger Doppeladler und dem Orden vom Goldenen Vlies, einer Krone unter dem Kreuz und zentral einem Wappen mit den Emblemen für Kastilien und Leon, Kastell und Löwe. Keiner kann den Habsburgern ausweichen.

Aber die liebenswürdige, kluge Gattin des Kaisers, Isabella, ist nirgendwo verewigt. In den etwas angestaubten, altmodischen Buchhandlungen werden fromme Werke über Teresa von Avila angeboten, dicke Bücher sämtlicher Heiligen, das Alte und Neue Testament in verschiedensten Ausführungen. Aber kein einziges Werk über die schöne Isabella, die hier in Toledo einen Teil ihres Lebens und ihre letzte Stunde verbrachte. Die Frage nach der Kaiserin und geliebten Ehefrau Karls V. löst nur verwundertes Kopfschütteln aus. Unverständnis. Dabei hat diese zarte Frau ihren rastlosen Gemahl in Spanien recht erfolgreich zwölf Jahre lang vertreten und war über die ganze Zeit seine weise, treuergebene Regentin.

Auch in der *Biblioteca* der Stadt fehlt im Karteikasten jegliches Buch über Isabella von Portugal. Im Lesesaal sitzen an schmalen Tischen, im Schatten des Wappens der Katholischen Könige, der spanischen Großeltern Karls V., unter milchigem, nostalgischem Licht tief in die Bücher versunkene Studenten. Es fällt nicht ein Wort. Ob sie wirklich so wenig wissen über die berühmte Bürgerin ihrer Stadt? Der Bibliothekar schüttelt bei der Nachfrage verzweifelt den Kopf und wühlt in seinem Zettelkasten. Ohne Erfolg.

Woher sollen dann die Touristen wissen, daß sich Isabella in höchster Not, kurz vor der Entbindung ihres letzten Kindes, in den *Palacio de los*

Condes de Fuensalida zurückzog, ganz in der Nähe der *Biblioteca* und kaum ein paar Schritte von der Kirche *San Tomé* entfernt, wo das berühmte El Greco-Bild »Das Begräbnis des Grafen von Orgaz« zu sehen ist? Kaum ein Führer erzählt Ergiebiges über den besagten *Palacio Fuensalida*. Alljährlich pilgern Millionen Touristen, nichts wissend über diese stille Frau und ihre Bleibe, zielstrebig in die Kapelle des *San Tomé*, wo das sehenswerte El-Greco-Bild seit nahezu vierhundert Jahren hängt und für jeden Toledo-Besucher zum Pflichtprogramm gehört.

Da spaziert man ahnungslos an dem Sterbehaus der zurückhaltenden Enkelin Isabellas der Katholischen vorbei. Nur wenig Biographen haben sich mit ihr befaßt.

Täglich sorgen in Toledo die zahlreichen umtriebigen Fremdenführer für eine babylonische Sprachverwirrung und für immer hektischer werdende Besichtigungen. Touristen bekommen von dem Mitte des 15. Jahrhunderts erbauten gotischen Adelssitz der Fuensalidas, einer mit der Kaiserin befreundeten spanischen Familie, höchstens die hohe, strenge Fassade zu sehen und den weiten Vorplatz. Von hier aus schaut man über die atemberaubende Landschaft mit den immer wieder wechselnden Stimmungen.

Der *Palacio* ist heute Sitz der Regionalregierung von La Mancha und ohnehin für Normalsterbliche nicht zugänglich. Nur pflichtbewußte Regierungsbeamte und die Regionalminister haben Zutritt. Die Amtsstuben und Büros wurden ebenerdig eingerichtet. Schreitet man aber durch die würdevolle Eingangshalle die breite Treppe hoch, öffnet sich oben der stille Innenhof. Dort steht sie, unter den Arkaden mit den Mudejar-Achteckpfeilern, in der kontemplativen Stille, völlig allein: *La emperatriz Isabel*. In Bronze gegossen. Entrückt. Es ist eine Kopie der Statue, die um 1550 von den italienischen Bildhauern Leone und Pompeo Leoni – Vater und Sohn – im Auftrag Karls V. angefertigt wurde. Auf dem zarten Gesicht der jungen Fürstin, dem Portrait Tizians nachempfunden, liegt, trotz aller Anmut, ein Hauch Wehmut. Zeitgenossen beschrieben die schmale, zierliche Isabella als eine der schönsten Frauen der Welt. Sie war die einzige Frau, der Karl V. sich innigst verbunden fühlte.

Auf dem Pflaster des Hofes mit dem verwaisten kleinen gußeisernen Brunnen ist Moos gewachsen. Die Steine glänzen feucht im frühen Licht. Nichts rührt sich. Die Stille ist greifbar. Ab und zu treffen sich hier Politik, Wirtschaft und Eleganz des modernen Spanien zu großen Empfängen. Dann weicht die Stille dem Stimmengewirr. Dann platzt die Seifenblase der zarten Erinnerungen.

Zwischen den Niederlanden und Spanien

Der spätere Kaiser, der in den Niederlanden am Hofe von Mecheln und Brüssel eine standesgemäße Erziehung genoß und trotz seiner schmächtigen Figur und asthmatischen Veranlagung körperliche Betätigung wie Reiten und Jagen, Fechten und Schießen liebte, war vom Land seiner Geburt und Jugend geprägt. In den Niederlanden schärfte er seinen Verstand und seine Sinne. Hier fand er seine ersten Lehrmeister, die ihn in der burgundischen Tradition, wie sie der Orden vom Goldenen Vlies verkörperte, unterrichteten.

»Die Begriffe der Ehre und des Kampfes für den christlichen Glauben, wie sie der Orden verkündete, waren tief in ihn eingesenkt. Die Formen aber, in denen man sich bewegte, waren die einer absterbenden Zeit. Aus einer politisch und geistig altmodischen Gesellschaft trat Karl, noch erfüllt von ihren Idealen, in die große Welt«, schreibt Karl Brandi. Aber bald sollten eben diese Niederlande nicht viel mehr sein als ein Bruchteil des Weltreichs, das er zu regieren hatte. Auch wenn er sich Flandern innigst verbunden fühlte, entfernte er sich von seiner Heimat. Es zog ihn in das weite Unbekannte.

Viel später sollte er sich einmal an seine Genter Amme erinnern und Patenonkel ihres Sohnes werden. Der 40jährige Kaiser schrieb seiner Schwester Maria, der damaligen Statthalterin der Niederlande: »*Sa Mère má servye neuf mois de long de premiere nourrice de lait* – Seine Mutter hat mir neun Monate lang als erste Ernährerin mit ihrer Milch gedient ...«

Sentimentalität? Oder Wehmut beim Gedanken an die verlorenen Kinderjahre?

Karls erste Reise nach Spanien, in das unbekannte Land seiner Mutter, war mehr als beschwerlich. Anfang September 1517 verließ er mit seiner ältesten Schwester Eleonore den Hafen von Vlissingen. Er war 17 Jahre alt. Das Königsschiff segelte stolz unter dem Wahlspruch »*Plus oultre*«, den der italienische Arzt und Humanist Marliano für den jungen Karl ersonnen hatte. Weit über das gewöhnliche Maß hinaus ... Was für eine Maxime, was für eine Bürde!

Nach einem ersten Besuch bei seiner Mutter begegnete der junge Fürst auch zum ersten Mal seinem inzwischen fast 15jährigen Bruder Ferdinand, der am Hofe seines spanischen Großvaters erzogen worden war. Ein junger König!

Die Spanier waren aufgewühlt. Der Einzug, begleitet vom traditionellen burgundischen Prunk, weckte beim Volk Erinnerungen an das prachtvolle Märchen von seinem strahlenden Vater, Philipp dem Schönen, dem stolzen Habsburger und Herr über Burgund, und der jungen spanischen Infantin Johanna. Und Karl, fast noch ein Knabe, genoß den sinnlichen Überfluß des höfischen Lebens.

Aber der burgundische Überschwang war den zugeknöpften und formstrengen Spaniern fremd. Die Trinkfreudigkeit von Karls Gefolge und die Verschwendungssucht, die bei den ausschweifenden Festen und Turnieren zur Schau getragen wurde, entsprach nicht der Mentalität der disziplinierten Spanier. Dem jungen König wurde Gleichgültigkeit gegenüber der einheimischen *Noblesse*, dem Adel vorgeworfen, und man beobachtete naserümpfend seinen intensiven Umgang mit den »flämischen Schweinen«. Die selbstbewußten *Cortes* stellten ihre Forderungen. Der Monarch sollte zunächst der Königin, Johanna von Kastilien, eine würdige Behandlung zukommen lassen, umgehend Spanisch lernen, die verhaßten Niederländer durch Spanier ersetzen und möglichst bald heiraten. Außerdem sollte der Infant, Ferdinand, bis zur Geburt eines Thronfolgers im Lande bleiben.

Karl nahm die Signale nicht wahr und verließ das Land seiner Mutter alsbald wieder. Er hatte andere Pläne. Er reiste nach England, besuchte dort Heinrich VIII. und machte sich dann auf nach Deutschland, wo im Spätherbst des Jahres 1520 in Aachen die Kaiserkrönung stattfand.

Im April 1521 stand der Wormser Reichstag auf dem Programm. Hier tat Kaiser Karl V. seinem Biographen Karl Brandi zufolge die »gewichtigste Äußerung seiner Jugend«: »Nachdem wir gestern die Rede Luthers hier gehört haben, sage ich Euch, daß ich bedaure, so lange gezögert zu haben, gegen ihn vorzugehen. Ich werde ihn nie wieder hören; er habe sein Geleit; aber ich werde ihn fortan als notorischen Ketzer betrachten und hoffe, daß Ihr als gute Christen gleichfalls das Eure tut.«

Die Würfel waren gefallen. Von nun an hatte die Welt ein anderes Gesicht.

Die Spanier hatten sich bereits in ihrem *Capitulos del Reyno*, dem königlichen Dekret, vom 20. Oktober 1520 mit den bitteren Worten beklagt: »Kastilien ist nicht gewohnt, ohne König zu sein«, und meinten, Karl könne doch von der Iberischen Halbinsel aus die Königreiche der ganzen Welt beherrschen, wie es auch seine Vorfahren taten. Seine Verbundenheit mit den Niederlanden, der Abfluß kastilischer Steuergelder und die Tatsache, daß sämtliche Ämter von Ausländern, insbesondere Burgun-

Nicht von ungefähr nannten die Muslime die alten Stadttore in der mächtigen Stadtmauer Toledos »Rote Tore«, denn überall hat der trockene Wind mit dem feinen Staub die Hügel und die weite Ebene um den in der Tajoschleife liegenden Ort ocker- und karminrot gefärbt. Fährt man von Madrid aus ins Zentrum hinein, muß man zwangsläufig an der mächtigen *Puerta Nueva de Bisagra* vorbei, an deren Fassade Philipp II. zu Ehren seines Vaters das überdimensionale Habsburger Emblem anbringen ließ. Kaiser Karl V. hatte der Stadt Toledo ohnehin sein Wappen verliehen. Hier sind, wie in keiner anderen Stadt, die Erinnerungen an den großen Kaiser lebendig.

dern, bekleidet wurden, verbitterte die Spanier sehr. Sie befürchteten, der König würde den Angelegenheiten seiner iberischen Kronländer nicht das nötige Interesse entgegenbringen.

Bereits eine Woche nachdem Karl sich in La Coruña mit Kurs auf England eingeschifft hatte, war in Toledo der offene Aufruhr der *Comuneros* ausgebrochen und breitete sich wie ein Flächenbrand über andere Städte des Königreiches aus. Die Autorität des abwesenden Herrschers fehlte. Es kam, wie es kommen mußte. Konflikte waren angesagt. Aber der junge Kaiser ging seinen eigenen Weg.

»Karl bewegte sich langsam im Durchbruch zum eigenen Willen«, heißt es bei Brandi. »Er hörte nicht auf, sich prunkvoll zu kleiden und an ritterlichen Spielen Freude zu haben, aber er war jetzt mehr die Majestät, deren Gewand der burgundische Edelmann annahm. Er hörte nicht auf, sich den Freuden der Tafel und anderen Genüssen hinzugeben; das werden noch später seine einsichtigen Beichtväter vorhalten, die damit die Rolle des Hausarztes spielten; aber der überwiegende Reiz des Lebens lag für ihn zunehmend schon in den Geschäften.«

Und Heiratspläne?

Tante Margarete, Statthalterin der Niederlande und immer auf der englischen Seite, meinte, Karl solle Maria Tudor, Tochter Heinrichs VIII., heiraten, sobald sie zwölf Jahre alt sei, aber Karl hielt dagegen: »Ich habe keinen Mangel an Bräuten und er (Kardinal Wolsey) braucht mir die Seine nicht so teuer zu verkaufen!«

Und für die Granden in Kastilien und Aragón, in Barcelona, Valencia und Sevilla käme übrigens sowieso nur die portugiesische Prinzessin in Frage … Das Leben hat auch für einen König seine eigenen Gesetze.

Der junge Monarch reiste endlich wieder nach Spanien, um vom Sommer 1522 bis zum Herbst 1529 ohne Unterbrechungen auf der Iberischen Halbinsel zu bleiben. Sieben ganze Jahre. Eine lange Zeit. Die altburgundischen Sehnsüchte des in Flandern geborenen und erzogenen Herrschers verblaßten. Er fühlte sich zunehmend wohler im Land der Sonne, und manche Historiker behaupten, Karl sei in dieser Zeit Spanier geworden. Die Folge war, daß das höfisch-burgundische Zeremoniell nun auch am spanischen Hof Einzug hielt, auch wenn der Chronist Santa Cruz schrieb: »Die fröhliche Buntheit wich langsam einer gemessenen Feierlichkeit.« Das schlichte Schwarz in seiner ganzen vornehmen Strenge war Mode. Kaiser Karl V. legte zunehmend Wert auf Zurückhaltung und ließ sich von seinen Ministern als *Sacra Caesarea Majestas* ansprechen, »Eure geheiligte kaiserliche Majestät«.

Die Zeiten änderten sich. Ecken und Kanten schliffen sich ab. Unterschiede vermischten sich. Man ging aufeinander zu.

Der Niederländer Nassau, nach wie vor Karls erster Kämmerer, heiratete standesgemäß mit altburgundischem Prunk und allem, was dazu gehört, die Marquésa von Zenète, Mencia Mendoza, eine Spanierin aus bester Familie. Loaysa, Karls Beichtvater, und selbstverständlich auch Nassau sowie Chièvres Nachfolger, der Italiener Gattinara, sprachen inzwischen am spanischen Hofe die Landessprache. Nur noch einzelne Niederländer unterhielten sich mit dem Kaiser auf französisch.

Der Kaiser selber mischte sich, nach dem Tod von Wilhelm de Croy, Herr von Chièvres, seinem hochverehrten Lehrmeister und Freund, mehr und mehr in wichtige aber auch unwichtigere Angelegenheiten ein. Zur großen Verzweiflung seiner Umgebung, denn er war weder schnell noch entscheidungsfreudig.

Allmählich versöhnten sich die Spanier mit ihrem niederländischen Fürsten, sonnten sich im Glanze des Kaisertums und schmückten sich, wo man nur hinschaute, mit dem großen kaiserlich-habsburgischen Emblem.

Dynastische Pflichten

Aber noch war ihr *Emperador* unverheiratet. Don Emanuel, König von Portugal, wünschte sich nichts sehnlicher als die Verbindung seiner zarten Tochter Isabella mit dem großen Kaiser. Seit Jahren beteuerte der portugiesische Monarch immer wieder, er sei zu der stattlichen Mitgift von einer Million Dukaten bereit, wolle einen Teil der Hochzeitskosten übernehmen und würde auch geduldig warten, bis Karl endlich von seinen langen Reisen nach Kastilien zurückkehrte, um sich dann zu entscheiden.

Auch die Spanier meinten, Karl solle nun endlich die schöne Portugiesin zum Altar führen. Aber gab es da nicht auch noch Maria aus England? Und Charlotte aus Frankreich? Ein ständiges Hin und Her? Das Heiratskarussell des kalkulierten dynastischen Denkens drehte sich wieder? Es hat Karl V. ein Leben lang nicht losgelassen.

Kanzler Gattinara, Karls nüchterner Ratgeber, dachte aber an das Wichtigste: die Sorge um die Finanzen. Durch die portugiesische Ehe konnte Karl die Gunst der Cortes gewinnen und zusätzlich das Vermögen aus Neuspanien sichern.

Und so wurde im Frühjahr 1526 in Sevilla die lang ersehnte Hochzeit mit der schönen Isabella, Tochter Emanuels von Portugal und Marias von Aragón, diese wiederum Tochter Isabellas der Katholischen und somit

Endziel der schmalen aufsteigenden Gassen in der verwinkelten tausendjährigen Stadt Toledo ist für jeden fleißigen Touristen der Alcázar. Er war zunächst von den Römern als alles überragendes Kastell geplant. Diese kalte Pracht erlebte alle Stürme der Geschichte. Nachdem die Westgoten und Mauren den Bau zur Zitadelle erweiterten, vereinnahmte ihn Karl V. für sich und ließ ihn zu seinem Palast ausbauen. Alfons der Weise hat hier seine Verse geschrieben. Später diente er als Gefängnis, vorübergehend zog die Kavallerie der Bourbonen hier ein, später wurde in den Räumen eine Teppichweberei untergebracht, zur Arbeitsbeschaffung von Landstreichern und Bettlern. Im blutigen Bürgerkrieg von 1936 bis 1939 verschanzten sich hier in der Kadettenanstalt die *Nationalen*, die vom republikanischen Toledo und internationalen Brigaden 72 Tage lang schwer unter Beschuß genommen wurden. Der Alcázar wurde gewaltig zerstört. Im Untergeschoß der mächtigen Festung erinnert heute ein Museum an die faschistische Vergangenheit Spaniens.

Der Alcázar beeindruckt insbesondere durch seine Monumentalität. Philipp II. veranlaßte schließlich die Fertigstellung des Palastes. Zu Lebzeiten seines Vaters fehlte außer dem Treppenhaus noch die gesamte Südseite. Dafür beauftragte er den berühmten Baumeister des Escorial, Juan de Herrera. Im Arkadenhof kann man die Kopie des Denkmals *Carlos V y el Furor* von Leone und Pompei Leoni, den beiden italienischen Bildhauern, bewundern. Der Imperator steht hoch auf einem Sockel, in Bronze gegossen, stolz als Sieger von Tunis, den Spieß in der Hand, hinter ihm, noch in Ketten, ein Christensklave.
In die Rüstung der Standfigur hat 1936 während des Bürgerkrieges ein Granatsplitter eingeschlagen.

eine Tante des jungen Habsburgers, endlich gefeiert. Die 23jährige Prinzessin, kaum ein paar Jahre jünger als ihr Bräutigam, wurde bereits Anfang Februar an der Grenze zwischen Portugal und Spanien im prächtig aufblühenden andalusischen Frühling von einer noblen Gesandtschaft standesgemäß und auch begeistert empfangen. Sie betrat bei Gott kein fremdes Land. Ihr blieb das übliche Schicksal der willkürlich verheirateten Prinzessinnen erspart, die meistens sogar blutjung die traurige Reise in ein unbekanntes Land antreten mußten, um dort mit einem wildfremden Mann Tisch und Bett zu teilen und für einen Stammhalter zu sorgen.

Sevilla war in Feststimmung. Diese Hochzeitsstadt, schreibt Karl Brandi, »wo Strom und Ufer, wie in ihrer Heimat, von Ladungen und Wimpeln der Überseefahrer, von dem bunten Getriebe der Kaufmannschaft wimmelten, wo nach arabischer Sitte das saubere Wasser auch durch Gärten, Höfe und Bäder rauschte, mochte ihr ebenso fürstlich wie vertraut anmuten.«

Am 10. März 1526 zog der Kaiser ein. Die Chronisten beschrieben ihn als steif, ungelenk, schwerfällig, scheu und zurückhaltend und waren der Meinung, er sei zwar mit einer guten Portion Menschenkenntnis ausgerüstet, habe aber zu früh auf der höfischen Bühne gestanden, um Leichtigkeit und Lässigkeit entwickeln zu können. Nicht gerade eine schmeichelnde Aussage für eine junge, unerfahrene Frau, auch wenn man ihrem zukünftigen Mann königliche Tugenden wie Zielstrebigkeit und Zuverlässigkeit zusprach.

»Die sich auch äußerlich bewährende innere Haltung«, schreibt Brandi, »gab diesem zarten, oft leidenden, langsamen, in seinen Zügen eher unschönen Menschen etwas Zwingendes und schließlich doch auch Führendes. Wir verzichten auf welthistorische Vergleiche, aber daß er als Persönlichkeit seine fürstlichen Zeitgenossen weit überragte, zeigte sich täglich. Er wählte und verwandte die Männer seines Vertrauens mit kritischem Scharfblick; ungern, aber wenn sie wirklich versagten, ließ er sie auch wieder fallen.«

Dieser Mann reichte nun der schönen Portugiesin die Hand. Ob sein Wesen ihr sofort liebenswert erschien? Karl jedenfalls brachte der kleinen, sehr weiblichen Isabella gleich alle Ehrfurcht entgegen und blieb ihr sein Leben lang innigst ergeben.

Das junge Paar zog nach den ausgiebigen Hochzeitsfeiern mitsamt großem Gefolge aus dem von der andalusischen Sonne ermatteten Sevilla über Cordoba in das kühlere Granada und verbrachte in der zauberhaften

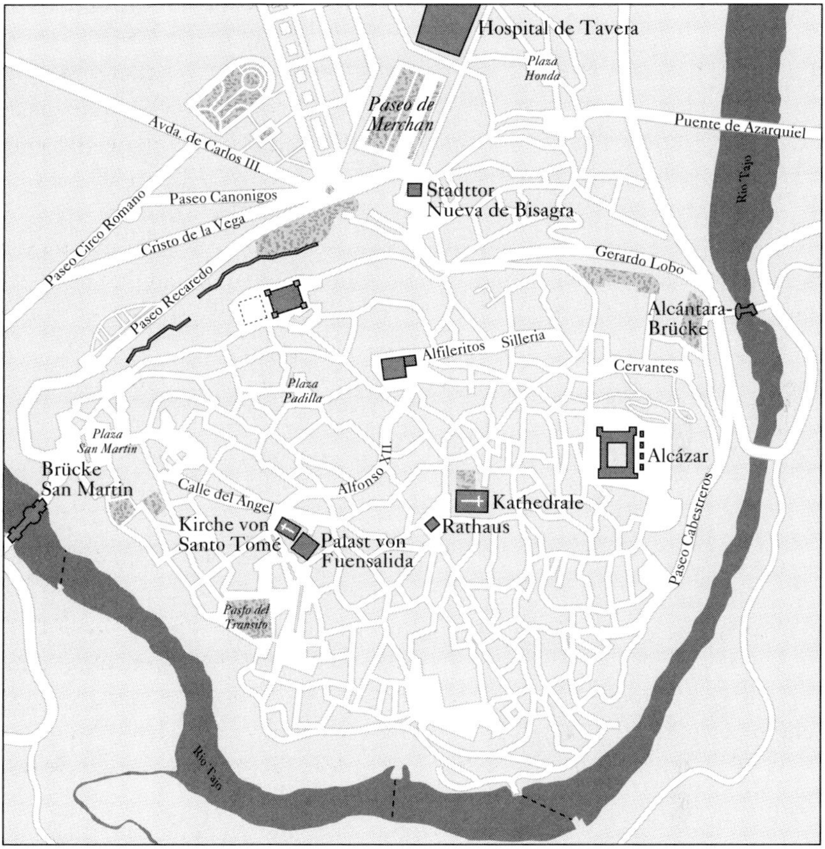

Alhambra seine Flitterwochen, wo sie Leben und Lust erwartete, aber auch die Pflichten der Dynastie.

Zu der damaligen Zeit hatte der königliche Hof noch keine feste Residenz. Und im dichtbevölkerten Toledo, der würdigen und ersten Regierungstätte Spaniens, herrschte im Sommer eine unerträgliche trockene Hitze. Daher flüchteten die Fürsten des öfteren in landschaftlich reizvollere und klimatisch mildere Gegenden. So kam das erste Kind Isabellas und Karls, ein kleiner Prinz, am 21. Mai 1527, gegen vier Uhr nachmittags, im Palast des Don Bernardino Pimentel zu Valladolid zur Welt. Margarete von Österreich, die besorgte Tante aus dem fernen brabantischen Mecheln, hatte der kaiserlichen Wöchnerin den Gürtel der heiligen Elisabeth geschickt, ein altes, angeblich oft erprobtes Erbstück der Familie. Es sollte kreißenden Frauen die schwere Stunde erleichtern.

Einen Steinwurf von *San Tomé* entfernt, wo das berühmte El-Greco-Bild »Das Begräbnis des Grafen Orgaz« die Touristen scharenweise anlockt, steht der stille *Palacio de los Condes de Fuensalida*, ein eindrucksvolles Beispiel gotischer Architektur.

Er ist wohl die intimste Erinnerungsstätte Toledos, denn in diesem vornehmen Stadthaus, heute Residenz der Regionalregierung von Castilla-La Mancha, starb Kaiserin Isabella. Hier verbrachte Karl V. die schmerzvollsten Stunden seines Lebens.

Der schlichte Bau ist nicht zugänglich. Wer Glück hat, darf einen Blick in den anmutigen Arkadenhof werfen, wo *La emperatriz Isabel* als Kopie der Bronzestatue von Leone und Pompeo Leoni steht (1550), rechts auf einem Gemälde von Tizian (1548).

Es nützte wenig, denn die Geburt war äußerst schwer, wie wohl bei allen Töchtern der Dynastie Aviz. Die Wehen setzten schon in der dritten Morgenstunde ein. Der Kaiser wurde sofort geweckt und wich seiner Gemahlin von Anfang bis Ende nicht von der Seite. Isabella bewahrte, trotz heftigster Wehen, Haltung. Den gutgemeinten Rat der umsorgenden Frauen, sie möge durch kräftiges Schreien den Schmerz lindern, wies sie weit von sich. »*Puedo morir, pero no gritar* – Ich kann sterben, aber schreien werde ich nicht«, sagte sie stolz und bat um einen Schleier, damit die Anwesenden ihr vor Schmerz verzerrtes Gesicht nicht sehen konnten.

Des Kaisers Stammhalter wurde am 5. Juli des gleichen Jahres auf den altburgundischen Namen Philipp getauft, nach seinem Großvater Philipp dem Schönen.

1528, nach kaum einem Jahr, wurde die kleine Maria geboren, die spätere Frau Maximilians II. und deutsche Kaiserin.

Die Einsamkeit der Kaiserin

In den Wintermonaten 1527/28 begab sich der spanische Hof von Valladolid nach Burgos, und man flüsterte, der Kaiser habe sich in seiner friedlichen familiären Umgebung in eine neue Weltfremdheit verloren. Der junge Fürst genoß die Tage an der Seite seiner zärtlichen Frau, widmete sich dem höfischen Spiel und ließ unbesorgt die Zeit verstreichen. Ratgeber Gattinara und Beichtvater Loaysa machten sich Sorgen und mahnten zu einem strafferen Lebensstil. Schließlich gab es wichtigere Dinge zu tun.

Am 28. April 1528 übertrug der Kaiser die Regierungsvollmacht für Spanien seiner Gemahlin. Am nächsten Tag verließ er Toledo. Die Pflichten gegenüber dem Riesenreich müssen wie Blei auf Karls Schultern gelastet haben.

In Bologna erwartete ihn im Jahre 1530 am Tage seines Geburtstages die Kaiserkrönung durch den Papst. Zum letzten Mal in der Geschichte des Heiligen Römischen Reiches. Da dieses Ereignis erst kurz zuvor verkündet worden war, konnte fast niemand aus dem deutschen Reich bei der Feierlichkeit anwesend sein, auch wenn der Kaiser es gewünscht hätte, und in seinen geliebten Niederlanden gab es mächtige Unruhen.

Der Monarch hastete weiter. Bereits am 8. Juli 1530 schrieb er seiner geliebten Frau: »Ich kam durch Bayern, wo die Herzöge, treue Anverwandte und Diener, mich wohl aufnahmen. In Augsburg traf ich am Vorabend von Fronleichnam (16. Juni) ein, von den Kurfürsten, Fürsten und

Gesandten feierlich empfangen. Am folgenden Tag fand die Prozession statt, die schon einige Jahre unterblieben war. Ich ging mit, in meiner gewohnten Art. Und obwohl einige Lutheraner nicht zur Prozession kamen, wurde ich doch von vielen begleitet, denn es gibt deren, die im Glauben fest stehen, bei weitem mehr als von den anderen. Man hat auch schon begonnen mit der Glaubenssache, um diese Ketzerei mit der Wurzel auszureißen. Was hier in der Stadt am meisten Schaden anrichtete, waren die Prediger der lutherischen Fürsten. Deshalb ist unter allgemeiner Zustimmung bekanntgemacht, daß bei Strafe nur die von mir bestimmten Prediger reden dürfen. Das war ein guter Anfang. Die Eröffnung des Reichstags erfolgte am 20. Juni, und die Proposition erhielt drei Punkte. Der erste und wichtigste betraf den Glauben; der zweite die Türkennot und Ungarn; der dritte die Regierung von Deutschland. Ich hoffe zu Gott, daß alles in seinem Sinne vollbracht wird.«

Die Briefe zwischen Karl und Isabella blieben förmlich. Intimitäten erwartet man vergeblich. Die eheliche Beziehung wird kaum angesprochen, aber es steht fest, daß die wesentlichen und auch die ganz vertraulichen Informationen des Kaisers über die allgemeine Lage in seinem Reich oder dort, wo er sich gerade aufhielt, doch an ihre Adresse gingen. Und die Stellung der Kaiserin war durchaus repräsentativ. Die vielen Zeilen an die geliebte Frau in der Ferne waren oft voller zurückgenommener Sehnsucht. Die kleine Portugiesin wartete ungeduldig auf die Rückkehr ihres Gemahls. Auch Karl schrieb ihr am 13. Juni 1531 aus Gent: »Erlauchte und großmächtige Kaiserin! Ich verschob die Pläne für dieses Jahr, weil ich betreffs des Konzils auf eine gute Entscheidung hoffe, denn das Wohl der Christenheit hängt davon ab. Aber die Schwierigkeiten von Seiten des Papstes und des allerchristlichsten Königs dauern an und bedeuten eine große Gefahr; denn in Deutschland wird es durch den Aufschub des Konzils nur immer ärger. Das steigert die Türkengefahr, so daß ich erwog, mich mit den Lutheranern zu vergleichen, um Schlimmeres zu verhüten und noch dieses Jahr heimzukehren. Meine Rückkehr ist das, was ich am meisten begehre, um Euch wiederzusehen und in meinem Hause mit Euch zu sein; gar nicht zu reden von den Bedürfnissen meiner dortigen Reiche.«

Da der Kaiser erst im Mai 1533, und zwar vorübergehend, nach Spanien zurückkehrte, führte die verwaiste Familie ein ziemlich unstetes Leben. Die Kaiserin wohnte mit ihren Kindern abwechselnd in Ocaña, Toledo, Aranjuez, Avila, Medina del Campo oder Madrid. Damit sie nicht ganz allein war, hatte man ihr den streng kastilisch denkenden, klugen und wortkargen Erzbischof Don Juan de Tavera als Ratgeber und eigentlichen Machthaber der spanischen Regierung zur Seite gestellt.

Am vereinsamten Frauenhof kam keine Freude auf. Der Alltag der scheuen Regentin war trist. Antonio de Guevara, bischöflicher Hofgänger, Geschichtsschreiber und Geschichtenerzähler, schrieb Marqués de los Velez: »Willst Du wissen, wie sie tafelt? Steif, fröstelnd, allein und schweigend, wobei sie von allen angestarrt wird; vier Umstände, von denen schon ein einziger genügen würde, mir den Appetit zu verderben.« Die Kaiserin hatte keinen Sinn für die sinnlichen Genüsse des Lebens, begnügte sich mit einer kargen Mahlzeit, trank selten einen Becher Wein und rührte keine Süßigkeiten an.

Die Hofgesellschaft war schlecht untergebracht, und Intrigen waren an der Tagesordnung. Isabella lebte völlig zurückgezogen. Ihr ein und alles war ihre kleine Familie. Neben dem wortkargen, spröden Haushofmeister Don Pedro González de Mendoza kümmerte sich die bereits seit Jugendtagen mit der Kaiserin eng befreundete portugiesische Hofdame Doña Leonore de Mascarenas um die Kinder. Die gütige Monarchin ließ sich aber die Erziehung ihres Sohnes nicht nehmen und griff im Notfall auch selbst, mit aller Strenge, energisch ein. Dem eigenwilligen Jungen fehlte der Vater.

Anfang Dezember 1536 erreichte Karl V. den Hafen von Palamos, nördlich von Barcelona, besuchte kurz die katalanische Hauptstadt und fuhr anschließend endlich zur Kaiserin nach Valladolid.

Im Februar 1537 traf er bei ihr ein und blieb bis zum Hochsommer. Karls Gesundheit war bereits arg angeschlagen. Der Chronist Santa Cruz berichtete zwar euphorisch von den Stierkämpfen und Turnieren während des kaiserlichen Aufenthalts und den zahlreichen silbernen Preisen für die Sieger. Aber »mehr noch«, meinte er, »unterhielt sich der Kaiser in den Tagen, da ihn die Gicht quälte, mit seinem ersten Kosmographen, Alfonso de Santa Cruz, über Fragen der Astrologie und des Himmels, wobei er alles wissen wollte von der Philosophie der Natur und den Bewegungen der Gestirne; und er begriff vieles in der Praxis rascher, als andere in langer Zeit. Er wollte auch Instrumente und Uhrwerke verstehen, arabische und abendländische, und wie sie gemacht wären.«

Anfang 1538 zog es den Kaiser, nach einem kurzen Besuch in Valladolid, wieder nach Barcelona. Die nach langem Hin und Her endlich eingeleiteten französischen Verhandlungen standen an. Die Kaiserin, voller Wehmut, trug schwer an der Trennung. »Aber«, schrieb Santa Cruz, »sie tröstete sich damit, daß die Abwesenheit ihres Gemahls, den sie so sehr

Eine moderne Idee des frühen 16. Jahrhunderts. Der berühmte, hauptsächlich in Spanien tätige Flame Enrique Egas entwarf im Auftrag der Katholischen Könige Ferdinand und Isabella für drei Städte – Granada, Santiago de Compostela und Toledo – drei Hospitäler nach dem gleichen Gestaltungsprinzip. Sie wurden in Kreuzform gebaut, nach dem *Vera cruz*, dem in Rom aufbewahrten Wahren Kreuz, und hatten zweistöckig angelegte Bettensäle.

In der Atmosphäre des filigranen *Hospital de Santa Cruz* von Toledo, unter Kardinal Pedro González de Mendoza gebaut, öffnet sich für den Besucher die Zeit Karls V. Nicht nur zahlreiche Portraits, Silberbüsten und Reliefs reihen sich in den Sälen des prächtigen Baus aneinander. Unter den hochragenden Holzdecken hängen auch flämische Gobelins – leider sind sie nicht im besten Zustand – aus der berühmten Brüsseler Werkstatt von Willem de Pannemaeckere, angefertigt nach den Entwürfen Bernart van Orleys, dem Portraitmaler Margarete von Österreichs und des Kaisers. Und in der äußersten Ecke des großen Saals, über alle Stockwerke hinweg, spannt sich das 16 Meter lange, himmelblaue Banner vom Flaggschiff des Siegers von Lepanto, Juan d'Austria, dem Sohn des Kaisers.

liebte, im Dienste Gottes stehe zum Wohle der Christenheit und des Glaubens.«

Nun wohnte Isabella mit ihrer kleinen Familie im Alcázar von Toledo. Im Frühjahr 1539 wurde der Kaiserin die spröde Residenz zu unheimlich und die Atmosphäre dort, wegen der Umbauarbeiten, zu unbehaglich. Dieses römische Kastell, von Westgoten und Mauren ursprünglich auf der höchsten Stelle der Stadt zur Zitadelle umgebaut, hat fast etwas Bedrohliches. Wenn auch Karl V. es mit viel Aufwand zu seinem Palast hatte herrichten lassen. Diese Burg blieb eine Festung, eine steife Demonstration von Macht und Selbstverherrlichung.

Auch wenn der Kaiser ständig auf Reisen war, erwartete Isabella bereits ihr siebtes Kind. Die ständigen Schwangerschaften setzten ihr sehr zu, und sie fühlte sich alleine im Palast überfordert. Die mit ihr befreundete Familie Fuensalida stellte ihr das wohnlichere Haus in der Oberen Stadt von Toledo zur Verfügung. Dort richtete sie sich, so gut es ging, in ihrer Not und Einsamkeit ein.

Eine übergroße Holztür, links im Innenhof des *Palacio de los Condes de Fuensalida*, führt noch heute in den Raum, wo die Kaiserin ihr letztes Kind gebar – und wo sie starb. Der dezente Saal hat nichts Überdimensionales. Im Gegenteil. Die hohe Holzdecke vermittelt beschützende Behaglichkeit. Sparsames Licht flutet warm durch die niedrigen Fenster, die sich nur zum Innenhof öffnen. Und man hat den Eindruck, als ob die mythische Gestalt der vornehmen Isabella in ihrer diskreten, aristokratischen Art, leise aber bestimmend, hier in diesen historischen Mauern immer noch anwesend wäre.

Die Beamten haben links an der hohen Wand des repräsentativen Raumes eine Kopie des Portraits der Kaiserin von Tizian aufgehängt. Dessen Original hängt im Prado. Die Intimität des Stadthauses muß der Kaiserin mehr entsprochen haben als die kalte Pracht im festungsartigen Alcázar oben auf dem Berg. Ihre körperliche und seelische Verfassung war ohnehin nicht die beste. Erst Ende 1537 war sie von dem Knaben Juan entbunden worden, der fünf Monate später starb. Kurz darauf war sie erneut schwanger geworden. Mitte April 1539, viel zu früh, gebar sie wieder einen kleinen Sohn. Ein Priester eilte zur Nottaufe herbei. Zu spät. Der Körper des kleinen Fernando war schon in Todesstarre erkaltet.

Toledo trug Trauer. Die Menschen beteten verzweifelt für das Überleben ihrer Kaiserin, die mit hohem Fieber darniederlag. Sie scharten sich hinter Bittprozessionen und hielten öffentliche Andachten ab. Vergeblich. Denn die Wöchnerin kämpfte nicht. Isabella lehnte es ab, sich den hinzugezogenen Hofärzten anzuvertrauen. Sie verharrte in bigottem Gottvertrauen. Nur *Er* könne ihr das Leben oder auch den Tod geben ... »Und sie bezahlte diese aus Scham, Starrsinn und Gottvertrauen wunderlich gemischte Philosophie willig mit dem Preis ihres jungen Lebens«, schreibt der Historiker Ludwig Pfandl.

Im Treppenhaus des *Palacio* in Toledo erinnert ein Emblem auf einem Seidenbanner an ihre portugiesische Abstammung. Von hier aus, über die steinernen Stufen, wurde die 36jährige Fürstin im warmen Monat Mai des Jahres 1539 hinausgetragen, für immer.

Kaiser Karl V. und der Infant Philipp weilten während der schweren Stunden der frommen Fürstin in Madrid. Umgehend benachrichtigt, eilten sie nach Toledo und nahmen Abschied von Isabella. Der Vater und der Sohn. Jeder hatte auf seine Art diese zurückhaltende Frau zärtlich geliebt.

Karl V. entfloh. Nach den Tagen der Einkehr im Kloster von *La Sisla* vor den Toren Toledos hielt ihn nichts mehr in Spanien. Der Schmerz war groß. Aber die Ferne rief. Wie immer. Sollte ihm das Trost spenden?

Seine Präsenz in den Niederlanden und auch in Deutschland war eine ernste, dringende Notwendigkeit. Seit 1531 war er nicht mehr nach Flandern gereist, und nun meinte er, eine längere Abwesenheit wäre nicht mehr zu verantworten. Der kleine Prinz, sein Sohn, war eigentlich noch zu jung, um die Kaiserin als Sachwalter zu ersetzen. Aber Karl V. fuhr trotzdem.

Er nahm die Einladung des französischen Königs an, durch dessen Königreich zu reisen, und entschied sich, Spanien zu verlassen. Karl legte die Regierung in die Hände des Infanten Philipp, dem als Reichsverweser für Spanien der Kardinal Don Juan de Tavera zur Seite stand.

Philipp war zwölf Jahre alt. Aus diesem Anlaß schrieb der Kaiser sein erstes großes politisches Testament. Karl V. hat in seinem Leben 23 Testamente verfaßt und diese immer wieder überarbeitet. Er machte es sich zur Gewohnheit, vor allen großen Reisen seinen Letzten Willen, auch in privatrechtlicher Hinsicht, niederzulegen. Diese Testamente sind der Spiegel seines Wesens. Mehr noch als in den Briefen an seine Frau teilte er hier seine tiefsten Gedanken und Wünsche mit, seine Nöte und Sorgen und seine Vorstellungen von dem, was nach seinem Tode respektiert werden sollte.

Ferdinand Seibt schreibt: »Karl, der Einsame, Schweigsame, Vorsichtige, wird viel später einmal seinem Sohn Philipp als eine wichtige

Man soll die Stadt umwandern – an sieben Tagen und am siebten Tag sieben Male – wie die Juden das belagerte Jericho«, schreibt der Spanienkenner Anton Dieterich. Schaut man vom höhergelegenen Plateau vor den Toren Toledos auf das Panorama der Stadt, öffnen sich alle vergangenen Jahrhunderte. Gegenüber dem Flußübergang, fast am Ausgang des Ortes, schmiegt sich an den Hang die Klosterkirche der Franziskaner, *San Juan de los Reyes*, »Triumph des Prunkes und der Noblesse«.
Mehr als zweihundert Steinmetze arbeiteten im Auftrag der Katholischen Könige Isabella und Ferdinand, den Großeltern Karls V., an dieser christlichen Demonstration der Macht, in Erinnerung an den Sieg von Toro 1476, der entscheidenden Schlacht, die den Weg ebnete zur politischen Einigung Spaniens und zur Beendigung der *Reconquista*. Hier wollten sie begraben werden. Bis sie sich dann doch, nach der Fertigstellung 1504, für Granada entschieden.

Tanto monta – Monta tanto – der eine so bedeutend wie der andere war ihre Devise.

Zum Andenken an verschleppte Christen wurden nach ihrer Befreiung durch die Katholischen Könige die Slavenketten an der Kirchenaußenwand aufgehängt.

Was für eine Theatralik!

Aragon und Kastilien

Juan von Navarra und von Aragon (1397 – 1479) + Joana Enriquez

Juan II. von Kastilien (1405 – 1454) + Isabella von Portugal

Ferdinand der Katholische (1452 – 1516) + *Isabella die Katholische* (1451 – 1504)

Isabella (1470–1498)
+
1. Alfons von Portugal
2. Emanuel von Portugal

Miguel

Maria (1482 – 1517)
+
Emanuel von Portugal

Katharina (1485 – 1536)
+
1. Arthur, Prinz von Wales
2. Heinrich VIII. von England

Johann (1478 – 1497)
+
Margarete von Österreich

Johanna die Wahnsinnige (1479 – 1555)

Isabella von Portugal (1503 – 1539) + Karl V. (1500 – 1558)

Eleonore (1498 – 1558)
+
1. Emanuel I. von Portugal (1469 – 1521)
2. Franz I. von Frankreich (1494 – 1547)

Margarete von Parma (1522 – 1586)
+
1. Alessandro de Medici
2. Ottavio Farnese

Philipp II. (1527 – 1598)
+
1. Maria von Portugal (1527 – 1545)
2. Maria Tudor
3. Elisabeth von Valois
4. Anna von Österreich

Don Carlos (1545 – 1568)

Maria (1528 – 1603)
+
Maximilian II.

Johanna (1535 – 1573)
+
Johann von Portugal

Karl V. und seine Verwandten